D1662281

Phil Oliver Ladehof

Fokus - auf Dich, Deinen Körper und Deine Ziele

Phil Oliver Ladehof

Fokus
- auf Dich, Deinen Körper und Deine Zeile

Mit einem Vorwort von:
Prof. Dr. Johannes-Peter Haas

Ärztlicher Direktor
Deutsches Zentrum für Kinder- und Jugendrheumatologie
Zentrum für Schmerztherapie junger Menschen

© 2022 Phil Oliver Ladehof
Lektorat: Prof. Dr. Johannes-Peter Haas, Petra Gerth
Covergrafik von Titelbild: Privat
ISBN Hardcover: 978-3-347-63635-4

Druck und Distribution im Auftrag des Autors:
tredition GmbH, Halenreie 40-44, 22359 Hamburg, Germany
Das Werk, einschließlich seiner Teile, ist urheberrechtlich geschützt. Für
die Inhalte ist der Autor verantwortlich. Jede Verwertung ist ohne seine
Zustimmung unzulässig.
Die Publikation und Verbreitung erfolgen im Auftrag des Autors, zu erreichen unter: tredition GmbH, Abteilung "Impressumservice", Halenreie 40-44, 22359 Hamburg, Deutschland.

Für alle, die mich auf meinem bisherigen Weg begleitet haben.

Inhaltsverzeichnis

Phil Ladehof nimmt seine Leser*innen, in seinem sehr persönlichen Bericht, mit durch eine schwere Zeit in seinem Leben. Er schildert ganz offen, sein Erleben als ein Betroffener der Erkrankung Kinderrheuma. Die Schwierigkeiten die richtige Diagnose und kompetente Behandlungsmöglichkeiten zu finden, das Unverständnis vieler Menschen, die eine rheumatische Erkrankung bei Kindern und Jugendlichen für unmöglich halten, Höhen und Tiefen der Behandlung und die vielen Komplikationen und Rückschläge…

Alles das macht dieses Buch lesenswert.

Noch viel wichtiger ist aber der Mut des jungen Autors uns Einblicke in seine ganz persönlichen Gefühle, Wünsche und Hoffnungen zu gewähren. Dieses Buch verleiht vielen betroffenen Patient*innen eine Stimme. Ich habe in meinen über 30 Jahren als Kinderrheumatologe keinen Text gelesen, der auf so menschlich nahe Art schildert, was das eigentlich für das ganze Leben der Betroffenen bedeutet, wenn man als junger Mensch erfahren muss: „Du hast Rheuma".

Phil erzählt uns von den Hoffnungen und der Kraft der Patienten, die sich von ihrer Erkrankung nicht unterkriegen lassen, sondern ihren eigenen Weg in ein selbstbestimmtes Leben finden. Damit ist das Buch nicht nur für Betroffene und deren Angehörige wichtig, sondern zeigt auch uns Betreuer*innen die Erkrankung und das Leben mit Rheuma aus der Perspektive eines Betroffenen.

Ich danke Phil für diese wichtigen Einblicke und wünsche seinem Buch viele Leser*innen.

Garmisch-Partenkirchen im April 2022

Prof. Dr. med. Johannes-Peter Haas

Ärztlicher Direktor
Deutsches Zentrum für Kinder- und Jugendrheumtologie
Zentrum für Schmerztherapie junger Menschen

Phil Oliver Ladehof

Zu meinem zweiten Geburtstag bekam ich von meinen Eltern einen Stoffball geschenkt, welcher den Grundstein für meine fußballerische Leidenschaft darlegte. Mit diesem Stoffball lief ich fortan von früh bis spät durch unseren Hausflur. Bei meinen ersten Schussversuchen stellte ich mich äußerst ungeschickt an, weshalb ich des Öfteren mal auf den Hintern plumpste. Das kindliche Mindset führte dazu, dass ich mich immer und immer wieder versuchte, ehe der Ball anfing durch unseren Flur zu fliegen.

Meine Eltern schauten sich das Schusstraining im Hausflur eine Weile an, ehe sich mich an meinem dritten Geburtstag im Turn- und Sportverein unserer Gemeinde anmeldeten. Da ich keine Geschwister habe und unsere Nachbarskinder kein Interesse am Fußball hatten, spielte ich bei meinem ersten Fußballtraining erstmals mit gleichaltrigen Kindern Fußball. Wobei unser Fußballtraining eher so aussah, dass jeder seinen eigenen Ball hatte und diesem hinterherlief. Abseits des Trainings traf ich mich regelmäßig mit den anderen Kindern aus meiner Mannschaft und spielte mit ihnen im Garten Fußball. Ein weiteres Pflichtprogramm stellte für mich die Sportschau am Samstagabend dar. Mein Vater, meine Mutter und ich saßen auf der Couch und schauten uns die Spiele der unterschiedlichsten Mannschaften an. Ich verstand noch nicht sonderlich viel von den Regeln, sodass ich mich zunächst über jedes Tor, welches gezeigt wurde, freute.

Pünktlich zur Weltmeisterschaft 2006 im eigenen Land hatte ich ein größeres Verständnis für die Regeln entwickelt, weshalb ich auch endlich verstand, wann Schiedsrichter pfeifen sollten und wann nicht. Im Jahr des Sommermärchens fusionierte die Fußballsparte des heimischen Turn- und Sportvereines mit einem anderen Fußballverein, weshalb ich neue Freunde und Mitspieler kennenlernte.

Ein Jahr nach der Fusion kam ich in die F-Jugend, wo meine Mannschaft und ich erstmals am Spielbetrieb teilnahmen, weshalb wir Spieler erstmals Positionen zugeteilt bekamen. Da ich gerne im Tor stand, wurde ich zunächst auf dieser Position eingesetzt. Bei einigen Spielen bekam ich so wenig Schüsse auf den Kasten, sodass ich mich gelangweilt an den Torpfosten lehnte. Sobald der Ball in Richtung meines Tores kam, sprang ich auf und versuchte den Angriff abzuwehren. Meine Trainern erwarteten jedoch mehr Disziplin von mir, weshalb sie jemand anderen ins Tor stellten.

Zunächst war ich traurig über die Entscheidung der Trainer, doch nach einer Weile fand ich Gefallen an meiner Alternativ-Position: Dem Angriff. Meine ersten Spiele als Angreifer müssen meine Eltern an meine ersten Schussversuche auf dem Flur erinnert haben - ich traf den Ball oftmals nicht. Irgendwann ließen meine Trainer mich nur noch sporadisch im Sturm spielen, worüber ich sehr enttäuscht war.

Ich konnte mir denken, dass meine geringe Spielzeit auf meine Treffsicherheit als Angreifer zurückzuführen war, sodass ich zuhause meinen Stoffball hervor nahm und erneut durch den Hausflur schoss. Mein Schuss wurde härter, sodass meine Eltern es mir irgendwann verboten im Haus zu spielen und mir ein Tor für den Garten kauften. Nun trainierte ich neben dem Mannschaftstraining nicht mehr im Hausflur, sondern im Garten, welcher nach einiger Zeit auch entsprechend aussah - wie ein richtig *schlechter* Bolzplatz. Jede freie Minute verbrachte ich im Garten, wodurch sich mein Schuss und mein Ballgefühl immer weiter verbesserte.

Nachdem sich meine Leistungen auch im Training verbesserten, bekam ich von meinen Trainern wieder mehr Vertrauen entgegengebracht. Dafür bedankte ich mich auf die bestmögliche Art - mit Toren. Durch die Leistung bekam ich schon bald meine Position als Stürmer in der Startelf zurück, was mir die Möglichkeit gab, mich im regulären Spielgeschehen weiter zu verbessern.

Um mein Verständnis für den Fußball auch außerhalb des Trainings und der eigenen Spiele zu verbessern, hockte ich mich jedes Wochenende vors Radio und lauschte den Radiosendungen, welche die 1. und 2. Bundesliga kommentierten. Die Spiele liefen nicht im Free-TV, sodass ich die gehörten Spielszenen versuchte auf Papier zu skizzieren. Am Abend schaute ich dann die Zusammenfassung der Spiele im Free-TV, wo sich zeigte, ob meine Skizzen zutrafen oder nicht.

11

Mit elf Jahren entschied ich mich für einen Vereinswechsel, da ich mit meinem neuen Trainer und seinen Ansichten nicht zurechtkam. Meine neue Mannschaft spielte zwei Klassen niedriger als die vorherige, aber ich hatte ein Umfeld, welches mir deutlich mehr zusagte.

Einige Wochen nach meinem Wechsel fielen einige Spieler aus der Jugend über mir aus, sodass ich die Möglichkeit bekam, in der C-Jugend auszuhelfen. Beim Trainer der C-Jugend hinterließ ich einen bleibenden Eindruck, weshalb ich fortan bei fast jedem Spiel aushalf.

An dem Großteil der Wochenenden spielte ich zwei Spiele über die komplette Spielzeit, wodurch ich mich immer mehr verbessern konnte.

Zwei Jahre später hatten wir ein Pflichtspiel gegen eine Mannschaft aus der Stadt, bei welchem ich ein überdurchschnittlich gutes Spiel absolvierte und vier Tore erzielte. Nach dem Spiel kam der Trainer der gegnerische Mannschaft auf mich zu, sprach mich auf meine Leistung an und fragte mich, ob ich mir vorstellen könnte, den Verein zu wechseln. Ich war glücklich in meiner Mannschaft, wusste aber auch, dass ich mich bei der anderen Mannschaft noch mehr entwickeln könnte. Mein damaliger Trainer bekam das Gespräch zwischen dem gegnerischen Trainer und mir mit, woraufhin er auf mich zukam und sagte: «Phil, Du weißt, dass ich dich gerne in unseren Reihen halten würde. Mit deiner Qualität gehörst du in eine Mannschaft, die spielstärker ist, als unsere. Unser Gegner heute war die 3. C-Jugend-Mannschaft des Vereins, sodass du selbst innerhalb des Vereins zwei Aufstiegschancen hast. Falls du dich für einen Wechsel entscheidest, würden die Jungs und ich dich verstehen. Dein Ehrgeiz und deine Motivation haben uns bereichert und sich in Zügen auf die gesamte Mannschaft übertragen.»

Es dauerte einige Wochen, ehe ich mich zu einem Wechsel in die Stadt entschloss. Die Worte meines damaligen Trainers halfen mir bei dieser Entscheidung, da mir sein Verständnis für meine Entscheidung sehr wichtig war. Bis zum Saisonende trainierte und spielte ich weiter mit vollem Engagement für mein damaliges Team.

Zur Spielzeit 2013/2014 wechselte ich zu meiner neuen Wirkungsstätte: DGF Flensborg. In der ersten Saison spielte ich überwiegend in der 2. Mannschaft meines Jahrgangs, wo ich mich erstmal an das neue Umfeld gewöhnte. Die Mannschaft nahm mich gut auf, sodass jede Zusammenkunft mit großer Freude und viel Spaß in Verbindung stand. In der Hallensaison absolvierten wir eine Vielzahl an Turnieren, welche ich mehrmals aufgrund von Knieschmerzen abbrechen musste. Mehrfach ging ich zu Ärzten, die mir immer wieder sagten, dass die Knieschmerzen auf das Wachstum zurückzuführen seien. Mit dem Ende der Hallensaison endeten auch meine Knieschmerzen, sodass ich wieder bei jedem Spiel auf dem Rasenplatz stehen konnte.

Ein Jahr nach meinem Vereinswechsel bekam ich die Chance, die mein vorheriger Trainer mir in Aussicht gestellt hatte: Ich schaffte den Sprung in die erste Mannschaft meiner Jugend. Diese Mannschaft spielte in der dritthöchsten Spielklasse des Jahrgangs und unter anderem gegen den Nachwuchs von Holstein Kiel. Mit meiner Spielstärke gehörte ich nicht zu den Leistungsträgern, aber ich schaffte es mir einen Platz in der Startelf zu sichern.

Im Oktober 2014 erkrankte ich an einem grippalen Infekt, wodurch ich zwei Spiele meines Teams verpasste. Am Tag meiner Rückkehr ins Training schlenderten mein Trainer und ich über das Vereinsgelände, während wir über meine Rückkehr in den Spielbetrieb sprachen.

« Wir würden es begrüßen, wenn du dieses Wochenende in der zweiten Mannschaft aushilfst und dort schaust, ob du wieder die Energie für die volle Spielzeit hast», sagte mein Trainer. Damit war ich einverstanden.

Anschließend wärmte ich mich mit geringer Intensität für das Training auf und steigerte die Intensität auch in den nächsten Tagen vorsichtig.

A m darauffolgenden Wochenende half ich in der zweiten Mannschaft aus, wo ich auf viele ehemalige Mitspieler traf. Nachdem wir uns die Trikots angezogen hatten und die Aufstellung verkündet wurde, gingen wir im Verbund aufs Feld. An diesem Tag sollte ich auf der Linksverteidiger-Position spielen, sodass ich mich mit unserem Linksaußen über mögliche Laufwege und Spielzüge austauschte.

Nach einigen lockeren Aufwärmübungen trommelte unser Trainer uns nochmal zusammen und informierte uns über die Brisanz des Spiels.

«Jungs, das Spiel heute ist ein richtiges Derby! Solche Spiele wollen wir gewinnen», schrie er förmlich, während er in unserer Mitte stand.

Bereits einige Minuten nach Anpfiff spürte ich, was Derby in diesem Fall bedeutet. Der gegnerische Torhüter machte einen weiten Abschlag, welcher auf meine Verteidigungsseite kam. Ich wollte den Angriff des gegnerischen Teams unterbinden und versuchte den Ball, welcher auf Kniehöhe auf mich zukam, zurückzuschießen. Der Ball rutschte mir jedoch über den Fuß, flog knapp am gegnerischen Trainer vorbei und landete in der Spielerkabine seines Teams. Obwohl ich mich unmittelbar nach diesem Fauxpas per Handschlag beim gegnerischen Trainer entschuldigte, wurde ich für den Rest des Spiels bei jeder Ballberührung ausgepfiffen.

Mit zunehmender Spielzeit gewann das Spiel immer mehr an Härte. Die Zweikämpfe wurden immer grenzwertiger. Wenige Minuten vor Spielende stand es 2:2 unentschieden, sodass mein Trainer mich auf meine Lieblingsposition ließ - der linken Außenbahn.

In einem Spiel, in welchem ich ständig ausgepfiffen wurde, wollte ich den Unterschied machen. Ich ging mit voller Energie in jeden Zweikampf, was mir zwei Minuten vor Schluss zum Verhängnis wurde. Wir hatten einen Eckball, welcher auf mich in den Rückraum gespielt wurde. Der Ball kam perfekt auf mich zu, weshalb ich zum Schuss ansetzte. In meinem Rücken stand der gegnerische Abwehrchef, welcher ebenfalls zum Schuss ansetzte. Als der Ball in der idealen Position war, zogen wir beide voll durch. Es gab einen lauten Knall und mein Gegenspieler und ich gingen zu Boden. Während mein Gegner sich aufrappelte und weiterspielte, blieb ich mit schmerzendem Knie auf dem Boden liegen. Bei der nächsten Spielunterbrechung stützen mich meine Mitspieler auf meinem Weg zum Spielfeldrand. Für mich war das Derby vorzeitig beendet.

Mein Trainer kam auf mich zu, reichte mir ein Kühlpack und sagte: «Du musst dein Knie jetzt ordentlich kühlen und hochlagern. Am Besten legst du dich den Rest des Wochenendes auf die Couch.»

Einige Augenblicke später beendete der Schiedsrichter das Spiel, meine Mitspieler stützten mich auf dem Weg zum Auto und wünschten mir eine gute Besserung.

Drei Tage nach dem Spiel gab es, trotz Kühlen und Hochlagern, keine Besserung der Schmerzen, weshalb ich zu meinem Hausarzt ging, welcher mir mit Verdacht auf eine Meniskusläsion eine Sportbefreiung über einen Zeitraum von vier Wochen ausstellte.

Eine Meniskusläsion bezeichnet eine Verletzung des Meniskus oder mehrerer Menisken. Menisken sind knorpelartige Strukturen, die eine ausgleichende Funktion zwischen Unter- und Oberschenkel haben, damit die Gelenkflächen des Knies zueinander passen.

Es war das erste Mal, dass ich aufgrund einer Verletzung für mehr als zwei Wochen ausfiel. Ohne den Fußball fehlte mir etwas, da er - neben meinen Freunden - die einzige Konstante in meinem Leben war.

Um nicht komplett darauf zu verzichten, besuchte ich jedes Heimspiel meiner Mannschaft und fuhr mit ihnen gemeinsam zu den Auswärtsspielen durch das halbe Bundesland.

Die Symptomatik in meinem Knie verbesserte sich stets, sodass mein Trainer und ich einmal mehr über mein Comeback sprachen. «Wir sollten nichts überstürzen. Vielleicht fassen wir das erste Turnier der Hallensaison ins Auge», sagte er.

Ich war nicht überzeugt von seiner Idee, weil ich die Rasensaison liebte, wusste aber auch, dass die letzten Spiele der Hinrunde zu früh kamen, weshalb ich ihm zustimmte.

Nachdem ich fast einen Monat keinen Sport mehr betrieben hatte, war es im Dezember 2014 so weit, dass ich endlich wieder Fußball spielen durfte. Bei diesem Turnier traten nach nicht einmal vier Minuten Spielzeit erneut starke Schmerzen in meinem rechten Knie auf, weshalb ich das Turnier mit schmerzverzerrtem Gesicht frühzeitig beendete.

Als ich meinen Hausarzt am darauffolgenden Montag ein weiteres Mal aufsuchte, konnte er mir leider nicht mehr weiterhelfen, sodass ich eine Überweisung zu einem Orthopäden erhielt, den ich bereits zwei Tage später aufsuchte.

Ich hatte gerade im Wartezimmer des Orthopäden Platz genommen, als ich in eines der Behandlungszimmer gebeten wurde. Als erstes wollte mein Orthopäde wissen, was mich diesmal zu ihm führte und wo es klemmte. Ich erzählte ihm von meinem Sportunfall und von den Schmerzen, die mich von diesem Moment aus begleiteten. Mein Arzt bat mich, dass ich mich auf den Rücken legte, sodass er mein Knie einmal durchbewegen konnte, um sich selber einen Eindruck von dem Problem machen zu können. Währenddessen, fragte er mich, wo genau es schmerzt und in welcher Form sich der Schmerz äußern würde. Anschließend bat er mich ein paar Meter vor ihm zu gehen. Nach wenigen Schritten sagte er mir, dass er genug gesehen habe und einen Riss des rechten Außenmeniskus vermute.

Er sagte, dass man diese Verletzung am besten operativ behandele und überwies mich in ein renommiertes Klinikum, wo die Operation durchgeführt werden sollte. Im Auto auf dem Weg nachhause realisierte ich, dass diese Operation für mich das Saisonende bedeuten könnte.

Bis zu meinem OP-Vorgespräch am Anfang des Jahres 2015 hatte ich mich mit diesem Gedanken abgefunden, auch wenn es mich immer noch frustrierte.

Bei dem OP-Vorgespräch bewegte der Operateur einmal meine beiden Knie durch und machte an beiden Knien den sogenannten Schubladen-Test.

Beim Schubladen-Test wird das Knie im 90°-Winkel gebeugt, wobei die Fußsohle des Patienten flach auf der Behandlungsliege aufliegt. Nun zieht bzw. drückt der Untersucher am Schienbeinköpfchen. Lässt sich das Schienbein um mehr als 0,5 Zentimeter nach vorne ziehen, so spricht man vom „vorderen Schubladenphänomen", lässt es sich um mehr als 0,5 Zentimeter nach hinten drücken, so handelt es sich um das „hintere Schubladenphänomen". Patienten, bei denen das vordere Schubladenphänomen vorliegt, haben in häufigen Fällen eine Schädigung des vorderen Kreuzbandes, während das hintere Schubladenphänomen ein Anzeichen für eine Schädigung des hinteren Kreuzbandes ist.

Mein rechtes Schienbein ließ sich viel weiter nach vorne ziehen, weshalb der Operateur mir sagte, dass neben dem gerissenen Außenmeniskus auch das vordere Kreuzband mit hoher Wahrscheinlichkeit gerissen sei. Ich war schockiert darüber, dass der Arzt sich durch ein paar Bewegungen so sicher in seinem Befund sein konnte und fragte ihn nach bildgebender Diagnostik. Daraufhin sagte der Arzt zu meinem Vater und mir, dass er bereis seit vielen Jahren Oberarzt sei und dieser Befund für ihn eine eindeutige Diagnose darstellte. Er legte uns nahe auf die bildgebende Diagnostik zu verzichten, da sich die Operation und mein Comeback dadurch nur weiter nach hinten verschieben würden. Ich vertraute dem Arzt und dachte, dass neben dem Kreuzband- auch noch ein Meniskusriss vorliege und die Operation somit sowieso unumgänglich sei, weshalb ich dem Verzicht auf die bildgebende Diagnostik zustimmte.

Aus heutiger Sicht kann ich jedem nur ans Herz legen, bildgebende Diagnostik durchführen zu lassen. In meinen Augen gibt es nur sehr wenige Fälle, in denen aus zeitlichen Gründen auf diese Art der Diagnostik verzichtet werden kann und sollte.

Im Anschluss erklärte der Arzt mir und meinem Vater noch, wie er das gerissene Kreuzband operativ „reparieren" würde, ehe wir einen OP-Termin vereinbarten. Der Arzt schlug den 29. Januar 2015 vor. Wir stimmten dem Termin zu und fuhren wieder nachhause. Bereits auf dem Heimweg gingen mir zahlreiche Fragen durch den Kopf:

- «Was wird mein Team sagen, wenn ich jetzt für den Rest der Saison ausfallen werde?»

- «Wie lange werde ich brauchen, bis ich mich wieder ohne Gehhilfen fortbewegen kann?»

- «Werden meine Freunde mich unterstützen, wenn ich mal jemanden brauche, der meine Schultasche trägt?»

Auf diese Fragen hatte ich ziemlich schnell eine Antwort, aber eine Frage ging mir nicht mehr aus dem Kopf. Ich würde sogar behaupten, dass ich bis zu meiner Operation mit meinen Gedanken nur mit dieser einen Frage beschäftigt war: "Werde ich überhaupt jemals wieder Fußball spielen?" Am Abend vor der Operation wurde mir klar, dass ich wieder Fußball spielen muss, weil ich sonst in einem tiefen Loch versinken würde.

Mitten in der Nacht machten mein Vater und ich uns auf den Weg ins Krankenhaus, welches ich - aufgrund der Angst vor der Operation - mit zittrigen Knien betrat. Kurz nachdem ich mich bei den Schwestern angemeldet hatte, brachten diese mich auf mein Zimmer, da es jeden Moment losgehen konnte, zog ich die bereitgelegte OP-Kleidung an.

Danach legte ich mich ins Bett und lies mir die Genesungswünsche meiner Freunde, Mitspieler und Trainer durch. Als ich alle Nachrichten

18

gelesen hatte, wusste ich, dass mein Team hinter mir stand und ich ihnen das eines Tages auf dem Platz zurückgeben wollte. Da ging die Tür auf, eine Schwester kam herein und gab mir die Scheißegal-Tablette.

Bei der sogenannten Scheißegal-Tablette/-Spritze handelt es sich in der Regel um ein Medikament aus der Gruppe der Sedativa (Beruhigungsmittel), welches dem Patienten kurz vor Eingriffen verabreicht werden kann, damit die Angst des Patienten gemildert wird und dieser dem bevorstehenden Eingriff entspannter entgegensieht. Der Hintergrund hierfür ist, dass Menschen bei großer Aufregung eine erhöhte Menge Adrenalin (auch bekannt als Stresshormon) produzieren, was sich kontraproduktiv auf die bevorstehende Narkose auswirken kann, da ein erhöhter Adrenalin-Spiegel dafür sorgen kann, dass eine erhöhte Menge an Narkosemittel verwendet werden muss, als eigentlich erforderlich.

Kurz nachdem ich die Tablette genommen hatte, kamen die Schwestern erneut in mein Zimmer, um mich in den OP-Vorbereitungsraum zu schieben. Die Schwestern stellten mein Bett hinter einem Vorhang ab und sagten, dass der Arzt gleich kommen würde.

Der Arzt kam, setzte sich auf einen Stuhl neben mein Bett und sagte, dass er mir nun den Nervenkatheter setzen wird. „Nervenkatheter?!" Ich hatte dieses Wort noch nie zuvor gehört und konnte mir darunter auch nichts vorstellen. Auf meine Nachfrage antwortete er mir, dass das Ende des Katheters in die Bahn des Nerven, der die Region versorgt in der während der Operation Schmerzen entstehen, gelegt werde. Diese Schmerzen kann man dann mit einem Mittel gezielt betäuben. Der Arzt holte ein Ultraschall-Gerät, um zu schauen, wo er den Nervenkatheter legen konnte. Ich hatte ein schlechtes Gefühl bei der Sache und fragte ihn, ob das denn wirklich sein müsse. Daraufhin meinte er, dass es zwar nicht zwingend notwendig sei, es mir aber die Schmerzen nach der Operation nehmen werde. Mit einem mulmigen Gefühl stimmte ich dem

19

Nervenkatheter zu, auch wenn ich in keinem der Aufklärungsunterlagen auf diesen Katheter und seine Risiken hingewiesen worden war. Während der Arzt den Katheter legte, wollte ich zuschauen, doch der Arzt sagte mir in einem sehr unhöflichen und bestimmten Ton, dass ich dort nicht hinsehen dürfe.

Da, dass das Risiko zu groß sei, dass ich mein Bein aus Reflex wegziehe und er dann den Nerven verletzen kann, so dass ich möglicherweise das Gefühl in meinem rechten Bein verlieren würde.

Wenige Minuten, nachdem mir der Katheter gelegt worden war, wurde ich vom OP-Personal gebeten in den Operationssaal zu gehen. Ich versuchte aus meinem Bett aufzustehen, doch sank einige Sekunden später in mich zusammen, weil der Nervenkatheter mein rechtes Bein bereits betäubt hatte und ich es somit nicht mehr kontrolliert belasten konnte. Das OP-Personal holte einen Stuhl und schob mich mit diesem in den Operationssaal.

Ich erinnere mich nicht mehr an sonderlich viel aus dem OP-Saal, aber ich kann mich noch genau daran erinnern, wie man zuerst alles für eine Operation, am linken Knie vorbereitet hatte, ehe ich dem assistierenden Arzt sagte, dass es sich um mein rechtes Knie handle.

Während der OP-Tisch „umgebaut" wurde, wurde damit begonnen mir das Narkosemittel zu verabreichen. Die Narkoseärztin spritzte mir das Narkosemittel, während ich ihr von meinem letzten Fußballspiel erzählte. Ich schaffte es noch nicht mal ihr zu erzählen, dass es ein Spiel unserer zweiten Mannschaft war, weil das Mittel so schnell wirkte und ich mich in null-Komma-nichts im Land der Träume befand.

Als ich aus dem OP geschoben worden bin, wartete mein Vater bereits vor der Türe zum OP-Trakt auf mich. Die Schwester und der Assistenzarzt schoben mich in mein Zimmer, während der Operateur mit meinem Vater sprach. Er sagte meinem Vater, dass sowohl mein Kreuzband, als auch mein Meniskus intakt wären und man operativ nichts behandeln musste. Am Ende der Operation wurde lediglich eine Spülung des rechten Kniegelenks vorgenommen.

Ich schlummerte noch einige Zeit in meinem Zimmer, ehe mein Vater mir von besagtem Gespräch erzählte. Ich erwartete, dass der Arzt im Laufe des Tages das Gespräch mit mir persönlich suchen würde und er sich zu seiner groben Fehleinschätzung äußern würde. Doch das geschah nicht. Über die Feigheit des Arztes ärgerte ich mich sehr und dachte mir: „Erst ist er sich hundertprozentig sicher, dass mein Kreuzband und Meniskus gerissen sind und dann hat er nicht den Mumm mir persönlich zu sagen, dass er eine falsche Diagnose gestellt hat?"

Zwei Stunden, nachdem ich wieder auf meinem Zimmer war, kam der Narkosearzt in mein Zimmer, um meinem Vater und mir zu berichten, dass die Narkose gut verlaufen sei. Kurz bevor der Arzt mein Zimmer verließ, fragte ich den Arzt, wie lange ich eigentlich noch Bettruhe habe.

Der Arzt schaute mich verwundert an und sagte: «Du hast gar keine Bettruhe. Du sollst heute Abend wieder nachhause. Sind die Schwestern etwa noch nicht mit dir über den Gang gelaufen?»

Daraufhin sagte ich ihm, dass die Schwestern bisher erst einmal in meinem Zimmer waren, um mir Salzstangen und Wasser zu bringen.

Ich merkte dem Arzt seine Unzufriedenheit an, doch er sagte euphorisch: «Phil. Nimm deine Krücken. Dann gehen wir zwei ein bisschen über den Gang, um deinen Kreislauf wieder in Schwung zu bringen.»

Während wir über den Gang gingen und ich mithilfe der Krücken ein Bein vor das andere setzte, sprachen wir über unsere gemeinsame Leidenschaft - den Fußball. Der Anästhesist erzählte mir, dass er mit 21 Jahren seine fußballerische Laufbahn beenden musste, da er sich eine schwere Knieverletzung zuzog.

Bevor wir wieder in das Patientenzimmer gingen, machte er mir Mut und sagte: «Du hast Glück. Dein Knie ist gesund und schon bald kannst du wieder auf dem Platz stehen.»

Seine Worte bedeuteten mir viel und ließen mich guter Dinge in die Zukunft blicken.

Kurz nachdem Rundgang hockte ich mich auf mein Bett, weil ich meine kurze Sporthose gegen eine lange Hose tauschen wollte. Mein positiver Blick in die Zukunft verließ mich, da ich eine riesige Delle in meinem rechten Oberschenkelmuskel sah. Ich berührte die Einkerbung, um zu prüfen, ob ich noch Gefühl an dieser Stelle habe - doch ich spürte nur ein leichtes Kribbeln. Panisch drückte ich die Schwesternklingel, um die Veränderungen einer Schwester zu zeigen.

Nach einem kurzen Blick auf mein Bein meinte sie: «Ich kann dir jetzt nicht sagen, woher du diese Delle hast, aber die musst du schon Dein ganzes Leben haben. Wir haben dich schließlich am Knie operiert und nicht an der Muskulatur.»

Natürlich wusste ich, dass ich diese Delle noch nicht mein ganzes Leben hatte. Schließlich war mein rechtes Bein in den letzten Jahren schon oft untersucht worden, da wäre eine Delle dieser Größe zwangsläufig aufgefallen. Daher wollte ich nochmal mit einem Arzt darüber sprechen. Sie antworte mir, dass es bereits nach 17:00 Uhr sei und meine behandelnden Ärzte sich schon im Feierabend befänden und eine Delle im Oberschenkel keine Angelegenheit für den Dienstarzt ist. Des Weiteren sagte sie mir, dass ich dann auch nachhause fahren dürfe, sobald ich mich wieder fit genug fühlen würde.

Kaum hatte die Schwester mein Zimmer verlassen, bat ich meinem Vater meine Tasche zu packen. Ich fühlte mich zwar noch nicht wirklich fit, aber ich wollte dennoch gerne nachhause, da das Personal in dieser Klinik an Unfreundlichkeit kaum zu überbieten war und mir bei der Genesung sicherlich nicht helfen würde.

Obwohl ich mein Knie auf der Rückfahrt hochlagerte, spürte ich nach etwas mehr als einer halben Stunde Fahrzeit einen beginnenden, pochenden Schmerz in meinem rechten Knie.

Daheim kühlte ich mein Knie und schaute gemeinsam mit meinem Vater ein wenig Fernsehen, ehe ich mich ins Bett legte. Obwohl ich an diesem Abend todmüde war, konnte ich nicht schlafen, da mich immer stärker werdende Schmerzen plagten und mir erneut tausende Gedanken durch den Kopf gingen. Ich bereute es, dass ich diesem „ach so erfahrenen" Oberarzt vertraut hatte und wegen seiner Aussage auf die bildgebende Diagnostik verzichtet hatte. Ich würde rückblickend sogar soweit gehen, dass das einer der größten Fehler meines noch so jungen Lebens war.

Einige Stunden, nachdem ich endlich eingeschlafen war, wurde ich aufgrund von den Knieschmerzen wieder wach. Die Schmerzen und das Pochen im Knie wurden auch durch die Einnahme von Schmerzmitteln nicht besser, weshalb ich den Rest der Nacht wach in meinem Bett lag und die Decke anstarrte. Meine Enttäuschung gegenüber dem Operateur entwickelte sich in diesem Moment zu purem Hass.

Mir ist natürlich bewusst, dass es nach einer Operation durchaus mal zu Schmerzen kommen kann, doch dass diese Schmerzen deutlich stärker sind, als die Schmerzen, die man vor der Operation verspürt hat, war für mich nicht nachvollziehbar. Insbesondere wenn man bedenkt, dass man während der Operation eigentlich nur ins Knie reingeschaut hatte und es abschließend gespült wurde.

Nachdem mein Vater am nächsten Tag wach wurde, redete ich mit ihm über meine - weitestgehend - schlaflose Nacht. Wir vereinbarten, dass wir erstmal zwei bis drei Tage warten würden und erst dann zum Arzt gehen - sofern die Schmerzen noch anhalten sollten.

Regelmäßige Kühlanwendungen linderten meine Schmerzen ein wenig, wenngleich sie immer noch sehr stark waren, weshalb ich drei Tage später zu meiner Hausärztin in die Praxis ging.

Nachdem ich ihr von meinen Beschwerden erzählte, sagte sie mir, dass das Knie vergleichbar mit einem Chamäleon wäre und daher seine Zeit bräuchte, um sich zu regenerieren. Um die Schmerzen weiter zu lindern, verschrieb sie mir eine höhere Dosis des Schmerzmedikamentes. Bei gleichbleibenden Schmerzen empfiehl sie mir eine Zweitmeinung im Mare-Klinikum in Kiel einzuholen.

Ich war sehr dankbar über diesen Tipp und informierte mich zuhause über diese Klinik, wobei ich herausfand, dass sowohl die Handballspieler des THW-Kiel, als auch die Fußballer von Holstein-Kiel sich in dieser Klinik operieren lassen. In meinen Augen hat man bei einer solch angesehenen Klinik ein gutes Gefühl, da viele erfolgreiche Sportler durch das kompetente Ärzteteam wieder zu alter Stärke zurückfanden. Wir riefen in der Klinik an und bekamen ca. drei Wochen später einen Termin.

In der Zeit bis zum Termin hatte ich Tage, an denen es die reinste Qual war, sechs Stunden in der Schule zu sitzen, weil es vor Schmerzen kaum auszuhalten war, aber auch Tage, an denen ich das Gefühl hatte, endlich auf dem Weg der Besserung zu sein.

Phil Oliver Ladehof

N achdem die drei Wochen endlich vergangen waren, machten meine Eltern und ich uns auf den Weg ins Mare-Klinikum nach Kiel.

Zuerst untersuchte mich der Assistenzarzt, der mir nach Beendigung seiner Untersuchung mitteilte, dass eine MRT-Aufnahme benötigt wird, um eine endgültige Diagnose zu stellen.

Die Magnetresonanztomografie (kurz: MRT) erstellt mithilfe von starken Magnetfeldern Schnittbilder des Körperinneren, sodass kleinste Veränderung im Körper entdeckt werden können. Während eine Röntgen-Untersuchung dem Arzt nur knöcherne Strukturen aufzeigt, können bei MRT-Aufnahmen auch die Muskulatur, die Sehnen und das Gewebe betrachtet werden.

Da ich nun endlich wissen wollte, was mir diese ständigen, nicht identifizierbaren Schmerzen zufügte, fragte ich schon fast überstürzend, wann wir ein solche MRT-Aufnahme anfertigen könnten. Der Arzt nahm mir meine Euphorie direkt wieder, als er mir eröffnete, dass man aufgrund der vor vier Wochen erfolgten Operation noch mindestens weitere vier Wochen warten müsse, bis man eine solche Aufnahme anfertigen könne.

«Warum?», fragte ich den Arzt enttäuscht.

«Da du frischoperiert bist, kann es sein, dass deine Narben das Ergebnis verfälschen, weshalb man nach Operationen gerne sechs bis acht Wochen wartet, bis eine bildgebende Diagnostik erstellt wird», erklärte mir der Arzt.

Er verließ das Behandlungszimmer und kündigte seinen Kollegen an: «Er wird sich dein Knie gleich auch nochmal anschauen und anschließend das weitere Vorgehen mit dir und deinen Eltern besprechen. Ich wünsche dir alles Gute. Tschüss!»

Nach einigen Minuten betrat der angekündigte Arzt das Behandlungszimmer und fragte mich, was mich zu ihm führen würde. Ich erzählte auch ihm von der Arthroskopie und sagte, dass ich seit der Operation noch mehr Beschwerden hätte, als vor der Operation.

Anschließend begann er damit mein Knie durchzubewegen, um zu schauen, wo es bei mir zwickte und klemmte. Nach Beendigung seiner Untersuchung sagte er mir, dass es für ihn nach einem erweichten Knorpel ausschaue und er zur genauen Diagnostik noch eine MRT-Aufnahme benötigen würde.

Nachdem wir für Ende März einen MRT-Termin vereinbart hatten, verließen wir die Klinik und machten uns auf den Heimweg.

Zuhause versuchte ich, so gut es ging, meinem normalen Alltag nachzugehen. Dies fiel mir - aufgrund der anhaltenden Schmerzen - alles andere als leicht. Ich war nach wie vor auf meine Gehhilfen angewiesen und musste erfahren, dass viele Menschen rücksichtslos gegenüber körperlich eingeschränkten Personen sind. Es kam oft vor, dass ich im vollkommen überfüllten Bus stehen musste, weil niemand bereit war seinen Platz zu räumen. Des Weiteren gab es einige Vorfälle, in denen der Busfahrer seine Fahrt fortsetzte, bevor ich einen sicheren Stand im Bus hatte.

Eine weitere Problematik in meinem Alltag stellte meine Schule dar, da diese nicht behindertengerecht war und ich jeden Tag zahlreiche Treppen steigen musste, weil es an meiner Schule keine festen Klassenräume gab und wir Schüler zu jeder Stunde die Räumlichkeiten wechseln mussten. Ich musste diese Umstände auf mich nehmen, da ich auf eine Gemeinschaftsschule ging und in diesem Sommer den Hauptschulabschluss mitschreiben musste, wenngleich ich nie vorhatte, die Schule nach der 9. Klasse zu verlassen. Aufgrund des bevorstehden des Abschlusses durfte ich nicht zu viel Unterrichtsstoff verpassen.

Sechs Tage, bevor wir wieder nach Kiel sollten, saß ich im Mathematik-Unterricht, als ich eine Nachricht von meinem Cousin erhielt, der gerade als Au-Pair in Neuseeland war.

Die Nachricht lautete wie folgt:

«*Hello again* 😄,

Mal ne Kleinigkeit 😅

Hättest du vllt Lust nach Dubai zu kommen um mich dort abzuholen und ein paar Tage dort zu verbringen ?»

Nachdem ich diese Nachricht gelesen hatte, dachte ich im ersten Moment, dass ich gerade träume. Einmal nach Dubai. Das war schon lange ein großer Traum von mir. Ich antwortete meinem Cousin, dass ich ihn super gerne in Dubai abholen würde, aber es abhängig von meiner Genesung und der Erlaubnis meiner Eltern sei.

Als ich an diesem Abend wieder nach Hause kam, zeigte ich meinen Vater umgehend die Nachricht von Luca und fragte ihn, ob es für ihn in Ordnung wäre, wenn ich Luca in Dubai abholen würde. Mein Vater bremste meine Euphorie und sagte, dass wir erstmal den Arzttermin abwarten sollten, ehe wir uns mit der Thematik Dubai beschäftigen.

Von diesem Tag an fieberte ich dem Arzttermin immer mehr entgegen, denn ich wollte die Ursache meiner Schmerzen finden und unbedingt nach Dubai.

Sechs Tage später war es endlich so weit. Ich hatte meinen MRT Termin mit anschließender Besprechung bei meinem Arzt. Ich fuhr voller Hoffnung nach Kiel und hoffte, dass der Arzt endlich feststellte, was mir diese langanhaltenden Schmerzen und Probleme bescherte und mir eine effektive Lösung gegen diese nennen konnte.

In der Klinik angekommen wartete ich auf die MRT-Untersuchung. Und ich denke jeder, der in seinem Leben eine solche Untersuchung über sich ergehen lassen hat, kennt dieses Gefühl, dass man erst gefühlte Stunden nach seinem eigentlichen Termin drankommt.

Nach zweieinhalb Stunden Wartezeit wurde ich dann endlich mal in den Behandlungsraum gerufen. Nachdem ich mich auf die Liege gelegt hatte, fragte ich die Assistentin, ob ich Musik hören könnte. Daraufhin sagte sie mir, dass es momentan Probleme mit den Kopfhörern gäbe, weshalb dies leider nicht möglich sei. Sie drückte mir noch die Notfall-Klingel und ein paar Lärmschutz-Kopfhörer in die Hand, ehe sie den Behandlungsraum verließ und das Gerät startete.

Nun hieß es für mich zwanzig Minuten ruhig liegen und warten, bis alle Aufnahmen fertig waren. Während ich im Magnetresonanztomographen lag und mich auf die Geräusche konzentrierte, die das Gerät von sich gab, fiel mir auf, dass es sich bei manchen Frequenzen nach Schüssen anhörte. „Diese Geräusche sind furchtbar, aber die Ergebnisse werden mir bei der Diagnostik helfen", dachte ich mir.

Nachdem ich das MRT verlassen hatte, durfte ich direkt in das Behandlungszimmer meines Orthopäden gehen.

Wenige Minuten später kam dann auch mein behandelnder Arzt ins Zimmer und sagte: «Ich kann dich schon mal beruhigen. Dein Kreuzband ist nicht gerissen. Das einzig auffällige auf dem MRT-Befund ist eine Flüssigkeitsansammlung unterhalb deiner Kniescheibe, diese könnte auch deine Schmerzen und Bewegungseinschränkung hervorrufen. Ich schlage vor, dass ich dir diese Stelle mit einer kleinen Nadel punktiere und wir schauen, wie es sich dann entwickelt. Okay?»

Bei einer Punktion wird mit einer sogenannten Punktionsnadel in einen Hohlraum des Körpers eingedrungen und darin enthaltende Flüssigkeit entnommen.

Natürlich stimmte ich dem Arzt zu, denn ich hatte große Hoffnung, dass es mir danach besser gehen würde und meine bisherigen Schmerzen lindert. Der Doc zog sich einen Kittel und Mundschutz an, ehe er mein Knie steril abdeckte und ausreichend desinfizierte.

Nachdem das Desinfektionsmittel eingewirkt war, setzte er die Punktionsnadel an und punktierte mir die Flüssigkeit unterhalb meiner Kniescheibe ab. Kurz nachdem der Arzt mit der Punktion fertig war, bewegte er mein Knie durch und fragte mich, ob es sich jetzt etwas besser anfühlen würde. Ich bestätigte, dass es sich jetzt auf jeden Fall nicht mehr so blockiert anfühle. Der Arzt ergänzte, dass ich mein Knie in den kommenden Tagen noch etwas entlassen soll.

Kurz bevor wir wieder heimfuhren, fragte ich den Arzt: «Ist es aus Ihrer Sicht möglich, dass ich in zwei Monaten für ein paar Tage nach

Dubai fliege? Sofern mein Knie sich bis dahin weiter verbessert und ich schmerzfrei werde.»

«Aus medizinischer Sicht spricht nichts dagegen, sofern wir keine bakteriellen Erreger in deinem Punktat finden und dein Zustand sich anhaltend verbessert.»

Voller Freude über diese Aussage verabschiedete ich mich von dem Arzt.

Noch auf der Rückfahrt schrieb ich meinem Cousin, dass ich vom Arzt grünes Licht bekommen habe und ihn gerne in Dubai abholen würde - sofern es keine weitere Verschlechterung in meinem Knie gibt.

Die Schmerzen in meinem Knie waren nach der Punktion wie verflogen und das Punktat zeigte keine Auffälligkeiten, sodass ich einige Wochen später meinen Flug nach Dubai buchen konnte.

Durch die Schmerzfreiheit in meinem rechten Knie, konnte ich die Gehstützen weglassen und fast wieder in meinen normalen Alltag zurückkehren. Ich durfte zwar noch keinen Fußball spielen und musste noch zweimal pro Woche zur Krankengymnastik, aber ansonsten war wieder alles so, wie vor der Operation, die im Nachhinein betrachtet keinen Nutzen hatte.

Phil Oliver Ladehof

Die Zeit verging rasend schnell und plötzlich hatten wir schon den 10. Mai. Den Tag, an dem ich nach Dubai fliegen sollte, um meinen Cousin „abzuholen" .Als ich am Morgen dieses zehnten Mai aufwachte, konnte ich mir nicht vorstellen, dass ich am nächsten Tag um dieselbe Uhrzeit auf einem anderen Kontinent wach werden würde.

An dem Tag vor meinem allerersten Flug, besuchte ich allerdings zunächst meinen Opa im Krankenhaus. Mein Opa war einige Jahre zuvor an Krebs erkrankt und wurde fortan im Universitätsklinikum behandelt. Der Krebs bei meinem Opa war weit fortgeschritten und uns war bewusst, dass er nicht mehr lange zu leben hatte, doch mein Opa hatte sich nicht unterkriegen lassen und sich immer und immer wieder neuen Therapiemöglichkeiten unterzogen - in der Hoffnung den Krebs zurückzudrängen oder sogar zu besiegen. Durch sein Verhalten und seine Einstellung zeigte er mir, dass man nie aufgeben sollte - auch wenn es manchmal einfacher wäre. Kurz bevor mein Besuch an diesem Tag endete, sagte er mir: «Wenn dir mal jemand sagt, dass etwas nicht geht, dann zeige ihm, dass das seine Grenzen sind und nicht deine! Du kannst vieles (fast alles) schaffen, wenn du an deinen Zielen festhältst und fokussiert bleibst.»

Zum damaligen Zeitpunkt hatte diese Aussage noch keine große Bedeutung, doch ich notierte sie mir direkt neben den anderen Lebensweisheiten, die mein Großvater mir im Laufe der Jahre mit auf den Weg gegeben hatte.

Ich verabschiedete mich von meinem Opa und machte mich gemeinsam mit meinen Eltern auf den Weg zum Hamburger Flughafen, wo ich um 21:25 Uhr Richtung Nahost starten sollte.

Als ich im Flieger saß, hatte ich zuerst ein mulmiges Gefühl, da ich noch nie zuvor geflogen war und mein erster Flug nun direkt ein Mittellangstreckenflug in die Vereinigten Arabischen Emirate sein sollte. Dazu kam, dass ich alleine fliegen musste, da meine Eltern aus verschiedenen Gründen verhindert waren.

Doch bereits wenige Minuten nach dem Start begann ich das Fliegen zu lieben. Zum einen, weil man in Windeseile jeden Ort auf dieser Welt erreichen kann, zum anderen, weil die Welt von oben einfach unbeschreiblich schön aussieht. Als ich am nächsten Morgen aufwachte, befand sich der Flieger bereits im Landeanflug auf den Dubai International Airport.

Nach der Landung nahm der Flieger seine Position auf dem Vorfeld ein und ich verließ den Flieger über die herangefahrenen Treppen. Bereits beim Aussteigen spürte ich die warme, trockene Wüstenluft auf meiner Haut. Im ersten Moment war diese etwa 35°C warme Luft schon fast unangenehm, besonders wenn man bedenkt, dass es zu diesem Zeitpunkt erst fünf Uhr in der Früh war.

Ich war gerade am Gepäckband angekommen, da kam mein Cousin, welcher wenige Minuten zuvor aus Brisbane gelandet war, um die Ecke. Nachdem wir beide unser Gepäck hatten, machten wir uns auf den Weg zu unserem Hotel, welches in unmittelbarer Nähe zur Mall of the Emirates lag. Im Hotel stellten wir nur unsere Koffer in die Lobby, da wir bereits an diesem ersten Tag möglichst viel von Dubai sehen wollten.

Als erstes machten wir uns auf den Weg zum Jumeirah Beach, um unsere Füße ein wenig im Persischen Golf abzukühlen und uns die Skyline von Downtown Dubai aus weiter Entfernung anzuschauen.

Außerdem hatten wir von diesem Strand eine perfekte Sicht auf den Burj Al Arab, dem einzigen - inoffiziellen - 7-Sterne-Hotel auf dieser Welt. Es wirkte einfach surreal, wenn man bedenkt, dass dieses Hotel auf einer künstlichen, ins Meer ragenden Landzunge steht. Damit die Insel durch die Strömung nicht zerstört wird, hat man sich für eine besondere Art von Steinen entschieden, die die Wellen brechen und verhindern, dass die Substanz der Insel abgetragen wird. Wir genossen diese Aussicht für einige Minuten, ehe wir uns auf den Weg zum Wild Wadi Wasserpark machten.

Dieser Wasserpark ist, wie sollte es in Dubai auch anders sein, kein gewöhnlicher Wasserpark. Während man in Deutschland die Wasserreifen hochtragen muss, um anschließend die Rutsche runterzurutschen, setzt man sich in Dubai bereits unten in den Wasserreifen und wir dann durch hohen Wasserdruck die Bahn „hochgeschossen", bevor man sie wieder herunterrutscht.

Nachdem wir die Rutschen im Wasserpark ausgiebig genutzt hatten, fuhren wir weiter zur Dubai Mall, die bei ihrer Eröffnung am 4. November 2008, auf die Verkaufsfläche bezogen, die größte der Welt war. Diese Mall als Einkaufszentrum zu bezeichnen ist schon fast eine Frechheit, da das Einkaufen hier eher zur Nebensache wird. Denn neben den 1.200 Geschäften, die sich auf eine Verkaufsfläche von 502.000 Quadratmetern und drei Etagen verteilen, findet man in der Mall noch ein Mega-Aquarium, in dem 33.000 Meeresbewohner zuhause sind. Des weiteren findet man in der Mall noch eine Kunsteisbahn mit Olympiamaßen, eine 24 Meter hohe Wasserkaskade und ein Kino mit über 20 Sälen

Nachdem Luca und ich uns einen groben Überblick über die Vielzahl der Geschäfte in der Dubai Mall gemacht hatten, gingen wir weiter zur Dubai Fountain. Die Dubai Fountain besteht aus 1.000 Wasserfontänen, die sich auf eine Länge von 275 Metern verteilen und das Wasser bis zu 150 Meter in die Höhe schießen. Jeden Tag ab 18:00 Uhr „tanzen" die Fontänen im 30-Minuten-Takt zu klassischer, orientalischer oder moderner Musik. Begleitet wird dieses Spektakel von 6.600 Lichtquellen und 50 Farbprojektoren. Interessanter Fakt am Rande: Die Dubai Fountain schießt pro Sekunde 83.000 Liter Wasser in den Himmel. Das ist in etwa soviel Wasser, wie zwei durchschnittliche Deutsche in einem Jahr verbrauchen.Wir schauten uns an diesem Abend zwei oder drei Wasserspiele an, ehe wir uns auf den Weg zu unserem Hotel machten und schliefen.

Am nächsten Tag nahmen wir uns eine, der beiden künstlich geschaffenen Inseln vor, die aus der Vogelperspektive betrachtet aussehen, wie Palmen. Mein Cousin und ich entschieden uns für die etwas kleinere Insel, Palm Jumeirah, da diese näher am Stadtzentrum Dubais ist und man bei gutem Wetter einen perfekten Blick auf den Burj Al Arab und Downtown Dubai hat. Und wie es sich für eine Stadt der Superlative gehört, sind auch die Zahlen dieser künstlich erschaffenen Insel sehr imposant.

Für die Aufschüttung der knapp 560 Hektar großen Insel wurden schätzungsweise 200 Millionen Kubikmeter Sand und Steine benötigt. Schätzungsweise beliefen sich die Kosten für den Rohbau der Insel auf 1,5 Milliarden US-Dollar, die Gesamtkosten der Insel inklusive Bebauung werden auf 10 Milliarden US-Dollar geschätzt. Alleine die feierliche Eröffnungsfeier im November 2008 soll 20 Millionen US-Dollar gekostet haben. An dieser Stelle langt es dann auch erstmal wieder mit beeindruckenden Zahlen.

Mein Cousin und ich genossen das sonnige Wetter und gingen auf dem Außenring im Nordwesten der Insel spazieren. Von dort aus konnten wir, die sich noch im baubefindliche, Inselgruppe „The World" bewundern.

Die Inselgruppe soll nach Fertigstellung aus 300 kleinen Inseln bestehen, die in Form einer Weltkarte angeordnet sind und die Länder und Kontinente der Welt darstellen soll. 2006 schenkte der Herrscher von Dubai, Scheich Muhammad bin Raschid Al Maktum, Michael Schumacher eine Insel. Gerüchten zufolge soll auf dieser Insel eine Kartbahn entstehen, welche nur per Boot oder Hubschrauber erreicht werden kann.

Nachdem Luca und ich genug von diesem wahnsinnigen Insel-Projekt geschwärmt hatten, ging es für uns wieder Richtung Festland, um am Strand ein wenig durchs Wasser zu laufen, und uns abzukühlen.

Im Anschluss gingen wir zur Dubai Marina, um den Sonnenuntergang zwischen den Hochhäusern zu bewundern. Nachdem die Sonne untergegangen war, machten wir noch ein paar Bilder von der beeindruckenden Kulisse bei Nacht, ehe wir mit der Metro wieder Richtung Hotel fuhren.

Im Hotel angekommen, checkte ich die Nachrichten, die ich im Laufe des Tages bekommen hatte. Eine dieser Nachrichten war von meinem Vater, der mich fragte, ob mit meinem Knie alles gut wäre. Ich antwortete meinem Vater, dass ich trotz der 10-15 Kilometer, die wir jeden Tag in Dubai zurücklegten, keine Beschwerden im Knie verspürte – mich erfreute diese Tatsache, da ich es mir wenige Tage zuvor nicht erträume konnte, soviel ohne Beschwerden und ohne Krücken zu gehen.

Solche Rückfragen sind nett gemeint, aber sie erinnern mich an meine eigentliche Symptomatik, weshalb ich meinen Eltern gesagt habe, dass ich es ihnen erzählen werde, sofern mein Knie oder mein allgemeiner Zustand sich verschlechtern. Ich kann jedem Betroffen bzw. Angehörigen einer Erkrankten Person nur dazu raten, es ähnlich zu machen. Gebt Euer Erkrankung nicht zu viel Raum in den Momenten, in denen es Euch gut geht und ihr glücklich seid.

Am dritten und letzten vollständigen Tag in Dubai gingen wir zunächst in der Dubai Mall shoppen, ehe mein persönliches Highlight der Reise anstand:

Der Besuch auf der Aussichtsplattform des Burj Khalifa, dem höchsten Gebäude der Welt. Mit dem Aufzug ging es für Luca und mich in den 124. Stock des 828 Meter hohen Hochhauses. Die 454 Meter lange Fahrt legt der Aufzug in sagenhaften 60 Sekunden zurück, sodass ich während der Fahrt im Aufzug einen stärkeren Druck auf den Ohren verspürte, als beim Start eines Flugzeuges. Oben angekommen, gingen wir direkt auf die Terrasse des 124. Stockwerkes. Als ich das erste Mal an die Scheibe herantrat, um runter zuschauen, bemerkte ich erst auf welcher Höhe wir uns befanden.

Selbst das Hotel „The Address", welches mit einer Höhe von 306 Metern knapp 50 Meter größer ist, als das höchste Gebäude Deutschlands, wirkt von der Aussichtsplattform nicht wie ein Wolkenkratzer. Luca und ich verbrachten einige Stunden auf der Aussichtsplattform, sodass wir am Abend den Sonnenuntergang von dort aus beobachten konnten. Es war einfach super anzusehen, wie die Sonne auf einmal hinter der Inselgruppe „The World" im Wasser verschwand. Wir machten noch ein paar Bilder von Dubais Skyline bei Nacht, ehe wir mit dem Aufzug wieder runterfuhren und uns auf den Weg ins Hotel machten.

Den letzten Abend in Dubai ließen wir entspannt im Pool auf der Dachterrasse unseres Hotels ausklingen.

Am nächsten Morgen genossen mein Cousin und ich nochmal das ausgiebige Frühstück im Hotel, ehe wir uns auf den Weg zum Flughafen machten.

Während des Fluges nach Frankfurt sprachen Luca und ich nochmal über die Dinge, die während seines Auslandsjahr passiert sind.

Zuerst erzählte Luca mir, welche Erfahrung er in Neuseeland gesammelt hatte, ehe er mich fragte, was da eigentlich mit meinem Knie los war.

Ich erzählte ihm in Kurzfassung, was seit Ende November passiert war und meinte abschließend, dass jetzt ja offensichtlich wieder alles gut sei, da ich immerhin gerade drei Tage schmerzfrei kreuz und quer durch Dubai gelaufen war.

Nach meiner Rückkehr aus Dubai lag die Punktion etwa zwei Monate zurück und ich begann erneut hart an meiner Genesung zu arbeiten, indem ich regelmäßig die Krankengymnastik besuchte und durchs Fahrradfahren gezielten Muskelaufbau betrieb.

Da ich beim Fahrradfahren eine leichte, seitliche Instabilität in meinem rechten Knie verspürte, suchte ich erneut meinen Hausarzt auf, welcher mir empfahl beim Radfahren und sonstigen sportlichen Aktivitäten eine Bandage zu tragen. Mithilfe dieser Bandage verspürte ich eine schnelle Besserung, sodass ich wieder gezielt an meinem Comeback zur neuen Saison, knapp 2 Monate später, arbeiten konnte.

Eines Abends legte ich mich nach meiner täglichen Radel-Runde in mein Bett und schlief mit dieser Bandage um mein Knie ein.

Am nächsten Morgen wurde ich mit einem schmerzenden, schwitzigen und geschwollenen Knie wieder wach. Ich zog die Bandage aus und stellte fest, dass mein Knie über Nacht so stark angeschwollen war, dass weder Kniescheibe, noch Sehnen oder Muskeln in der Kniekehle zu erkennen waren.

Ich humpelte in die Küche, um meiner Mutter diese Veränderungen zu zeigen, woraufhin sie die Hände überm Kopf zusammenschlug und die Mare-Klinik in Kiel anrief. Wir hatten Glück und bekamen direkt am Folgetag einen Termin bei meinem behandelnden Orthopäden.

Am nächsten Tag begrüßte der Orthopäde mich in seinem Behandlungszimmer und fragte mich, was mich so schnell wieder zu ihm führen würde. Ich zeigte auf mein rechtes Knie und sagte, dass es sich erneut, um mein altbekanntes „Problem-Gelenk" handeln würde, welches innerhalb einer Nacht eine starke Umfangszunahme erlitten hatte. Der Arzt staunte nicht schlecht, als er die starke Schwellung zum ersten Mal sah und sagte mir nach einer kurzen Untersuchung, dass er angesichts meiner Vorgeschichte kein orthopädisches Problem als Ursache sehe, sondern viel mehr eine rheumatische Grunderkrankung vermute.

Unter dem Begriff Rheuma werden verschiedenste Erkrankung des Bewegungsapparates zusammengefasst. Rheuma kann nicht nur Gelenke, sondern auch Sehnen, Muskeln und innere Organe befallen. Es gibt zwischen 200 und 400 verschiedene rheumatische Erkrankungen, welche sehr unterschiedlich verlaufen können.

Als er diesen Satz ausgesprochen hatte, schossen mir die Tränen in die Augen, weil eine gute Freundin von mir zu diesem Zeitpunkt bereits die Diagnose Rheuma hatte und ich wusste, wie sehr diese Krankheit ihr Leben beeinträchtigt. Ich saß auf der Behandlungsliege und schaute auf meine Knie, auf welche mir die Tränen tropften.

Der Arzt versuchte mich zu beruhigen und sagte, dass es sich hierbei lediglich um einen Verdacht handle und es noch keine endgültige Diagnose darstellen würde. Diese könnte nur durch einen niedergelassenen Rheumatologen gestellt werden. Um bestens auf einen solchen Arztbesuch bei einem Rheumatologen vorbereitet zu sein, empfahl mir mein Orthopäde neue MRT-Aufnahmen anfertigen zu lassen.

Ich bedankte mich für seine Hilfe und machte mich gemeinsam mit meinen Eltern auf den Nachhauseweg. Noch im Auto telefonierten wir sowohl mit der empfohlenen Rheumatologin als auch mit dem Ärztehaus, in welchem die MRT-Aufnahmen angefertigt werden sollten. Ich hatte Glück und bekam bereits am nächsten Tag einen MRT-Termin und am darauffolgenden Tag einen Termin bei der niedergelassenen Rheumatologin.

Am nächsten Abend wartete ich angespannt auf die MRT-Untersuchung und fragte das zuständige Personal, ob es möglich wäre, dass mein Vater mit in den Untersuchungsraum komme, damit er mich ein wenig von meiner Angst ablenken könnte. Die diensthabende Ärztin stimmte dem unter der Bedingung zu, dass mein Vater sich aus Sicherheitsgründen, hinter mir aufhalte.

Als ich mich vor der letzten MRT-Aufnahme umdrehte und meinen Vater nicht sah, kam mir das schon sehr komisch vor und ich fragte mich, wo mein Vater so plötzlich geblieben sei.

Nachdem die letzte Aufnahme fertig war, wurde die Liege aus dem MRT gefahren und ich fragte die medizinische Fachangestellte sofort nach meinem Vater. Sie sagte mir, dass mein Vater derzeit mit der Ärztin sprechen würde und ich mich wieder anziehen solle.

Ungeduldig wartete ich anschließend auf dem Flur auf meinen Vater.

Wenige Minuten später kam er endlich aus dem Arztzimmer und ich konnte bereits an seiner Miene erkennen, dass irgendwas nicht in Ordnung war. Ich wollte wissen, warum die Ärztin ihn aus dem MRT geholt habe, woraufhin er sagte, dass sie ihm anhand der MRT-Aufnahmen gezeigt habe, dass mein gesamtes Knie entzündet sei.

«Wie? Das gesamte Knie?», fragte ich erschrocken.

«Ja, wie sich die Ärztin anhörte, ist das gesamte Gewebe innerhalb deines Knies entzündet», war die frustrierende Antwort meines Vaters.

Es fühlte sich an wie in einem schlechten Film. Erst war ich auf dem Weg der Besserung und kurz davor wieder ins Mannschaftstraining einzusteigen und plötzlich hieß es, dass mein gesamtes Knie entzündet sei.

„Das kann doch nicht wahr sein", dachte ich mir.

Wir machten uns niedergeschlagen auf den Weg nachhause und ich hoffte, dass die Rheumatologin, bei der ich am nächsten Tag einen Termin hatte, mir helfen könne.

Als ich am nächsten Tag in der Praxis der Rheumatologin saß, waren dort, wie sollte es bei so einer „Alte-Leute-Krankheit" auch anders sein, nur Rentner.

Im Volksmund wird Rheuma immer öfter als „Alte Leute Krankheit" bezeichnet. Allein Deutschland sind über 15.000 an einem Kinder- und Jugendrheuma erkrankt. Zählt man alle Rheumapatienten unter 18 Jahren zusammen, so sind es ca. 25.000 betroffene Kinder und Jugendliche.

Bis die Ärztin mich aufrief, las ich ein Fußballmagazin, um zu schauen, was es Neues in der Welt meines Lieblingssports gab.

Die Rheumatologin rief mich auf und wollte zunächst einmal etwas über meine bisherige Krankengeschichte erfahren. Ich erzählte ihr von meiner vorangegangen Operation und der plötzlichen Umfangszunahme des Knies von mehr als fünf Zentimetern.

Daraufhin meinte die Ärztin, dass sie aufgrund meiner Erzählung nicht davon ausgehen würde, dass ich unter einer rheumatischen Erkrankung leide. Der Hauptgrund für ihre Äußerung lag dadrin, dass ich neben dem geschwollenen Knie keine weiteren Einschränkungen hatte und diese erstmals nach einer Operation in Erscheinung getreten ist. Sie wollte sich allerdings noch einen medizinischen Überblick verschaffen, woraufhin sie mit der körperlichen Untersuchung begann. Ich musste während der Untersuchung des öfteren Schmunzeln, da es mir furchtbar komisch vorkam, wie die Ärztin jedes einzelne meiner Gelenke durchbewegte, um zu schauen, ob ich in irgendwelchen Gelenken Bewegungseinschränkungen habe, welche auf eine rheumatische Erkrankung hinweisen würden.

Auch diese Untersuchungen fielen ohne weiteren Befund aus, sodass die Ärztin vorschlug mein Blut auf diverse Entzündungs- und Rheumafaktoren zu untersuchen.

Des Weiteren wollte sie mein geschwollenes Knie punktieren, um das entnommene Punktat auf bakterielle Erreger zu untersuchen. Ich sah der Punktion entspannt entgegen, da ich ja bereits zwei Monate zuvor eine über mich ergehen hatte lassen und dabei keine Schmerzen verspürt hatte. Nachdem alles vorbereitet war, begann die Ärztin die Nadel einzuführen und Flüssigkeit abzusaugen. Diese Punktion verlief jedoch nicht so entspannt und schmerzfrei, wie die vorherige. Durch die Entzündungen in meinem Knie war das ganze Gewebe gereizt und mir kamen bereits nach einigen Sekunden die Tränen in die Augen geschossen.

«Wie lange dauert das denn noch?», fragte ich die Rheumatologin ungeduldig.

«Ich würde gerne die gesamte Flüssigkeit entnehmen. Es wird leider noch ein Weilchen dauern!»

Nach einer gefühlten Ewigkeit zeigte mir die Spezialistin 50 Milliliter blutiges und eitriges Punktat, welches sie zur Untersuchung einschicken wollte. Die Untersuchung war beendet und ich durfte wieder nachhause fahren.

Am nächsten Montag ging ich direkt nach der Schule zu meinem Vater ins Büro, da wir am Nachmittag zu meiner Oma fahren wollten.

Nachdem ich das Büro von meinem Vater betreten hatte, begrüßte er mich mit den Worten: «Phil? Wir müssen morgen früh ins Krankenhaus.»

Wie angewurzelt blieb ich in der Tür stehen und fragte meinen Vater: «Was zum Teufel wollen wir da schon wieder? Ist Oma im Krankenhaus?»

«Nein, Oma geht es gut! Die Rheumatologin hat vorhin angerufen und gesagt, dass deine Blutergebnisse gar nicht gut ausschauen, weshalb du umgehend in der Klinik untersucht werden musst.»

Regungslos setzte ich mich auf einen Stuhl in Papas Büro und stellte mir selbst die Frage, warum es ausgerechnet mich treffen musste. Mir war bewusst, dass es auf diese Frage keine gescheite Antwort geben würde, dennoch hätte es mich in diesem Moment furchtbar gefreut, wenn ich eine Antwort darauf gehabt hätte.

Aus heutiger Sicht kann ich jedem Betroffenen den Tipp geben, nicht zu lange nachdem „Warum?" zu fragen. Ich beschäftigte mich immer wieder mit dieser Fragestellung, brachte mich selbst um den Schlaf und bekam trotzdem keine Antwort. Stellt diese Energie lieber eurem Körper zur Regeneration und Selbstheilung zur Verfügung.

Am späten Nachmittag fuhren mein Vater und ich zu meiner Oma, um mit ihr gemeinsam essen zu gehen. Für mich gab es an diesem Abend Putenschnitzel mit Kroketten und Sauce Hollandaise, eines meiner Lieblingsgerichte, doch an diesem Tag schmeckte es für mich nach nichts, sodass ich nur lustlos in meinem Essen rumstocherte und es gezwungenermaßen runterschlang.

Bevor ich am Abend ins Bett ging, setzte ich mich vor die Konsole und versuchte bei dem ein oder anderen FIFA-Spiel auf bessere Gedanken zu kommen und schlussendlich mit positiveren Gefühlen schlafen zu können.

Am nächsten Morgen machten meine Eltern und ich uns in aller Frühe auf den Weg ins Krankenhaus, wo wir direkt nach unserer Ankunft von dem Arzt - welcher bereits durch meine Rheumatologin über meinen Krankheitsverlauf in Kenntnis gesetzt worden war - im Empfang genommen wurden.

Nachdem der Spezialist sich seinen eigenen Eindruck von meinem entzündeten Knie gemacht hatte, erklärte er meinen Eltern und mir, wie er fortfahren wolle: «Wir werden dich direkt morgen Früh operieren, um die Entzündungsherde aus deinem Knie zu entfernen. Des Weiteren werden wir dir während der Operation ein Gewebestück entnehmen, welches wir einschicken, um es auf eine mögliche bakterielle Entzündung zu untersuchen.»

«Was bedeutet eine bakterielle Entzündung für die weitere Behandlung?», wollte ich wissen.

«Sollte die Entzündung tatsächlich durch Bakterien hervorgerufen sein, müssen wir schnell handeln. Ansonsten droht -im schlimmsten Fall -die Amputation des rechten Beins, aber warten wir erstmal die morgige Operation ab», antwortete mir der Oberarzt.

Diese Aussage schockierte mich vollends, sodass ich in diesem Moment nichts dazu sagen konnte.

Abschließend klärte der Arzt meine Eltern und mich über die Narkose und die weiteren Risiken der morgigen Operation auf, ehe mich eine Schwester der Station holte, um mich zu meinem Zimmer zu bringen.

Die Schwester öffnete die Tür des Zimmers und sagte: «Bitte! Dein Zimmer für die nächste Zeit.»

Ich schaute hinein und hatte das Gefühl vor einem Hotelzimmer zu stehen, welches bei einem Buchungsportal vermutlich die Bezeichnung „Großzügiges Zimmer mit Balkon und Meerblick" bekommen hätte.

Am Abend brachte ich meine Eltern zum Auto und verabschiedete mich von ihnen, ehe ich mich auf den Weg zum Strand machte. Dort angekommen setzte ich mich in den weichen, warmen Sand, schaute aufs offene Meer und genoss das Geräusch, der sich brechenden Wellen. Während ich dort saß, versuchte ich erneut verzweifelt eine Erklärung für die Geschehnisse der letzten Wochen und Monate zu finden, doch zum wiederholten Male fand ich keine. Es wurde langsam spät, sodass ich mich zurück auf den Weg in die Klinik machte, um dort meine letzte Mahlzeit vor der Operation einzunehmen.

Nachdem ich fertig gegessen hatte, schaltete ich den Fernseher an und schlief einige Minuten später ein.

Am Morgen des 08.07.2015 wurde ich unsanft von einer Schwester geweckt und gebeten mir die OP-Kleidung anzuziehen, da es jeden Moment losgehen könne.

Einige Momente später kam sie, in Begleitung einer Kollegin, erneut in mein Zimmer und sagte mir, dass es nun in den OP gehen würde. Die Schwestern schoben mich in meinem Bett in den Einleitungsraum, wo bereits die Narkoseärztin auf mich wartete. Während die Ärztin mir den Zugang legte unterhielten wir uns nett. Doch als sie mich fragte, ob dies meine erste Operation sei, bekam ich es mit der Angst zutun, da ich mich plötzlich an meine erste Operation erinnerte, die alles andere als erfolgreich abgelaufen war. Ich wollte nur noch fliehen, doch ich konnte nicht, da die Ärztin bereits angefangen hatte mir das Narkosemittel zu verabreichen und ich mich bereits auf dem Weg ins Land der Träume befand.

Einige Stunden später erwachte ich im Aufwachraum aus der Narkose und fragte die Schwestern, ob ich nun zurück auf mein Zimmer dürfte. Die Schwestern sagten mir, dass ich noch einige Zeit zur Beobachtung bei ihnen bleiben müsse. Um mir die Wartezeit zu verschönern, boten mir die Schwestern an, mein Bett zu drehen, sodass ich raus auf die im Sonnenlicht glitzernde Ostsee schauen konnte. Nach einiger Zeit durfte ich den Aufwachraum wieder verlassen und wurde in mein Zimmer geschoben, wo meine Eltern bereits auf mich warteten.

Während wir uns unterhielten, versuchte ich meinen Kopf ein bisschen vom Kopfkissen hochzuheben, um sie besser sehen zu können. Doch ich bekam meinen Kopf einfach nicht hoch. Nicht einmal einen Zentimeter. Ich hatte keine Kraft dazu. Ich war zu erschöpft. Eine Erfahrung, die ich so noch nie zuvor gemacht hatte.

«Die Operation hat mich ganz schön geschafft», sagte ich meinen Eltern und schlief kurze Zeit später wieder ein.

Durch ein Klopfen an meiner Zimmertür wurde ich aus dem Schlaf gerissen. Es war meine Narkoseärztin, welche mit meinen Eltern und mir über den Verlauf der Narkose sprechen wollte. Sie sagte, dass der Eingriff größer ausgefallen sei, als ursprünglich geplant, weshalb sie mir intraoperativ ein wenig Narkosemittel nachspritzen musste.

Intraoperativ beschreibt eine Handlung, zu welcher sich das Operationsteam während des eigentlichen des Operationsgeschehen entschieden hat.

Nachdem sie diesen Satz ausgesprochen hatte, schaute ich instinktiv nach, ob mir mein rechtes Bein amputiert worden war. Meine Ärztin erwiderte, mit leichtem Grinsen im Gesicht, dass man ja nicht gleich vom allerschlimmsten ausgehen müsse.

Mit den Worten: «Der Operateur wird dir gleich sagen, was genau gemacht wurde», verabschiedete sie sich von uns.

Das wollte ich natürlich unbedingt wissen und freute mich wahnsinnig, als der Operateur eine knappe Stunde später mein Zimmer betrat und mir endlich erklärte, was er operativ gemacht hatte. Er sagte mir, dass er sich zu Beginn der Operation Zugang durch ein Knopfloch verschafft habe. Aus diesem Knopfloch lief jedoch soviel entzündete Flüssigkeit, weshalb der Chefarzt und er sich während der Operation zu einer offenen Operation entschieden hatten, um die gesamte Knieinnenhaut und die entzündeten Schleimbeutel zu entfernen.

«Also ist es eine bakterielle Entzündung?», fragte ich den Arzt schockiert.

«Das kann ich dir zum jetzigen Zeitpunkt leider noch nicht sagen. Wir haben während der Operation zwei Gewebestücke entnommen. Diese befinden sich bereits auf dem Weg ins Labor und werden dort auf mögliche bakterielle Erreger untersucht. Sobald ich ein Ergebnis vorliegen habe, melde ich mich bei dir», war die Antwort des Mediziners.

Den Rest des Tages schlief ich, trotz dieser beunruhigenden Nachricht, weiterhin viel, um wieder zu Kräften zu kommen.

Am nächsten Morgen war ich gerade fertig mit dem Frühstück, als die Visite mein Zimmer betrat. Mein Operateur wollte wissen, wie es mir mittlerweile gehe, ehe er die Narbe zur Wundkontrolle freilegte. Es war das erste Mal, dass ich die Narbe sah und mir fiel vor Schreck die Kinnlade runter. Ich wusste zwar, dass man sich im OP für eine offene Operation entschieden hatte, aber das ich nun eine Narbe vom Ober- bis zum Unterschenkel hatte, hätte ich mir nicht träumen lassen. Des Weiteren war mein Knie mit Blutergüssen in allen möglichen Farben verziert. Nachdem ich den ersten Schock über die 29 Zentimeter lange Narbe überwunden hatte, fragte ich den Arzt, wie die weitere Behandlung aussehe.

«Da wir Bakterien als Auslöser nicht ausschließen können, musst du mindestens zwei Wochen bei uns in der Klinik bleiben und dreimal täglich ein Antibiotikum nehmen. Des Weiteren wirst du eine Bewegungsschiene bekommen, die du dreimal am Tag nutzen musst. Zusätzlich zu der Bewegungsschiene, wird dir jeden Tag einer unserer Physiotherapeuten bei der Mobilisation helfen», antwortete er mir.

Ich nahm seine Aussage zur Kenntnis, bedankte mich bei ihm und war gespannt, wie die bevorstehende Therapie verlaufen würde.

Nachdem der Doc das Zimmer verlassen hatte, hockte ich mich auf die Kante meines Bettes und schaute durch das Fenster auf die weite Ostsee. Ich beneidete die Kinder, die jetzt da draußen waren und bei dem schönen Wetter im Wasser spielten, während ich mit eingeschränkter Bettruhe nicht mal auf den Balkon durfte.

Eingeschränkte Bettruhe hieß in diesem Fall, dass ich mein Bett nur für den Gang ins Bad verlassen durfte und ansonsten im Bett zu LIEGEN hatte.

Gerade wollte ich ein Foto von der schönen Ostsee machen, da kam eine Schwester in mein Zimmer.

«Was machst du da, Phil?», fragte mich die Schwester mit einem strengen Unterton.

«Raus aufs offene Meer schauen.»

«Das geht nicht - du hast Bettruhe.»

«Das stimmt so nicht. Der Arzt sagte mir, dass ich mein Bett nicht verlassen darf. Er hat zu keiner Zeit davon gesprochen, dass ich mich in meinem Bett nicht aufrichten darf», widersprach ich mit spöttischem Unterton.

«Du legst dich jetzt sofort wieder hin!»

«Nein! Wenn ich schon nicht raus darf, möchte ich wenigstens die Aussicht genießen.»

«Du bist in einem Krankenhaus und da musst du dich an gewisse Regeln halten, Phil!»

«Ich weiß, deshalb hab ich mich ja auf meine Bettkante gesetzt und nicht auf einen Stuhl», sagte ich provozierend.

Nachdem ich diesen Satz ausgesprochen hatte, verließ die Schwester mein Zimmer, ohne ein weiteres Wort zu sagen. Ich wartete eigentlich nur auf den Moment, in dem die Schwester in Begleitung eines Arztes oder einer Kollegin wiederkam, um die Diskussion fortzuführen.

Einige Minuten später öffnete sich meine Zimmertüre erneut, doch statt der Schwester betrat ein motivierter Physiotherapeut mit Motorschiene unter dem Arm mein Zimmer.

Bei der Motorschiene handelt es sich um ein medizinisches Gerät, welches das Knie ohne eigene Muskelkraft (passiv) in die Beugung bzw. Streckung bewegt. Beim Einstellen wird durch einen Therapeuten festgestellt, wie groß der Bewegungsradius des Gelenkes ist, ehe diese Werte in das Gerät eingegeben werden. Verbessert sich die Beweglichkeit des betroffenen Gelenks, so werden die Werte in dem Gerät entsprechend angepasst.

«Legst du dich bitte in dein Bett, damit wir die Motorschiene einstellen können», bat mich der Krankengymnast höflich.

Ich kam seiner Bitte nach, woraufhin wir die Motorschiene gemeinsam auf meine Beinlänge einstellten. Wir machten einige Testläufe, um zu schauen, wie weit ich mein Knie beugen bzw. strecken konnte, um diese Werte in das Menü, der Motorschiene, einzugeben. Der Physiotherapeut war erstaunt darüber, dass mein Knie bereits einen Tag nach der Operation einen so großen Bewegungsumfang hatte und fuhr begeistert mit der Behandlung, der Bewegungsschiene, fort.

Am späten Nachmittag kamen meine Eltern mich besuchen. Im Gepäck hatten sie meine Playstation, damit ich während des Klinikaufenthaltes ein wenig Fifa zocken konnte. Mein Vater war gerade dabei die Playstation an den Fernseher anzuschließen, da kam die Schwester, mit welcher ich einige Stunden zuvor diskutiert hatte, mit einem Rollstuhl in mein Zimmer.

Sie platzierte den Rollstuhl neben meinem Bett und sagte zu meinen Eltern: «Wenn Sie Lust haben, können Sie Phil eine Runde durch den Klinikgarten schieben.»

Während meine Eltern sich bei der Schwester bedankten, versuchte ich zu verstehen, woher ihr plötzlicher Sinneswandel kam.

Nachdem mein Vater die Playstation fertig angeschlossen hatte, machten wir uns auf den Weg in den Klinikgarten. Von diesem konnte man die Ostsee nicht wirklich sehen, weshalb ich meine Eltern überredete, mit mir an die Strandpromenade zu fahren, um dort ein Eis zu essen. Während wir an der Strandpromenade unser Eis genossen, spürte ich den leichten Ostseewind, welcher mir durch die Haare wehte und für sommerliche Gefühle sorgte.

Am Abend fuhren meine Eltern wieder heim, woraufhin ich die Playstation einschaltete, um ein wenig Fifa zu spielen.

Ich wollte gerade das erste Spiel beginnen, da kam der Pfleger, der vielleicht Mitte 20 war, in mein Zimmer und sagte mit einem leichten Lächeln im Gesicht: «Wie geil bist du denn bitte drauf? Nimmst einfach deine Playstation mit ins Krankenhaus.»

«Irgendwie muss man sich ja beschäftigen, während man sich den Arsch wund liegt. Hast du Bock auf ein Match?»

«Eigentlich werde ich ja nicht fürs Zocken bezahlt, aber wenn du so fragst, sag ich nicht nein.»

Er holte sich den zweiten Controller, stellte den Rollstuhl neben mein Bett und setzte sich hinein.

Ich gewann das Spiel, woraufhin er rief: «Das kann ich nicht auf mir sitzen lassen. Revanche?»

«Wirst Du fürs Zocken bezahlt?», fragte ich ihn schelmisch.

«Nein, aber ein Spiel mehr oder weniger macht den Kohl jetzt auch nicht fett.»

«Hast Recht. Gleiche Teams?»

«Gleiche Teams!»

Nachdem ich auch das zweite Spiel gewonnen hatte, sagte er: «Ich muss jetzt mal wieder etwas für mein Geld tun, aber glaub nicht, dass ich die zwei Niederlagen auf mir sitzen lasse.»

«Wenn du magst, können wir morgen wieder spielen. Weglaufen gestaltet sich für mich eher schwierig», erwiderte ich grinsend.

Nachdem er den Controller weglegte, wünschte er mir noch einen schönen Abend und verließ mein Zimmer. Ich zockte noch ein wenig, ehe ich den Fernseher ausschaltete, um Schlafen zu gehen.

Am nächsten Morgen hatte ich gerade fertig gefrühstückt, als mein gut gelaunter Physiotherapeut in mein Zimmer kam.

Er reichte mir ein paar Krücken und sagte: «Phil, heute werden wir mal ein bisschen über den Flur gehen, damit deine Oberschenkelmuskulatur wieder aktiviert wird und du dein Knie aktiv beugst und streckst.»

Voller Freude riss ich ihm die Krücken aus der Hand, richtete mich auf und fragte: «Bist du soweit?»

«Klar, aber warum hast du es so eilig?»

«Weil ich ein Mensch bin, der es hasst, sich nicht bewegen zu dürfen und ich seit der Narkose vor zwei Tagen darauf gewartet habe, wieder auf eigenen Beinen zu stehen», erklärte ich mein forsches Aufstehen.

In Begleitung des Therapeuten ging ich den Flur rauf und runter, als plötzlich mein Operateur vor uns stand.

«Da macht aber jemand ordentlich Fortschritte», sagte er erfreut.

«Ja, Sie wissen doch, dass ich in eineinhalb Monaten wieder auf dem Fußballplatz stehen möchte.»

«Natürlich. Deinen Optimismus werde ich so schnell nicht vergessen.»

«Das freut mich.»

Mein Arzt und Physiotherapeut sprachen noch ein wenig über meinen Heilungsverlauf, ehe mein Therapeut mich zurück in mein Zimmer brachte.

Er stellte mir die Motorschiene ein und sagte: «Phil, wenn du weiterhin so hart an deinem Traum arbeitest, dann wirst du es schaffen. Da bin ich mir sicher!»

«Das hoffe ich doch. Kann ich dich noch was fragen?»

«Klar!»

«Wann darf ich mein Bein endlich wieder voll belasten?», fragte ich fast schon ungeduldig.

«Es gibt keine genaue Vorgabe, wie lange das Bein nach einem solchen Eingriff entlastet werden muss. Aus meiner Sicht kannst du bereits morgen oder übermorgen damit beginnen. Du solltest es allerdings nicht übertreiben und für längere Strecken die Krücken oder sogar den Rollstuhl nutzen. Wichtig ist, dass du auf die Signale deines Körpers hörst.»

Nachdem der Krankengymnast diese erfreuliche Aussage getroffen hatte, verließ er mein Zimmer.

Bis auf den erneuten Besuch meiner Eltern am Abend, passierte an diesem Tag nicht mehr sonderlich viel.

Am nächsten Tag besuchten mich Caprice, meine Cousine, und Chrissi, meine Tante, aus Kiel in der Klinik. Gemeinsam mit meinem Vater gingen wir vier in einem Lokal an der Strandpromenade essen. Besser gesagt meine Cousine, meine Tante und mein Vater gingen, während ich in meinem Rollstuhl geschoben wurde.

Auf dem Rückweg schob Caprice mich, als ich zu ihr sagte: «Halt mal bitte an.»

«Warum?», fragte sie verwundert.

«Damit ich den Rest gehen kann.»

«Du willst was machen?!»

Während ich aus dem Rollstuhl aufstand, sagte ich: «Du hast schon richtig gehört. Ich werde das letzte Stück gehen, da ich es keine Sekunde länger in diesem scheiß Rollstuhl aushalte.»

«Phil?! Du wurdest erst vor ein paar Tagen operiert und hast ne Narbe übers gesamte Knie. Du kannst doch jetzt nicht einfach aus dem Rollstuhl aufstehen!»

«Doch, siehst du doch. Außerdem habe ich meinen Physiotherapeuten gestern gefragt und der sagte, dass ich heute wieder kurze Strecken ohne Gehhilfen gehen darf. In die Klinik sind es noch knapp 50 Meter. Das passt also.»

«Wie du meinst, aber wenn es nicht mehr geht, sagst du bitte Bescheid, damit ich dich wieder schieben kann», sagte sie skeptisch.

Wieder auf meinem Zimmer angekommen, fragte ich Caprice: «Und, worüber genau hast du dir Sorgen gemacht?»

Mit einem Grinsen auf den Lippen antwortete sie mir, dass es sich erledigt habe. Wir vier sprachen noch ein Weilchen, ehe mein Besuch sich verabschiedete.

Nachdem die drei gegangen waren, schaltete ich meinen Fernseher ein und musste bedauerlicherweise feststellen, dass das deutsche Free-

TV nichts zu bieten hatte, was mich wirklich faszinierte, weshalb ich den Fernseher wieder ausschalte und mein Handy aus dem Schrank holte, um Videos zu schauen.

Die kommenden Tage waren damals die monotonsten und zeitgleich langweiligsten Tage meines bisherigen Lebens: Jeden Morgen um 7:30 Uhr kam eine Schwester in mein Zimmer, um mir mein Frühstück zu bringen und mir anschließend die Spritze zur Vorbeugung einer Thrombose zu geben.

Bei einer Thrombose handelt es sich um einen vollständigen oder teilweisen Verschluss eines venösen Blutgefäßes, welcher entsteht, weil ein Blutgerinnsel den Blutfluss stört. Die Blutgerinnsel entstehen häufig in Folge von Operation, Gipsschienen oder allgemeiner Stilllegung des Körpers. Wenn sich ein Teil (Thrombus) der Thrombose löst und durch die Blutgefäße wandert, kann es zu lebensgefährlichen Komplikationen, wie z.B.: einem Schlaganfall, einem Herzinfarkt oder einer Lungenembolie kommen.

Bereits um 8:00 Uhr kam erneut eine Schwester in mein Zimmer, um das Antibiotikum, welches ich dreimal täglich per Infusion bekam, anzustellen. Um 12:30 Uhr wurde die zweite Infusion angestellt, ehe ich mein Mittagessen bekam. Nachdem Essen kam mein Physiotherapeut, der jeden Tag meine Muskulatur lockerte, bevor er mit mir über den Flur ging, um die Stabilität in meinem Knie weiterhin zu stärken. Nach der Physiotherapie hatte ich meistens vier Stunden Zeit, in denen ich Playstation spielte, oder von meinen Eltern durch den Klinikgarten geschoben wurde, wobei sich letzteres eher schwierig gestaltete, da ich durch die hohen Temperaturen in diesem Sommer mit Kreislaufproblemen zu kämpfen hatte. Um 18:00 Uhr bekam ich mein Abendbrot serviert und pünktlich um 20:30 Uhr wurde mir die letzte Infusion verabreicht.

Es verging eine Woche nach meiner Operation, ehe meine Mutter und ich den Rheumatologen der Klinik aufsuchten. Bei diesem Termin sollte ich erneut auf eine rheumatische Erkrankung untersucht werden. Der Facharzt stellte mir einige Fragen zu meinem bisherigen Krankheitsverlauf, ehe er meine Gelenke auf eine mögliche Überwärmung oder Schwellung untersuchte. Nach Beendigung seiner Untersuchung verabschiedete er sich von uns - ohne sich in irgendeiner Weise zu seinem Befund zu äußern.

Erst bei der Visite, zwei Tage später, erfuhr ich von meinem Operateur, dass der Rheumatologe eine rheumatische Grunderkrankung aufgrund meiner Erzählungen und fehlender weiterer rheumatypischer Symptome ausgeschlossen habe.

«Also handelt es sich tatsächlich um eine bakterielle Entzündung?», fragte ich den Oberarzt verunsichert.

«Ja, zum jetzigen Zeitpunkt müssen wir - leider - davon ausgehen, dass es sich um eine bakterielle Entzündung handelt, weshalb du weiterhin dreimal täglich das Antibiotikum nehmen musst. Sobald wir den Befund der eingesendeten Gewebeproben haben, kann ich dir genaueres sagen.»

«Und wann darf ich wieder nachhause?», fragte ich ungeduldig, denn bald sollten die großen Sommerferien beginnen, welche ich nur ungerne im Krankenhaus verbringen wollte.

«Du musst leider noch in unserer stationären Behandlung bleiben, bis wir den Befund haben. Aber auch danach wirst du dich die erste Zeit etwas zurücknehmen müssen, da du in der vergangenen Woche einen großen Eingriff hattest», war die niederschmetternde Antwort des Mediziners.

Der Ärztestab hatte gerade mein Zimmer verlassen, da setzte ich mich erneut auf meine Bettkante und schaute aus meinem Einzelzimmer hinaus auf's offene Meer. Ich beneidete wieder die Kinder, die dort draußen am Strand spielen konnten, während ich in diesem Krankenzimmer versauerte und auf das Ergebnis so einer blöden Gewebeprobe warten musste.

Es vergingen fünf weitere, furchtbar monotone und frustrierende Tage, ehe sich das Ärzteteam erneut in meinem Zimmer einfand, um mir mitzuteilen, dass sie nun endlich den Befund für meine Gewebeproben hatten. Das Labor schrieb, dass es bei dem entnommenen Gewebestück keinerlei Hinweis auf Bösartigkeit gebe, weshalb von Seiten des Labors darum gebeten wurde, sowohl ein Geschehen aus dem rheumatischen Formenkreis als auch einen akuten Infekt auszuschließen. Da eine rheumatische Erkrankung, während meines stationären Aufenthalts, bereits ausgeschlossen worden war und ich zudem mit einer anhaltenden Antibiose gegen einen möglichen Infekt behandelt wurde, bestand keinerlei Notwendigkeit für einen länger andauernden stationären Aufenthalt, weshalb mein behandelnder Arzt meine Entlassung für den nächsten Tag veranlasste.

Bei einer Antibiose handelt es sich um die medikamentöse Behandlung mit einem Antibiotikum, welches Mikroorganismen, wie z.B. Bakterien oder Pilze, hemmt oder zerstört.

Bevor ich meine Heimreise am kommenden Morgen antreten durfte, wies mich mein Operateur nochmal ausdrücklich daraufhin, dass ich mich bei einer Verschlechterung meines Allgemeinzustandes umgehend bei ihm zu melden habe.

Nach meiner Entlassung wollte ich mich wieder mit Freunden treffen, doch meine körperliche Verfassung ließ dies in keiner Weise zu. Ich fühlte mich schwächer als erwartet, sodass mein täglicher zehn Minuten Spaziergang mich schon ausreichend Kraft kostete. Meine Freunde und ich hatten somit weiterhin nur Kontakt über Social-Media.

Drei Tage nach meiner Entlassung aus der Klinik wachte ich schweißgebadet und mit 41°C Fieber auf. Das Fieber war zwar nach kürzester Zeit wieder verschwundenen, dennoch informierten wir meinen Operateur über die kurzzeitige Verschlechterung meines Allgemeinzustandes. Selbiger bat darum, dass meine Eltern und ich am nächsten Tag nochmal in die Klinik kommen sollten, um der Ursache klinisch auf den Grund zu gehen.

Nach unserer Ankunft am nächsten Morgen, wurden wir direkt in eines der Behandlungszimmer verwiesen, wo bereits mein behandelnder Arzt auf uns wartete. Er erzählte mir und meinen Eltern, dass dieser plötzliche, kurzanhaltende Fieberschub ein zusätzliches Anzeichen für einen bakteriellen Infekt sein könne. Um eine solche Infektion erneut auszuschließen, erklärte er mir und meinen Eltern, dass er mein Knie nochmals punktieren würde, um das Punktat erneut auf mögliche bakterielle Erreger zu untersuchen.

Kurz nachdem der Arzt mit der Punktion angefangen hatte, hätte ich vor lauter Schmerzen an die Decke gehen können. Der Arzt war mit der Punktionsnadel in die erste Kammer des Knies eingedrungen und versuchte nun mit Druck in die nächste Kammer vorzudringen. Die Nadel, welche die stark entzündete Haut, zwischen den beiden Kammern reizte, sorgte in diesem Moment für die stärksten Schmerzen, die ich bis zu diesem Zeitpunkt erfahren hatte. Mit Tränen in den Augen flehte ich den Arzt an aufzuhören, doch er sagte mir, dass ich nur noch kurz die Zähne zusammenbeißen müsse und es dann geschafft hätte. Es vergingen weitere schmerzhafte Sekunden, welche mir wie Minuten vorkamen, ehe die Punktion beendet war.

Im Anschluss an diese, wurde mir noch Blut abgenommen, bevor der Arzt uns erzählte, dass er sich melden würde, sobald die Ergebnisse vorlägen.

Daraufhin machten wir uns auf die erneute Heimreise. Über das Wochenende, welches ich zuhause verbringen konnte, traf ich mich erstmals wieder mit einigen Freunden, um einige, sonnige Momente an der Hafenspitze zu genießen.

Am darauffolgenden Montagmorgen saßen meine Mutter und ich gemeinsam am Frühstückstisch, als plötzlich das Telefon klingelte. Ich schaute auf das Display und konnte schon an der Vorwahl erahnen, dass es sich um das Krankenhaus handeln müsse. Nachdem meine Mutter das Gespräch angenommen hatte, hörte ich einige Gesprächsfetzen, wie «Wann sollen wir da sein?», «Schon wieder operieren?», «Wie lange muss er bleiben?»

Daraufhin verließ ich sprachlos den Frühstückstisch und verzog mich in mein Zimmer. Während ich auf meinem Bett saß, starrte ich Löcher in die Luft und wartete darauf, dass meine Mutter mir genaueres über das Gespräch mitteile, was einige Momente später auch der Fall war.

Sie sagte, dass mein Entzündungswert um das 20-fache erhöht sei und dass der Arzt mich aus diesem Grunde am selbigen Nachmittag nochmal sehen wolle, um eine weitere Operation mit uns zu besprechen.

Der Begriff „Entzündungswert" wird für mehrere Blutwerte verwendet, welche einen Aufschluss darüber geben können, ob und wie stark die Entzündung im Körper eines Patienten sind. In diesem konkreten Beispiel spreche ich jedoch nur vom CRP-Wert (C-reaktives Protein), welcher im Normbereich unter 5 mg/l liegt. Bei mir war dieser Wert auf über 100 mg/l angestiegen.

«Nochmal operieren?! Zum dritten Mal in sechs Monaten?! Was soll das alles bringen?!», fragte ich meine Mutter fassungslos.

«Ich weiß es nicht... Wir werden es heute Nachmittag erfahren», sagte sie mitfühlend.

Als wir uns am Nachmittag erneut auf den Weg Richtung Klinik machten, bekam ich tierische Angst. Mir zitterten die Knie und mir war übel. Ich wollte nur noch umkehren, doch meine Eltern versuchten mich zu beruhigen und mir klarzumachen, dass diese Operation, unter den gegebenen Umständen, notwendig sei.

Mein Arzt erwartete uns bereits, sodass wir uns direkt auf den Weg ins Behandlungszimmer machen konnten. Er erzählte mir, dass es im Punktat keinerlei Anzeichen für einen bakteriellen Infekt gab, er allerdings weiterhin davon ausgehe, dass es sich um eine bakterielle Entzündung handle. Um sich einen Überblick über die nachgewachsene Knieinnenhaut zu machen und eine erneute Gewebeprobe zu entnehmen, schlug er einen sogenannten „Second-Look" vor.

Als Second-Look-Operationen werden routinemäßige Zweitein-griffe bezeichnet, bei denen sich der Operateur einen „zweiten Blick" auf das Operationsgebiet verschafft, um Veränderungen frühzeitig zu erkennen und Störungen des erwarteten Ergebnis-ses der ersten Operation gegebenenfalls zu behandeln.

Ich sah keinen Sinn in dieser Operation, weshalb ich anfing mit mei-nem Arzt über die Wichtigkeit der Operation zu diskutieren.

«Wir gehen von einer bakteriellen Entzündung aus, damit ist nicht zu spaßen», sagte der Arzt sehr bestimmt.

«Warum gehen wir von einer bakteriellen Entzündung aus, wenn es im Punktat und in der Gewebeprobe keine Anzeichen für Bakterien gibt?», fragte ich verwundert.

«Es kann sein, dass wir keine Bakterien im Punktat gefunden haben, da diese sich woanders in deinem Knie befinden.»

Ich war nach wie vor der festen Überzeugung, dass diese Operation nicht zwingend erforderlich ist, dennoch stimmte ich dem Operateur kritisch zu, weil ich auf seine jahrelange Erfahrung vertraute und schlussendlich Angst hatte, dass die möglichen Bakterien in meinem Knie für einen schlimmeren Schaden sorgen könnten.

Nachdem wir erneut über die Narkose und weiteren Risiken der Ope-ration aufgeklärt worden waren, eröffnete uns mein behandelnder Arzt, dass mein Vater und ich unseren Sommerurlaub, welchen wir knapp zwei Wochen später antreten wollten, absagen müssten, da dieser nicht mit meinem gesundheitlichen Zustand vereinbar wäre. Enttäuscht nahm ich diese Aussage zu Kenntnis. Ich hatte mich so sehr auf diesen Urlaub gefreut, welchen ich die ganze Zeit als Licht am Ende des Tunnels sah und nun wurde mir jener Lichtblick durch einen weiteren Rückschlag genommen.

Im Laufe der Erkrankung habe ich mir immer wieder irgend-welche Ereignisse gesetzt, welche ich als „Licht am Ende des Tunnels" betrachtete. Dabei geht es nicht zwangsläufig darum, ob ein solches Licht am Ende des Tunnels wirklich erreichbar ist - es geht vielmehr darum, dass man ein Ereignis hat, auf welches man sich freut und für welches bestimmte Anstrengungen in Kauf genommen werden. Wenn dieses Licht am Ende des Tunnels erreicht wird -> umso besser.

Meine Eltern und ich gingen nach dieser niederschmetternden Nachricht an die schöne Ostseepromenade, um dort bei einem genüsslichen Eis auf bessere Gedanken zu kommen. Doch während wir dort saßen, fing ich erneut an, über den Sinn der Operation zu diskutieren. Sowohl meine Mutter als auch mein Vater verstanden meine Bedenken, versuchten mir aber auch klar zu machen, dass eine zu starke Beschädigung durch Bakterien zur Amputation des rechten Beines führen könne, weshalb ich lieber diese minimalintensive, diagnostische Operation auf mich nehmen sollte.

Am Abend verabschiedete ich mich von meinen Eltern, ehe ich mich erneut auf dem Weg zur Strandpromenade machte, um dort einen klaren Kopf zu bekommen und mich selbst endgültig mit dem Gedanken abzufinden, dass die Operation unumgänglich sei.

Als ich wieder in Richtung der Klinik ging, realisierte ich, dass ich mich inzwischen in jenem Loch befand, vor welchem ich solche Angst hatte. Mir fehlte der Fußball enorm, wenngleich mein letztes Spiel noch nicht mal ein Jahr her war. Für mich war nicht ansatzweise abzusehen, ob und wann ich wieder die Fußballschuhe schnüren kann. Ich erinnerte mich an einen Gedankengang, welchen ich vor meiner ersten Operation hatte: *Du wirst wieder Fußball spielen!*

Am frühen Nachmittag des kommenden Tages wurde ich erneut in den OP geschoben, wo ich im Vorbereitungsraum auf eine „alte Bekannte" traf. Die Narkoseärztin, welche mir die Narkose geben sollte, war dieselbe, wie 20 Tage zuvor. Während sie mich verkabelte und mir den Venenkatheter legte, hatten wir Zeit für ein bisschen Smalltalk. Sie war verwundert darüber, dass ich innerhalb kürzester Zeit zweimal mit ähnlicher Diagnose auf dem OP-Tisch lag.

«Wenn es nach mir gehen würde, würde ich jetzt nicht hier liegen, sondern die Ferien genießen», antwortete ich und erzählte ihr von meiner Enttäuschung.

«Das kann ich verstehen, aber die Gesundheit geht vor. Auch wenn man sich die Sommerferien sicherlich schöner vorstellen kann. Ich wünsche dir alles Gute und hoffe, dass du nach dieser Operation erstmal etwas Ruhe hast und wir uns nicht so schnell wieder sehen», sagte sie, während sie damit begann, mir das Narkosemittel zu spritzen und mich somit ins Land der Träume zu versetzen.

Bereits einige Minuten, nachdem ich wieder in mein Zimmer geschoben worden war, betraten mein Operateur, der Stationsarzt und zwei Pfleger mein Zimmer. Mein Operateur setzte sich zu mir aufs Bett und gab mir Bilder in die Hand, welche das Innere meines Knies zeigten. Auf diesen Bildern war unschwer zu erkennen, dass die gesamte Knieinnenhaut von feuerroten Pusteln übersät war. Ich schaute mir die Bilder eine Weile an, ehe er mir erklärte, dass er diese Pusteln während des Eingriffes entfernt habe.

Anschließend erzählte er mir noch einige weitere Einzelheiten zur Operation, bevor ich ihn fragte, wann mir der Wundschlauch, welcher mich bereits schmerzte, gezogen werde. Er sagte mir, dass die Drainage entfernt werden könne, sobald keine Wundflüssigkeit mehr fließe.

Am Abend war es endlich soweit: Es befand sich keine Flüssigkeit mehr im Schlauch, woraufhin der Pfleger mir diesen ziehen sollte. Er betrat mein Zimmer, ging auf mich zu und fing ohne große Vorwarnung an, den Schlauch zu ziehen. Unter starken Schmerzen spürte ich, wie die Drainage in meinem Knie hin und her schlackerte, ehe es einen heftigen Ruck gab und diese draußen war.

Nachdem der Pfleger mir den herausgezogenen Schlauch zeigte, sagte er: «Hoffen wir mal, dass der Wundschlauch nicht vernäht gewesen ist und ich jetzt die Narbe aufgerissen habe.»

Ich schaute ihn entsetzt an und dachte mir: „Das kann doch nicht dein Ernst sein?! Du weißt nicht, ob der Wundschlauch vernäht ist und ziehst ihn trotzdem einfach so durch den Verband heraus? Was soll das?!"

Einige Sekunden später hatte der Krankenpfleger mein Zimmer bereits verlassen, weshalb es mir nicht möglich war, ihn auf sein unprofessionelles Verhalten anzusprechen.

Während der Visite am nächsten Tag, schaute sich das Ärzteteam mein frischoperiertes Knie an, wobei sie, glücklicherweise, feststellten, dass die Narbe des Wundschlauches trotz des unfachmännischen Entfernens nicht wieder aufgegangen war. Allgemein war mein Operateur sehr zufrieden mit meinem Zustand, weshalb er äußerte, dass ich die Klinik noch am selben Nachmittag verlassen und unter gewissen Umständen doch noch in den Urlaub fahren dürfe.

Die Bedingungen waren, dass

- ich alle vier Tage zum Blut abnehmen musste, um einen erneuten Anstieg von meinem CRP-Wert schnellstmöglich festzustellen.
- ich jeden zweiten Tag zur Physiotherapie musste, um wieder Bewegung in mein Knie zu bekommen.
- ich mein Knie auf keinen Fall direkter Sonnenstrahlung aussetze, da dies eine bakterielle Infektion nur beschleunigen würde.

Nachdem das Ärzteteam mein Zimmer verlassen hatte, hörte ich, wie der Stationsarzt meinen Operateur fragte, wie er mich bereits einen Tag nach der Operation entlassen und mir den Sommerurlaub in Aussicht stellen könne. Der Stationsarzt war außer sich. Da ich wenige Tage nach der ersten Entlassung einen Fieberschub entwickelt hatte, hätte er mich zur Nachkontrolle noch ein paar Tage dabehalten wollen. Glücklicherweise beharrte der Oberarzt auf seiner Meinung, sodass ich am Nachmittag die Heimreise antreten durfte.

Auf dem Heimweg realisierte ich, dass ich nun doch in den Urlaub fahren durfte, woraufhin ich trotz der anhaltenden Schmerzen wieder etwas positiver gestimmt war.

Es war etwas mehr als eine Woche nach meiner Operation vergangen, als mein Vater und ich uns auf den Weg in den langersehnten Sommerurlaub machten. Für uns zwei ging es in den selben Ferienort, wie die sechs Jahre zuvor. Wir machten unseren Urlaub jedes Jahr auf demselben Bauernhof, sodass wir dort häufig dieselben Familien trafen. Mit vielen Kindern der anderen Familien hatte ich mich durch die gemeinsamen Urlaube angefreundet.

Da es kurz vor meiner dritten Knieoperation geheißen hatte, dass wir nicht in den Urlaub fahren könnten, hatten wir unsere Unterkunft auf jenem Bauernhof absagen müssen. Als der Operateur uns dann doch freistellte in den Urlaub zu fahren, war die Ferienunterkunft leider anderweitig vergeben, sodass wir in einer anderen Ferienwohnung im selben Ort unterkamen.

Während unserer zehnstündigen Autofahrt in die bayrische Alpenregion schwelgte ich in Erinnerung an diesen idyllischen Ort: Erstmalig waren meine Eltern und ich 2005 dort – ich war kurz zuvor 5 Jahre alt geworden. Es dauerte nicht lange, bis ich mich in das Landleben und das Traktorfahren verliebte. Ich wollte jede Sekunde auf dem Traktor sitzen und sei es nur, um irgendwelche Wasserfässer für die Tiere zu holen, sie zu füllen und anschließend wieder zu den Wiesen zu bringen. Auch bei der Grasernte wollte ich keine Sekunde verpassen - doch aufgrund des unwegsamen Geländes kam es oft vor, dass einige, sehr steile Passagen mit der Sense zu bearbeiten waren. Anfänglich lief ich hinterher, doch irgendwann wurden meine kurzen Beine zu schwach, sodass mich der Sohn des Hauses beim Schieben des Mähbalkens huckepack nahm. Wenn wir nach einem anstrengenden Tag auf dem Feld wieder nachhause kamen, kam es nicht selten vor, dass wir zwei noch Ewigkeiten auf dem Fußballfeld verbrachten und uns duellierten. Der Sohn des Hauses, Bastian, war für mich der große Bruder, den ich nie hatte. In jenem Sommer grillten wir auch einmal mit Anna, der Bäuerin, am See. Anschließend ließen wir Ballons mit kleinen Zetteln, auf denen unsere Wünsche standen, aufsteigen.

Bereits im nächsten Winter waren wir erneut da. In jenem Februar lernte ich das Ski fahren und lieben. Während eines einwöchigen Ski-kurses wurden uns die Basics an einem kleinen Berg beigebracht, ehe es am letzten Tag einen kleinen Wettbewerb unter allen Schülern der Ski-schule gab. Wie bei solchen Wettbewerben üblich, ging es darum, wer am schnellsten die Ziellinie überquerte. Ich machte mir keine große Hoffnung auf eine Platzierung im oberen Drittel, da ich im Vergleich zu den anderen Teilnehmern der Skischule viel weniger Erfahrung hatte und die meisten auch mindestens ein Jahr älter waren, was gerade in jüngeren Jahren einen bedeutenden Unterschied darstellt. Nachdem alle im Ziel angekommen waren, stand es fest: Ich wurde Erster. Als Nord-licht! Mit 6 Jahren! Ich konnte es nicht fassen. Es war zwar nur eine von vielen Medaillen, die ich in meiner Kindheit gewann, aber es war die einzige, die ich nicht im Fußball gewann, sodass ich sie bis heute sehr schätze.

Im Jahr 2009 waren mein Vater und ich erstmalig nach der Trennung meiner Eltern wieder dort. Es war mein dritter Urlaub auf dem Bauern-hof. Am Tag unserer Ankunft lief die Heuernte bereits auf Hochtouren, sodass ich noch am selben Abend mit Sebastian, dem Bauern, auf den Traktor stieg, um das Heu zu wenden. Am nächsten Tag sollte das Heu, welches in Heuballen auf der Wiese lag, eingeholt werden. Ein guter Freund, Stefan, und ich fuhren auf der Ballenpresse mit, während seine Schwester, Katrin, und ihre beste Freundin auf dem Ladewagen, welcher Teile des Heus in loser Form einfuhren, fuhren. Die Wiese, auf der das Heu eingeholt werden sollte, lag an einem abschüssigen Hang, sodass die Heuballen quer zur Hangneigung gelegt worden waren.

Nachdem die Ballen fertig gepresst waren, stiegen Stefan und ich aus dem Traktor und spielten gemeinsam mit den Mädels auf der Wiese. Plötzlich kam einer von uns vieren auf die *glorreiche* Idee, sich gegen einen der Heuballen zu lehnen. Dieser bewegte sich. Wir Jungs schoben den Ballen in Richtung der Mädchen, woraufhin sie diesen wieder zu uns zurückschoben. Irgendwann passierte das, was passieren musste und der Ballen drehte sich in Richtung Tal. Die Problematik war, dass das Tal an dieser Stelle nicht einfach nur ein Tal in den Bergen ist, sondern hier die einzige Straße verläuft, die um den Bergsee führt und aufgrund des hervorragenden Sommerwetters sehr stark befahren war. Als Stefan und ich realisierten, dass dieser Ballen sich Richtung Bundesstraße bewegte, versuchten wir noch ihm hinterherzulaufen und ihn irgendwie zu stoppen, was bei einer Wiese mit über 10% Gefälle aber ein Ding der Unmöglichkeit darstellt. Wir mussten zuschauen, wie der Ballen den Weidezaun durchbrach, über die Straße rollte und auf der gegenüberliegenden Seite zwischen einem Porsche 911 Cabrio und einem VW T6 zum Stehen kam. Wir konnten es kaum glauben. Es war niemand verletzt worden. Keine einzige Schramme an einem der Autos. Lediglich der Draht vom Weidezaun war durchtrennt worden und musste ersetzt werden.

Kurz darauf kam Bastian wütend zu uns und schickte uns zur Strafe für unser gedankenloses Verhalten zum Hof. Er schickte lediglich Stefan und mich nachhause, da die Mädchen geschickter gewesen waren und sich schnell von dem Geschehen entfernt hatten, während Stefan und ich nach wie vor fassungslos auf den Heuballen zwischen den beiden Autos hinabblickten. Nun hieß es für mich und Stefan zum Hof zu gehen. Entlang des Sees. Wir liefen eine halbe Stunde in gedrückter Stimmung. Wir waren beide total bedröppelt, als wir auf dem Hof ankamen und seinen Eltern bzw. meinem Vater erklären mussten, warum wir zu Fuß auf den Hof zurückkamen, während die Mädchen noch auf sich warten ließen. Wir schilderten ihnen die Situation und beteuerten immer wieder, dass die Mädchen genau so beteiligt gewesen waren, wie wir.

Als die Ernte an diesem Abend eingebracht worden war, wurde wie jedes Jahr zum Abschluss der Ernte gegrillt. Alle Leute saßen unten zu Tisch. Alle, außer mir. Ich wollte am liebsten heim. Für mich war es wie ein Schlag ins Gesicht, dass Basti mich zusammengeschissen hatte und ich bereits am zweiten Tag des Urlaubes so eine *Scheiße* gebaut hatte.

Irgendwann kamen Anna und Stefan auf unser Zimmer, um mir zu erzählen, dass die Mädchen nun zugegeben hatten, dass sie nicht ganz unschuldig an dem Geschehen waren. Natürlich nahm das keine Schuld von Stefan und mir, doch es fühlte sich deutlich besser an, dass die Schuld nun auf acht und nicht nur auf vier Schultern verteilt war, nun ging ich doch noch nach unten und setzte mich, mit besserer Stimmung, zu den anderen.

Dennoch mussten Stefan und ich für den Rest des Urlaubes damit leben, dass wir bei jeder Gelegenheit spöttisch gefragt wurden, ob wir nicht die Heuballen in den Schober schieben wollen.

Unvergessen sind auch die Urlaube, in denen ich jeden Morgen um 6 Uhr aufstand, um Sebastian dabei zu helfen, den Pferdestahl zu säubern und die Pferde anschließend von den Wiesen zu holen.

Mit zunehmendem Alter traute Sebastian Stefan und mir immer mehr zu, sodass wir nicht mehr nur auf dem Traktor saßen, sondern auch mal mit anpacken durften oder sogar sollten.

Einmal fuhren wir beispielsweise mit dem Traktor in den Wald von Sebastian und fällten dort gemeinsam einige Bäume oder wir gingen auf die Alm und trieben Kühe ins Tal.

In einem Jahr bauten wir im Garten ein riesiges Tipi auf, welches von den Urlaubsgästen für gelegentliche Lagerfeuer genutzt werden konnte. Um dem Ganzen ein besonderes Feeling zu geben, schnitten wir Holzstämme zu Latten und bauten daraus Sitzbänke. Damit es an den lauen Sommerabenden nicht an kühlen Getränken mangelte, stellten wir eine alte Messingwanne vor den Eingang des Tipis, sodass diese bei Bedarf mit Wasser zum Kühlen der Getränke aufgefüllt werden konnte. Um dem Tipi das i-Tüpfelchen aufzusetzen, wurde der Boden im Inneren mit Hackschnitzeln aufgefüllt.

In einem der Sommer sollte der Hang oberhalb der famosen Heuballenwiese gemäht werden. Das Gelände ist so unwegsam, dass die Arbeit dort oben per Mähbalken und Hand auszuführen ist. Wir Kinder machten uns also vom Hof entlang des Sees zu dieser Wiese auf. Unten am Hang angekommen, bestand die erste Herausforderung darin, dass wir diesen elendig langen Berg hinaufkommen, um dort zu helfen, wo der Bauer bereits mit seinem Ladewagen und Traktor wartete.

Basti mähte mit seinem Mähbalken, während wir Kinder mit dem Rechen dafür sorgten, dass das Gras ausgebreitet wurde, damit es von der Sonne getrocknet werden konnte.

Einige Stunden später ging es erneut auf den Berg, um das Gras zu wenden. Dieses Prozedere wiederholte sich einige Male, ehe wir das getrocknete Heu den Hang herunterzogen und in den Ladewagen luden.

Nachdem dieser voll geladen war, wollten wir natürlich auf dem Heuwagen zum Hof zurückzufahren, um aus dem Heu heraus Leute zu erschrecken und den Autofahrern hinter uns Grimassen zu schneiden.

Die zahlreichen Momente, in denen wir, gegen die Erlaubnis von Sebastian und Anna im Heuschober spielten sind ebenso unvergesslich. Uns wurde immer wieder aufs Neue gesagt, dass das Heu kein Ort zum Spielen sei, und dass es dort gefährlich sei, doch wir waren Kinder und wollten unseren Spaß haben. Heute, Jahre später, ist mir bewusst, dass unser Verhalten von damals zu schlimmeren Verletzung hätte führen können, aber hey.. uns ist nichts passiert und wie sagt man so schön: „You only life once!"

Kurz gesagt: Ich liebe diesen Ort, der meine Kindheit zu dem machte, was sie war und nun war ich zum Glück doch noch auf den Weg dorthin.

Bereits am Abend unserer Ankunft musste ich die Ärztin erstmalig aufsuchen, damit sie meinen CRP-Wert bestimmen und die Fäden ziehen konnte. Nach der langen Autofahrt wirkte ich etwas schwach auf die Ärztin, woraufhin sie mir ausdrücklich klarmachte, dass mein Körper viel Ruhe benötigt, um sich zu regenerieren. Ein weiteres Indiz dafür stellte laut der Ärztin der Entzündungswert dar, welcher nach der Operation erneut auf über 100 mg/l angestiegen war.

Am Tag nach unserer Ankunft hatte ich den ersten Termin bei meiner Physiotherapeutin, wo ich durch zahlreiche aktivierende Übungen ordentlich gefordert wurde. Nach der Therapie schmerzte mein Knie so sehr, dass ich es den Rest des Tages nicht mehr belasten konnte.

Bei meinem nächsten Termin teilte ich dies meiner Krankengymnastin mit, woraufhin sie sagte, dass sie die Therapie in Zukunft etwas passiver für mich gestalten werde, dadurch wurden die Schmerzen nach der Krankengymnastik um einiges geringer. Da ich dadurch während der Physiotherapie nicht aktiv an meiner Muskulatur arbeitete, wurde ich von der Therapeutin darum gebeten, jeden Tag einige hundert Meter mit den Gehstützen zurückzulegen, um die Beinmuskulatur nach und nach zu stärken.

Mein Vater und ich gingen daraufhin jeden Tag an dem wunderschönen Bergsee spazieren, wobei ich ständig mitfühlende Blicke der anderen Urlaubsgäste erntete. Einige sprachen mich aufgrund meiner langen Narbe an und wollten wissen, ob ich in meinem so jungen Alter bereits ein künstliches Knie bekommen hätte. Andere wiederum schauten mir einfach nur dumm hinterher. Ich konnte des Öfteren hören, wie die Menschen über mich und mein auffälliges Knie redeten und dabei die wildesten Theorien aufstellten:

Der eine war der Meinung, dass ich einen schweren Motorradunfall gehabt hatte, während die andere darüber philosophierte, ob ich mir diese Verletzung bei einer dieser waghalsigen Mutproben, die Jugendliche so machen, zugezogen habe.

Es war zwar durchaus interessant zu hören, was die Menschen für skurrile Ideen aufgrund meiner Narbe entwickelten, doch irgendwann führte dieses ständige Glotzen und Tuscheln der Leute dazu, dass ich kein Interesse mehr hatte, am Wasser spazieren zu gehen. Mir war bewusst, dass ich mich anders bewegte, als all die anderen Menschen entlang des Sees, doch ich musste nicht ständig durch die Blicke oder Worte der Leute daran erinnert werden.

Im Laufe meiner Erkrankung bekam ich immer wieder komische Blicke zugeworfen und hörte oft genug Theorien über mein Knie - vor allem, wenn ich im Zug saß und die Kopfhörer in meinen Ohren die Musik nur leise abspielten. Bis zu diesem prägenden Moment habe ich Menschen im Rollstuhl auch öfters hinterher geguckt und mir selbst die Frage gestellt, welches Schicksal die jeweilige Person mit sich trägt. Das ist an sich auch nicht verwerflich und in Teilen sogar menschlich, aber bitte versucht eingeschränkte Personen nicht zu lange anzustarren, da diese sich unter Umständen noch unwohler in ihrer Haut fühlt - so, wie es mir damals ging.

Von diesem Moment an, traf ich mich regelmäßig mit Karla, einer guten Freundin, welche ich bereits seit meinem 9. Lebensjahr kenne, auf dem Bauernhof, um anschließend mit ihr spazieren zu gehen. Wir wollten den Touristen fernbleiben, weshalb wir entlang der blühenden Felder und Wiesen spazierten. Während unserer Touren unterhielten wir uns über den verzwickten, missglückten Behandlungsverlauf meines Knies. Durch die Gespräche mit einer gleichaltrigen Person und etwas Abstand zu den Operationen, konnte ich damit beginnen, das Geschehene zu verarbeiten.

Weiterer Tipp: Versucht mit Personen über Eure Erkrankung zu reden, welche selber nicht erkrankt sind. Diese haben häufig einen neutraleren Blick auf die Situation und können Euch dabei helfen, der Abwärtsspirale zu entfliehen. Mit Personen, die ebenfalls erkrankt sind, spricht man häufig nur über die schlimmsten Erfahrungen mit der Erkrankung, wodurch der Fall in der Abwärtsspirale noch weiter beschleunigt wird. Damit möchte ich jedoch in keinem Fall sagen, dass auf den p e r sönlichen Austausch mit anderen Erkrankten verzichtet werden sollte - hierbei sollte man eben nur darauf achten, dass das Gespräch nicht zu stark auf die negativen Seiten der Erkrankung eingeht.

Als ich eines Nachmittags zur erneuten CRP-Kontrolle im Behandlungszimmer wartete, sprach ich mit meinem Vater darüber, wie es in der kommenden Saison mit dem Fußball weitergehen würde. Die Ärztin bekam dies mit, woraufhin sie mir unmissverständlich mitteilte, dass ich erstmal wieder hundertprozentig genesen sein müsse, ehe ich darüber nachdenken könne, wie es mit meiner fußballerischen Karriere weitergeht. Ich sagte der Ärztin, dass mir dies bewusst sei, aber der Fußball derzeit meine größte Motivation sei, um alles für eine hundertprozentige Genesung zu geben. Sie hatte zwar vollstes Verständnis für meine Liebe zum Fußball und fand es ausgesprochen gut, dass der Sport für mich eine solch große Motivation darstellte, sagte aber auch, dass man ja nicht unbedingt selber spielen müsse, um die Verbundenheit zu seinem Lieblingssport zu leben.

Natürlich hatte sie recht mit ihrer Aussage, doch es half mir, einem 15-Jährigen Fußball-Enthusiasten nicht wirklich, dass ich die Verbundenheit zu meinem Sport anderweitig ausleben könnte. Dennoch wollte ich wissen, in welcher Art und Weise ich ihrer Meinung nach dem Fußball weiterhin verbunden bleiben könnte. Sie sagte mir, dass sie selbst in einem Verein aktiv sei und dort die Erfahrung gemacht habe, dass Liebhaber eines Sportes immer eine ehrenamtliche Funktion finden.

Nachdem wir wieder in der Ferienunterkunft angekommen waren, schrieb ich meinem Fußballtrainer Ulf, welcher gleichzeitig auch der Obmann in meinem Verein war, dass ich meine Fußballschuhe leider erstmal an den Nagel hängen müsse, dem Sport und Verein aber weiterhin durch eine ehrenamtliche Tätigkeit verbunden bleiben wolle.

Einige Augenblicke später erhielt ich bereits eine Antwort, in der mein Trainer die schlechte Nachricht zutiefst bedauerte und mir für die kommenden Saison mehrere, unterschiedliche Funktionen im Ehrenamt vorschlug. Zu den Funktionen zählten, neben dem Amt als Pressesprecher für die Jugendmannschaften, auch die Trainerfunktion in G- oder F-

Jugend. Ich war überrascht, dass mir mit meinen 15 Jahren solch ver-antwortungsvolle Funktionen angeboten wurden und bat Ulf um Be-denkzeit, ehe ich mich für einer dieser Aufgaben entscheiden würde.

Nach reiflicher Überlegung fasste ich den Entschluss, dass ich so-wohl als Pressesprecher als auch als Jugendtrainer tätig werden wollte. Allerdings war es mir wichtig, die Funktion des Jugendtrainers gemein-sam mit einem anderen erfahrenen Fußballer auszuführen, sodass ich Philip, einen meiner Klassenkameraden, fragte. Philip hatte einen Teil seiner Jugend in Bayern gelebt und für die Sportvereinigung Unterha-ching in der Bayernliga gespielt. Philip konnte sich diese Funktion eben-falls vorstellen, sodass ich uns als neues Trainerteam der F-Jugend bei Ulf meldete.

Wenn auch ihr eine Leidenschaft habt, welche ihr aufgrund der Erkrankung unterbrechen müsst, schaut Euch um nach Funktio-nen im Ehrenamt oder alternativen Hobbys. Eine Passion hat mir immer wieder geholfen den Kopf nicht in den Sand zu ste-cken.

Während unseres restlichen Urlaubes konnten wir nicht viel unter-nehmen, da ich regelmäßige Arzt- und Therapietermine wahrzunehmen hatte und bei zu starkem Sonnenschein nicht in die Sonne durfte. Natür-lich war mir im Vorfeld bewusst gewesen, dass ich regelmäßig zur The-rapie musste - ich hatte jedoch nicht damit gerechnet, dass mich die Therapie soviel Kraft kosten würde, dass kaum noch andere Dinge mög-lich waren.

Des Weiteren war es furchtbar frustrierend für mich, dass sich meine Sehnen, Bänder und Muskeln trotz der regelmäßigen Physiotherapie und Spaziergänge weiter verschlechterten und ich mittlerweile bei einem Streckdefizit von 30° angekommen war. In der Beugung schaffte ich vielleicht 70°, womit mein Knie einen Bewegungsradius von gerade einmal 40° hatte - unmittelbar nach der Operation schaffte ich noch 90° in der Beugung und eine fast vollständige Streckung.

Jedoch gab es auch Positives, was ich aus diesem Urlaub mit nachhause nahm. Ich hatte eine tolle Zeit mit guten Freunden verbracht und mein CRP-Wert war während des Urlaubes stetig gesunken, sodass er bei der Abreise schon wieder fast im Normbereich angekommen war.

Des Weiteren freute ich mich riesig auf meine neue Aufgabe als Fußballtrainer - auch wenn ich zu diesem Zeitpunkt noch nicht wirklich wusste, wie ich das mit meinem Knie hinbekommen würde. Aber ich war mir sicher, dass ich einen Weg finden würde!

Bevor ihr Dinge kategorisch ablehnt, versucht erstmal einen Weg zu finden, wie sie doch bewältigt werden könnten.

K urz nachdem mein Vater und ich aus dem Urlaub zurückgekommen waren, war es so weit: Die Schulzeit ging los. Für mich startete das zehnte Schuljahr, an dessen Ende ich den Realschulabschluss schreiben sollte. Der Ausgang meiner Prüfung sollte dann darüber entscheiden, ob ich für die gymnasiale Oberstufe zugelassen werde oder nicht.

Zu Beginn des Schuljahres war ich immer noch ziemlich geschwächt, sodass Schultage mit neun Stunden der pure Horror waren. Ich kam aus der Schule nachhause und legte mich erstmal hin um wieder zu Kräften zu kommen, ehe es abends noch dreimal die Woche zum Physiotherapeuten ging. Die Streckung in meinem Knie wurde jedoch weiterhin schlechter und ich bekam erstmals Probleme mit Morgensteifigkeit in meinem Knie.

Bei der Morgensteifigkeit handelt es sich um eine Bewegungseinschränkung der Gelenke, welche nach längeren Ruhephasen, wie z.B. dem nächtlichen Schlaf auftreten kann. Wie lange die Morgensteifigkeit anhält variiert dabei von Patient zu Patient, weshalb es sich nicht pauschalisieren lässt.

Trotz meiner anhaltenden Probleme konnte ich zu dieser Zeit nur Naproxen einnehmen, da es für spezifischere Medikamente eine genaue Diagnose gebraucht hätte.

Bei Naproxen handelt es sich um ein entzündungshemmendes, fiebersenkendes und schmerzstillendes Medikament, welches einen breiten Anwendungsbereich hat.

Da die Gewebeproben der dritten Operation ebenfalls kein Nachweis von Bakterien lieferten, stand die Diagnose einer rheumatischen Erkrankung ein weiteres Mal im Raum. Zur erneuten Abklärung dieser Diagnose sollte ich zu einem auf Kinder- und Jugendrheuma spezialisierten

Arzt, bei welchem ich im September - also etwa vier Wochen später - einen Termin bekam.

Bis dahin hieß es abwarten und hoffen, dass die Entzündungen und Schmerzen nicht allzu stark werden.

Für mich begann im August aber nicht nur die Schule, sondern ich durfte mich nun auch offiziell als Fußballtrainer bezeichnen. Zweimal die Woche trainierten Philip und ich die Jungs, welche sich im Alter von sieben und acht Jahren befanden.

Mir war es aufgrund meiner körperlichen Verfassung nicht möglich, dass ich die Übungen vormache, sodass ich hier auf Philips Hilfe angewiesen war. Einige wenige Male kam es vor, dass Philip verhindert war, sodass ich das Training alleine leiten musste - auf Krücken. Jene Trainingseinheiten bereitete ich auf dem iPad vor und zeigte sie den Jungs, während wir in der Kabine oder auf dem Rasen saßen. Auf dem Tablet waren die einzelnen Hütchen und sonstige Übungsmaterialen graphisch gekennzeichnet, sodass ich nur noch die Laufwege und genauere Aufgaben erklären musste. Meist genügten ein oder zwei Erklärungen und die Jungs hatten die Übung verstanden und halfen mir im Anschluss beim Aufbau der Übung. Während der Durchführung der Übungen stellte ich mich an den Rand und beobachtete, ob die Jungs die Übung zu meiner Zufriedenheit ausführten – wenn ich bei jemandem Schwächen entdeckte, so forderte ich denjenigen Spieler auf, zu mir zukommen und zeigte ihm auf dem Tablet, was ich gerne anders gesehen hätte. Meist wurden die Fehler, nach der Besprechung, nicht nochmal wiederholt, was mich mehr als positiv stimmte und mir zeigte, dass man auch mit einem mehr oder minder großen Handicap in der Lage sein kann, eine Fußballmannschaft zu trainieren und zu verbessern.

Dennoch sollte an dieser Stelle nicht unerwähnt bleiben, dass ich auch immer die Eltern der Spieler zur Seite stehen hatte, die mich bei Bedarf unterstützten.

Trotz aller gesundheitlicher Probleme besuchte ich neben der Schule und dem Traineramt mehrere Kurse des Kreisfußballverbandes Schleswig-Flensburgs, an deren Ende ich befähigt war, die Prüfung zum C-

Lizenz Trainer zu absolvieren. Die Kurse halfen sowohl Philip als auch mir unser Kenntnisse über Fußball zu erweitern und das Training stetig zu verbessern und an unsere Jungs anzupassen, sodass wir ziemlich schnell Erfolge auf dem Platz sehen konnten.

Doch Ergebnisse sind nicht das wichtigste im Fußball - vor allem nicht im Jugendbereich, weshalb wir uns vor allem daran erfreuten, dass die Jungs ein gutes Miteinander pflegten und innerhalb der Mannschaft nur wenige, meist belanglose, Konflikte zu klären waren.

Der August verstrich rasend schnell, sodass plötzlich der langersehnte Arzttermin bevorstand. Mein Vater und ich machten uns am frühen Morgen auf den Weg zu einem Kinder- und Jugendrheumatologen, bei dem eine endgültige Diagnose gestellt werden sollte. Nachdem wir in der Praxis angekommen waren, musste ich einen Patientenfragebogen ausfüllen - wie so oft in dieser Zeit. Trotz der „Übung" im Ausfüllen solcher Bögen, bereitete mir die Frage nach den aktuellen Schmerzen - auf einer Skala von 1 bis 10 immer wieder Schwierigkeiten.

Diese Frage ist sowas von subjektiv und ich würde behaupten, dass ich mehrmals die gleichen Schmerzen hatte und sie dennoch mit verschiedenen Ziffern auf der Skala bewertete, da man einfach keine vernünftige Differenzierung für diese Schmerzskala besitzt.

Ich hatte, für meine Verhältnisse, mittelmäßige Schmerzen, sodass ich das Kreuz, wie so oft, zwischen vier und sechs platzierte. Der Rest der Fragen war schnell beantwortet, sodass ich den Fragebogen zügig abgeben und zur Blutentnahme gehen konnte. Nach der Blutentnahme fand ich mich erneut im Wartezimmer ein und wartete darauf, vom Arzt aufgerufen zu werden.

Während ich dort saß, bekam ich einige andere Patienten in meinem Alter zu Gesicht - jeder von ihnen hatte sein eigenes Päckchen zu tragen, sodass auch jeder anders mit der Krankheit umging. Ich sah Patienten, die vollkommen niedergeschmettert dort saßen, aber auch solche, die lächelten, als hätten sie gerade den Sex ihres Lebens gehabt.

Aus dieser Situation geht eine weitere Sache hervor, die ich gerne nochmal thematisieren möchte. Zum einen empfinde ich es als falsch, wenn Personen ohne Erkrankung einem sagen: „Ich kenne jemanden, der auch Rheuma hat - dem geht es aber deutlich besser, als Dir." Jeder Mensch ist unterschiedlich, weshalb jeder die Erkrankung unterschiedlich aufnimmt und unterschiedlich mit ihr umgeht. Zum anderen empfehle ich jedem Betroffenen aus den selbigen Gründen: „Vergleicht Euch nicht mit anderen und findet Euren eigenen Weg. Meine Tipps sollen dabei keinesfalls den Idealweg aufzeigen, sondern nur darlegen, wie ich mit bestimmten Situationen umgegangen bin."

Nachdem ich die anderen Patienten ausreichend beobachtet hatte, war es endlich soweit: Der Arzt, welcher mir als Koryphäe empfohlen worden war, stand im Wartezimmer und bat mich ihm in sein Behandlungszimmer zu folgen.

Mein Vater und ich setzten uns, woraufhin der Arzt mich bat meinen bisherigen Krankheitsverlauf wiederzugeben, um ihm einen kleinen Überblick über die bisherigen Geschehnisse zu liefern. Bei meiner Erzählung hatte ich eine für mich unwichtige Sache vergessen, woraufhin mein Vater diese ergänzte.

Der Arzt fand die Zwischenbemerkung meines Vaters unangebracht und sagte, dass ich mit meinen 15 Jahren bereits alt genug sei meine bisherigen Erfahrungen selbstständig wiederzugeben. Ein solches - in meinen Augen fragwürdiges - Verhalten legte der Arzt während der Behandlung immer wieder an den Tag.

Fachlich zeigte der Arzt jedoch das, was ich im Vorfeld über ihn gehört hatte - eine Menge Kompetenz. Er reflektierte meine Krankengeschichte und wertete Blutbilder aus der Vergangenheit aus, ehe er mir die Diagnose „juvenile idiopathische Arthritis" stellte.

Bei der juvenilen idiopathischen Arthritis (JIA) handelt es sich um eine Erkrankung aus dem rheumatischen Formenkreis. Ins Deutsche übersetzt steht „JIA" für eine Gelenkentzündung unbekannter Ursache, welche erstmalig vor dem 16. Lebensjahr aufgetreten ist.

In den Vormonaten war ich mehrfach in ärztlicher Behandlung und keiner von ihnen, konnte eine Diagnose treffen - obwohl sie die gleichen Untersuchungsergebnisse vorliegen hatten und teilweise selber erhoben haben. Nun war ich einmal bei diesem Spezialisten und er konnte auf Grundlage vorheriger Untersuchungen eine Diagnose stellen.

Der Umstand, dass zuvor selbst erfahrene Ärzte eine rheumatische Erkrankung ausgeschlossen hatten, zeigte mir, wie schwer die Diagnose dieser Erkrankung sein kann. Das entscheidende Indiz für den Spezialisten war der Nachweis von dem HLA-B27-Gen, welches sich bei Patienten mit bestimmten rheumatischen Erkrankungen häufiger findet. Hierbei ist wichtig festzuhalten, dass ein positiver HLA-B27 nicht zwangsläufig eine rheumatische Erkrankung nachweist oder gar auslöst, sondern bei betroffenen Personen vermehrt festgestellt wird. Es gibt viele Menschen, die ebenfalls ein HLA-B27-Gen zu besitzen, ohne an einer rheumatischen Erkrankung erkrankt zu sein, weshalb Rheumatologen bei der Abklärung auch auf andere Blutwerte, wie z.B.: der Rheumafaktor oder oder den Nachweis von anti-CCP-Antikörpern achten müssen.
Ende Mai wurde ich bereits mit dieser Verdachtsdiagnose konfrontiert, wodurch ich mich schon intensiv mit dieser Erkrankung auseinandergesetzt hatte. Dennoch fließen mir erneut einige Tränen durch das Gesicht, weil ich nun endgültig an das Ende meiner fußballerischen Laufbahn dachte.

Der Arzt munterte mich auf und sagte, dass die Entzündungen in meinem Knie durch Gabe von den richtigen Medikamenten wieder unter Kontrolle gebracht werden können und ich dann auch schnell wieder zurück auf den Fußballplatz komme.

Nachdem wir die Klinik verlassen hatten und auf dem Weg zu unserem Auto waren, schauten mein Vater und ich uns an und waren uns relativ schnell einig, dass wir uns trotz der Kompetenz des Arztes dringend nach einem alternativen Mediziner umschauen sollten. Auf mich wirkte der Arzt zwar sehr kompetent und er hatte mir auch eine erste, vielversprechende Therapiemöglichkeit vorgestellt, doch für mich ist die zwischenmenschliche Beziehung eine der wichtigsten Komponenten in einer erfolgreichen Arzt-Patienten-Beziehung. Und dieser Arzt zeigte sowohl mir als auch meinem Vater gegenüber ein Verhalten, dass ich nicht dulden wollte.

Noch bevor wir die Möglichkeit hatten einen Alternativmediziner im Internet zu suchen, traf ich meine damalige Hausärztin auf dem Parkplatz eines großen Einkaufszentrums. Da ich aus einer kleinen Ortschaft komme, konnte meine Hausärztin sich an meine Krankengeschichte des vergangenen Jahres erinnern.

Sie wollte wissen, wie es mir ging, woraufhin ich ihr zunächst meinen Allgemeinzustand darlegte, ehe ich ihr von meiner Begegnung mit dem Rheumatologen erzählte. Die Ärztin wusste, wie wichtig mir eine gesunde Arzt-Patienten-Beziehung ist, woraufhin sie mir vorschlug, dass ich am nächsten Tag in die Praxis kommen sollte, sodass wir gemeinsam nach einer idealen Lösung für mich suchen konnten. Ich war dankbar für ihr Angebot und nahm dieses umgehend an.

Am folgenden Tag machte ich mich direkt nach der Schule auf den Weg in die Praxis meiner Ärztin, um mit ihr zusammen nach einer Alternative zu suchen, mit der ich besser klarkommen würde - dachte ich zumindest. Ich hatte gerade auf dem Stuhl im Behandlungszimmer Platz genommen, da präsentierte meine Ärztin mir schon ihre Idee: Das deutsche Zentrum für Kinder- und Jugendrheumatologie in Garmisch-Partenkirchen.

Verwundert schaute ich meine Ärztin an und fragte: «Garmisch-Partenkirchen? Ist das nicht da, wo die Zugspitze ist?»

«Ja, da hast du Recht, Phil! Es sind einige hundert Kilometer von hier, aber die Klinik hat durchweg gute bis sehr gute Bewertungen von Patienten aus ganz Deutschland und darüber hinaus. Wenn du mit dem anderen Arzt nicht klarkommst, sollten wir das mit der Klinik versuchen - auch wenn die Entfernung im ersten Moment abschreckend wirken mag!"»

«Okay! Ich werde mit meinen Eltern darüber sprechen und schaue, wie ich das mit der Schule unter einen Hut bekomme. Am Ende des Jahres stehen schließlich die Realschulabschlussprüfungen auf dem Plan!»

«Mach das! Wenn du dich mit deinen Eltern kurzgeschlossen hast, kannst du dich gerne wieder bei uns melden, sodass wir dann alles Weitere in die Wege leiten können!»

«Das werde ich tun - vielen Dank!»

Ich verabschiedete mich und machte mich auf den Weg nachhause, wo ich meinem Vater umgehend von dem Vorschlag meiner Hausärztin erzählte. Gemeinsam informierten wir uns über die Klinik für Kinder- und Jugendrheumatologie und fassten zusammen den Entschluss, dass ein stationärer Aufenthalt in dieser Klinik einen Versuch wert sei.

Bereits am kommenden Morgen vereinbarte mein Vater einen Termin in der bayrischen Klinik. Aufgrund dessen, dass die Klinik von Patienten aus ganz Deutschland aufgesucht wird und unter diesen ziemlich beliebt ist, bekamen wir erst knapp drei Monate später einen Termin.

Nachdem mein Vater mir erzählt hatte, dass ich erst Anfang Januar aufgenommen werden könne, stellte ich mir die Frage, ob ich den anderen Arzt in der Zwischenzeit nicht doch noch einmal aufsuchen sollte - schließlich hatte ich mit massiven Bewegungseinschränkungen und starken Schmerzen zu kämpfen. Hinzu kam, dass die anhaltenden Entzündungen mich immer mehr schwächten und ich an vielen Tage Probleme hatte, mit den Krücken zu gehen, da mir die Kraft dazu fehlte. Letztlich entschied ich mich jedoch dagegen, da das Vertrauen zu dem Rheumatologen von meiner Seite nachhaltig verletzt war. Diese Entscheidung hatte zur Folge, dass sich die Tage bis zu meiner Aufnahme in Garmisch-Partenkirchen sehr monoton gestalteten:

Montags und mittwochs hatte ich neun Stunden Schule, ehe ich gemeinsam mit Philip auf dem Fußballplatz stand, um unsere F-Jugend zu trainieren. Dienstags und donnerstags endete die Schule bereits nach der 6. Stunde, sodass ich deutlich früher zuhause war. Die beiden Nachmittage brauchte ich auch jedes Mal, damit ich wieder zu Kräften kommen konnte, ehe es an den beiden Abenden noch zur Physiotherapie ging. Der Freitag stand nach einem neunstündigen Schultag auch immer im Zeichen der Erholung, wobei ich die Freitagnachmittage auch immer nutzte, um mich auf die Spiele bzw. Turniere mit unserer F-Jugend vorzubereiten. Bis Ende Oktober hatte unsere Mannschaft jedes Wochenende ein Saisonspiel, im November startete die Hallensaison, sodass wir häufig sowohl den Samstag, als auch den Sonntag in der Halle verbrachten.

Es gab durchaus einige Wochenenden, an denen ich sonntagabends in meinem Bett lag und mir die Frage stellte, ob ich meiner Funktion als Trainer weiterhin nachgehen sollte. Diese Frage beantwortete sich jedoch jeden Montag beim Training aufs Neue. Jedes Mal, wenn ich das Trainingsgelände betrat und die Jungs sah, wusste ich, dass ich nicht aufhören werde, ihr Trainer zu sein - auch wenn es viele Turniere gab, nach denen ich daheim sofort erschöpft einschlief. In diesen Momenten dachte ich oft an meinen verstorbenen Opa, der sich nie von seiner Krankheit hatte unterkriegen lassen.

Mein Ehrenamt als Jugendtrainer begann ich aus Liebe zum Fußball. Mit der Zeit zeigte sich jedoch, dass die Unbekümmertheit der Spieler sich in mancher Hinsicht auch auf mich übertrug: Nicht darüber nachdenken, was passieren kann, sondern einfach machen.

A n einem eisigen Sonntagmorgen im Januar 2016 war es endlich soweit. Mein Vater und ich machten uns auf den Weg ins Deutsche Zentrum für Kinder- und Jugendrheumatologie in Garmisch-Partenkirchen. Während der Fahrt durch die schneebedeckte Winterlandschaft stellte ich mir die Frage, ob ich in dieser Klinik überhaupt richtig sei. Ich hatte zwar starke Bewegungseinschränkungen und eine gesicherte Diagnose, aber ich hatte trotzdem das Gefühl, dass es vielen Rheumapatienten deutlich schlechter als mir ging und ich diesen Patienten einen Behandlungsplatz wegnahm. Darüber hinaus stellte ich mir die Frage, ob sich diese Fahrt von über 1.000 Kilometer überhaupt lohne. Auf diese Fragen konnte ich natürlich keine Antworten finden, weshalb ich dem Klinikaufenthalt mit einem gemischten Gefühl entgegenblickte.

Wir waren deutlich vor der vereinbarten Aufnahmezeit in Garmisch-Partenkirchen, sodass wir noch etwas Zeit hatten, die Umgebung der Klinik zu erkunden.

Wenige Gehminuten von der Klinik entfernt liegt das Olympia-Skistadion mit der großen Skischanze, auf der jedes Jahr das Neujahrsskispringen der Vier-Schanzen-Tournee stattfindet. In den vergangenen Jahren hatten wir das Skispringen stets im Fernsehen gesehen, sodass wir unsere Zeit nutzten, um uns die Schanze in der Realität anzusehen. Der Fußweg von der Klinik zur Schanze führt entlang eines Landwirtschaftsweges, von welchem man das wunderschöne Bergpanorama rund um Garmisch-Partenkirchen bestaunen kann. Kurz vor der Skischanze geht der Weg über einen Fluss, die Partnach, welche an diesem frostigen Wintertag das eingeschneite Bergpanorama spiegelte. Wir kamen im Stadion an und hatten das Glück, dass auf einer der kleinen Schanzen gerade ein Sprungwettbewerb des Nachwuchses war, welchen wir mit großer Spannung verfolgten. Die Aufnahme rückte näher, sodass wir kurz vor Ende des Wettbewerbes das Skistadion verlassen mussten.

Ich genoss die Ruhe auf dem Weg zur Klinik, weil ich nicht einschätzen konnte, wie stressig der Alltag während des Aufenthaltes werden würde.

In der Klinik angekommen, wurde ich zunächst von einer freundlichen Dame aufgenommen. Sie gab mir einige Unterlagen in die Hand und sagte mir, dass ich gleich von einer Schwester der Station „Zugspitze" abgeholt werde.

Im deutschen Zentrum für Kinder- und Jugendrheumatologie Garmisch-Partenkirchen sind die Stationen numerisch und zusätzlich mit Namen von Bergen aus dem direkten Umfeld benannt. Das Personal verwendet jedoch größtenteils die Namen der Berge zur Bezeichnung der unterschiedlichen Stationen.

Es dauerte keine zwei Minuten, da kam eine Schwester auf meinen Vater und mich zu.

«Du musst der Phil sein», sagte sie und stellte sich selbst kurz vor.

Im Anschluss gingen wir zu dritt auf die Station, wo ich zunächst einige Fragen zu meiner Person, meinen Beschwerden und meinen bisherigen Krankenhauserfahrungen beantworten musste.

Nachdem die Fragen beantwortet waren, zeigte die Schwester mir mein Zimmer. Sie öffnete die Tür und stellte mich meinem Zimmernachbarn Steven vor, ehe sie uns alleine ließ. Steven und ich kamen schnell ins Gespräch und so erfuhr ich relativ schnell, dass er schon mehrfach in der Klinik war und diese Aufenthalte ihm immer sehr geholfen hatten. Er war gerade dabei, mir mehr über seine Erfahrung mit der Erkrankung zu erzählen, als eine Ärztin in unser Zimmer kam und mir sagte, dass sie gerne die Aufnahmeuntersuchung mit mir machen würde.

Der Untersuchungsablauf war mir bereits von den anderen Arztbesuchen bekannt. Zunächst wurden alle Gelenke durchbewegt und es wurde geschaut, ob und welche Gelenke in ihren Bewegung eingeschränkt, überwärmt oder geschwollen waren. Die Gelenke die auffällig waren, wurden anschließend mit dem Ultraschall genauer betrachtet.

Bei der Untersuchung mit dem Ultraschall stellte die Ärztin Entzündungen im rechten Knie, dem linken Ellenbogen und der linken Hüfte fest. Diese Gelenke waren auch in ihrer Bewegung eingeschränkt, sodass die Ärztin mir bereits sagte, dass die Physiotherapie sich in den kommenden Tagen intensiv um die drei Gelenke kümmern würde.

Zum Abschluss des Aufnahmegespräches wurde mir einiges über den Ablauf des nächsten Tages erzählt:

Für den nächsten Morgen war eine Blutentnahme und die Aufnahme durch den Oberarzt vorgesehen, ehe die auf mich angepasste Therapie - bestehend aus Ergo, Physio und Massage - geplant und begonnen werden sollte.

Nachdem Aufnahmegespräch verabschiedete ich mich von meinem Vater, der in seine Ferienunterkunft fuhr, ehe ich zurück auf mein Zimmer ging und die Unterhaltung mit Steven fortsetzte. Da Steven schon öfters hier war und schon länger seine Diagnose hatte, löcherte ich ihn regelrecht mit Fragen.

«Wie lange hast du schon Rheuma und welche Medikamente nimmst du?», fragte ich.

«Ich habe meine Diagnose seit knapp zwei Jahren und spritze zurzeit einmal die Woche ein Biologikum.»

«Was ist ein Biologikum?», fragte ich verwundert.

«Das kann ich dir nicht so genau sagen, aber ich weiß, dass sie mir helfen. Falls die Ärzte dir auch eins geben wollen, werden sie dich aber nochmal ausführlich über das Medikament informieren. Haben sie bei mir auch gemacht - ist aber schon eine Weile her.»

«Die Hauptsache ist, dass es dir hilft. Dann muss man sich auch nicht merken, was es ist», antwortete ich ihm.

In diesem Punkt muss ich Steven aus heutiger Sicht Wiedersprechen: Es ist schon sehr wichtig zu wissen, welche Medikamente erhält und ich empfinde es auch als wichtig, dass man zumindest im Ansatz versteht, wie diese wirken.

Während unserem Gespräch kam eine Durchsage über die Lautsprecher in unserem Zimmer, welcher Steven und ich keine weitere Beachtung schenkten, da wir gerade intensiv über unsere Hobbys und unseren bisherigen Krankheitsverlauf sprachen.

Einige Minuten später kam eine Schwester in unser Zimmer und sagte: «Jungs, die Durchsage galt auch eurem Zimmer. Es gibt Abendessen im Aufenthaltsraum. Kommt ihr bitte? Ihr wisst doch, dass ihr wenigstens eine Kleinigkeit essen müsst.»

Gemeinsam mit der Schwester gingen wir vor zum Aufenthaltsraum, wo bereits zwei Mädchen in unserem Alter saßen und setzten uns zu ihnen. Nach einem Moment der unangenehmen Stille kamen wir vier ins Gespräch. Zunächst stellten wir einander vor, wobei ich sagte, dass es mein erster Aufenthalt in der Klinik sei. Daraufhin erzählten mir die Mädels noch etwas über ihre bisherigen Erfahrungen mit der Erkrankung und der Behandlung in der Klinik, ehe wir auf die normalen Gesprächsthemen in unserem Alter zu sprechen kamen. Wir vier hatten ein so intensives Gespräch, weshalb wir gar nicht mitbekamen, wie schnell die Zeit verstrich.

Irgendwann kam die Schwester in den Aufenthaltsraum und sagte: «Ich störe eure Konversation nur ungern, aber ihr müsst auf eure Zimmer und eure Anwendungen machen.»

Anwendungen sind Therapiemaßnahmen, die in der Klinik meist direkt nach den Mahlzeiten gemacht werden müssen. Je nachdem was die Ärzte angeordnet haben, können dies Retterspitzwickel, Kälteumschläge oder wärmende Umschläge sein. In der Regel werden die stammfernen Gelenke (Gelenke außerhalb des Körperstamms, wie z.B. Kniegelenk, Ellenbogen oder Sprunggelenk) gekühlt, während die stammnahen Gelenke eher mit Wärme behandelt werden. Letztlich wird aber darauf geschaut, was den Patienten am besten liegt.

Wir gingen auf unsere Zimmer und verabredeten uns für später, um die Unterhaltung fortzuführen.

Meine Ärztin hatte für mich Kälte angeordnet, sodass ich meinen linken Ellenbogen und das rechte Knie zehn Minuten kühlen musste. Steven telefonierte währenddessen mit seinen Eltern, sodass ich Zeit hatte mir selbst eine Frage vom Vormittag beantworten konnte.

Meine Sorge, dass es mir viel zu gut gehe, um in diese Klinik zu gehen, war unberechtigt, da die anderen drei ebenfalls „nur" zwei bis drei aktiv betroffene Gelenke hatten und deren Gelenke in ihrer Beweglichkeit nicht so stark eingeschränkt waren, wie mein Knie und mein Ellenbogen.

Nach Beendigung der Anwendung, trafen wir vier uns wieder im Aufenthaltsraum, schauten einen Film und tauschten uns über diverse Dinge aus. Irgendwann kamen wir an den Punkt, an dem wir über Schule sprachen. Die Mädels wollten wissen, ob wir in der Klinik in dieselbe Klasse gehen würden.

In der Rheumakinderklinik gibt es eine staatlich anerkannte Klinikschule, die es uns Patienten ermöglicht, weiterhin beschult zu werden - auch wenn wir gerade nicht zuhause, sondern im Krankenhaus sind. In der Klinikschule werden immer mehrere Schulformen und Jahrgangsstufen zu (insgesamt sieben) Unterrichtsgruppen zusammengefasst und nach einem eigenen Stundenplan unterrichtet. Während der Stunden wird im Selbststudium an Aufgaben, welche von der Heimatschule gestellt werden, gearbeitet. Sofern Fragen auftreten oder ein Feedback zu einer Aufgabe benötigt wird, kann der jeweiligen Fachlehrer um Hilfe gebeten werden.

Wir stellten fest, dass wir alle in derselben Klinikklasse waren und freuten uns, dass wir während des Klinikaufenthaltes gemeinsam die Schulbank drücken konnten. Es wurde noch ein wenig Fernsehen geschaut, ehe wir zum Schlafen auf unsere Zimmer gingen.

Vor dem Schlafen bekam ich für meine entzündete Hüfte noch eine wärmende Paraffinplatte, welche mir von den Schwestern umgewickelt wurde. Wenig später schlief ich ein.

Am nächsten Morgen wurde ich sanft von einer Schwester geweckt. Sie sagte mir, dass sie Julia heiße und mir nur kurz die Wärme für meine Hüfte bringen wolle.

Bevor ich zum Frühstück gehen durfte, wurde mir schnell Blut abgenommen, um mein Blut auf bestimmte Parameter zu untersuchen und bei der weiteren Diagnostik voranzukommen. Bei der Blutentnahme sagte die Ärztin mir, dass sie für mich Physiotherapie, Ergotherapie und Massage angeordnet habe und diese bereits am selbigen Nachmittag beginnen würde. Vorher sollte ich jedoch noch durch einen der Oberärzte aufgenommen werden.

Nach der Blutentnahme ging ich zunächst zum Frühstück, wo ich weitere Mitpatienten kennenlernen durfte. Viele von ihnen waren zwischen 8 und 10 Jahre alt und ich war erstaunt, wie selbstständig die in ihren jungen Jahren waren.

In deren Alter führte ich ein sorgenfreies Leben. Ich ging in die Schule, spielte Fußball und half meinen Eltern bei Kleinigkeiten im Haushalt. Die jungen Patienten hingegen absolvierten ihre Therapie und Übungen komplett eigenständig. Manche von ihnen führten ihre Arztgespräche komplett alleine und konnten genau sagen, an welcher Stelle der Schuh drückte - sie waren reifer, als andere in ihrem Alter.

Direkt nach dem Frühstück holte der Oberarzt mich auf meinem Zimmer ab und ging mit mir zum Ultraschall. Er bestätigte den Befund seiner Kollegin vom Vortag und sagte, dass es nun wichtig sei, die richtige Medikation für mich zu finden. Aufgrund dessen, dass ich so starke und lan andauernde Entzündungen im rechten Knie und linken Ellenbogen hatte, wollte der Arzt direkt mit einer Kombinationstherapie beginnen.

Die rheumatische Erkrankung wird in der Regel zunächst mit einem Basis-Medikament behandelt (Monotherapie). Sollte die einfache Therapie nicht ausreichen, wird durch die Gabe eines zweiten Medikamentes eine Kombinationstherapie angewendet. Das zweite Medikament kann ein weiteres Basis-Medikament oder auch ein Biologikum sein.

Für die Kombinationstherapie schlug der Arzt mir das Basismedikament Sulfasalazin und das Biologikum Enbrel (Etanercept) vor.

Basismedikamente sind eine Medikamentengruppe, welche bei langfristiger Anwendung eine positive - d.h. entzündungshemmende - Wirkung auf die rheumatische Krankheit haben können. Basismedikamente können chemische Substanzen sein, die das Immunsystem bremsen, oder Biologika (siehe nachfolgende Erläuterung). Ziel ist es das Fortschreiten der Erkrankung zu verlangsamen oder mit Glück aufzuhalten.

Biologika sind eine relativ neue Gruppe von Basismedikamenten, welche gezielt in einen bestimmten Signalweg des Immunsystems eingreifen und dadurch Entzündungsreaktionen bremsen können. Es sind Eiweißstoffe, die in lebenden Zellen (also biologisch, daher der Name) hergestellt werde. Sie unterscheiden sich darin, dass sie eine schnellere Wirksamkeit haben, was das Voranschreiten der Krankheit wirksam aufhalten können soll..

Mit dem Basismedikament wollte er bereits am selben Abend anfangen, während ich bei dem Enbrel noch die Blutergebnisse abwarten musste. Darüber hinaus wollte der Arzt mir drei Kortisonstöße geben, um die Entzündung innerhalb der Gelenke zeitnah zu verringern und somit die Schmerzen zu lindern - auch für diesen Stoß wartete man jedoch auf die Blutergebnisse.

Bei einem Kortisonstoß bekommt der Patient hochdosiertes Kortison als Infusion in die Vene verabreicht. Kortison ist ein Stresshormon des menschlichen Körpers, welches von den Drüsen der Nebenniere abgesondert wird. Für die Verabreichung des Kortisons zu Therapiezwecken wird jedoch auf einen synthetischen Stoff zurückgegriffen. Das Medikament kann über die Vene, als Salbe, als Saft, als Tablette, als Inhalation oder auch als Injektion direkt an die betroffene Stelle verabreicht werden.

Der erste Kortisonstoß sollte mir am nächsten Tag verabreicht werden und die anderen beiden sollten mir im Zwei-Tages-Rythmus gegeben werden. Mein Vater und ich bekamen noch einige Aufklärungsunterlagen zu den Medikamenten und verblieben mit dem Arzt so, dass wir am Nachmittag nochmal wegen möglichen Fragen zur Therapie zusammenkommen würden.

Ich hatte noch einige Zeit bis zum ersten Termin bei der Physiotherapie, sodass ich mir von Steven die Klinik zeigen ließ. Er zeigte mir, wo die verschiedenen Behandlungsräume sind, ehe er mir die Orte zu Freizeitgestaltung zeigte. Ich war erstaunt über die Möglichkeiten, die es in der Klinik gab. Wir hatten die Möglichkeit Tischkicker, Tischtennis oder Air-Hockey zu spielen, im Therapiebad zu schwimmen oder einfach im Garten zu chillen. Unser Rundgang endete vorm Therapiebad, wo Steven mich fragte, ob ich eine Badehose dabei hätte.

«Na klar», sagte ich.

«Gut, wenn du um 16:00 Uhr nichts vorhast, dann gehen wir dann zusammen schwimmen», forderte er.

«Ich habe um 13:00 Uhr Physiotherapie und dann hab ich noch ein Gespräch mit meinem Arzt. Wenn nichts Weiteres dazwischen kommt, bin ich gerne dabei.»

Wir gingen zurück auf Station, wo bereits das Mittagessen auf uns wartete.

Unmittelbar nach dem Mittagessen, hatte ich meinen Termin bei Christian in der Physiotherapie. In der Klinik hat jeder Physiotherapeut eine Station, die er schwerpunktmäßig betreut. Christian war für die Station Zugspitze verantwortlich, sodass ich von Steven und den beiden Mädels schon viel Positives von ihm gehört hatte.

Ich ging zum Turnsaal, wo die Physiotherapie stattfand und freute mich darauf, Christian kennenzulernen.

Im Turnsaal setzte ich mich in die Warteecke, bis ein Mann auf mich zukam. «Hallo, ich bin Christian. Bist du der Phil?»

«Ja, bin ich.»

«Du darfst dir eine Behandlungsliege aussuchen - am besten eine, wo noch niemand sitzt. Ich komme dann gleich zu dir.»

Kurz nachdem ich auf der Liege platzgenommen hatte, kam Christian dazu und erzählte mir, dass er sich erstmal einen Überblick über die Funktionalität meiner Gelenke mache, ehe er mit der Behandlung anfangen würde. Hierfür wurden die Gelenke einzeln durch bewegt und bei Einschränkungen wurden diese vermessen und notiert. In diesem Befund wurde für mein rechtes Knie ein Streckdefizit von 65 Grad notiert.

Nach der Befundung stellte Christian fest, dass der Schwerpunkt der Physiotherapie auf meinem rechten Knie liegen sollte, wobei auch der linke Ellenbogen und die Hüfte nicht vernachlässigt werden sollten.

Die letzten fünfzehn Minuten der dreißigminütigen Behandlung nutze Christian, um mich in die medizinischen Therapiegeräte einzuweisen. Im Trainingsraum, der an den Turnsaal angrenzt, bekam ich zunächst zwei Trainingsgeräte zugewiesen. Zum einen durfte ich auf dem Trimmrad fahren, um mein Knie aktiv zu bewegen und etwas für Ausdauer und das Herzkreislauf-System zu tun. Zum anderen wurde ich in die Nutzung der Beinpresse eingewiesen, sodass ich mit geringem Gegengewicht meine Beinmuskulatur wieder aufbauen konnte. Christian notierte die Geräte und die Einstellung dieser auf einem Zettel und gab mir diesen zum Abschluss der Behandlung.

«Du musst jetzt dreimal unter Aufsicht eines Therapeuten trainieren. Für jedes Training unter Aufsicht bekommst du einen Stempel - wenn du drei Stempel voll hast, darfst du in Begleitung einer anderen Person trainieren kommen. Das beaufsichtigte Training ist unter der Woche von 18:00 - 19:00 Uhr, am Wochenende zwischen 9:30 und 10:00 Uhr, aber bis dahin solltest du deine drei Stempel eigentlich schon voll haben», sagte Christian, während wir zurück in den Turnsaal gingen.

«Wir haben Montag, natürlich habe ich bis zum Wochenende die drei Stempel», sagte ich euphorisch.

Ich verabschiedete mich von Christian und ging zurück auf mein Zimmer, wo ich mit meinem Vater gemeinsam die Aufklärungsunterlagen zu den vorgeschlagenen Medikamenten laß. Wir hatten keine Fragen, und kommunizierten das dem Arzt so, als er einige Augenblicke später in unser Zimmer kam. Der Arzt sagte, dass wir dann am selben Abend mit dem Sulfasalazin beginnen können und beim Enbrel noch einen Bluttest auf Tuberkulose durchführen müssten, da es einige, wenige Fälle gebe, in denen durch die Gabe vom Enbrel eine Tuberkulose ausgebrochen sei.

Bei der Tuberkulose handelt es sich um eine bakterielle Infektion, welche überwiegend die Lungen befällt und per Tröpfcheninfektion übertragen wird.

Nachdem der Arzt das Zimmer verlassen hatte, wandte sich Steven an meinen Vater und mich und sagte, dass er das Enbrel seit nunmehr einem Jahr nehme und damit nur gute Erfahrung gemacht habe. Es habe die Aktivität seiner Erkrankung deutlich zurückgefahren und ihm viel Lebensqualität zurückgegeben. Durch die Worte von Steven war ich guter Dinge und freute mich schon fast auf den Beginn meiner medikamentösen Behandlung.

Die Zeit verging wie im Flug, sodass es plötzlich kurz vor 16 Uhr war und wir beide uns auf den Weg zum Therapiebad machten. Am Eingang fing der Bademeister Karsten uns ab und fragte nach der wichtigsten Baderegel.

Steven und ich schauten uns fragend an, ehe einer von uns sagte: «Nicht mit vollem Magen schwimmen gehen.»

«Nein, die wichtigste Regel ist, dass der Bademeister immer Recht hat», erwiderte Karsten grinsend, ehe er uns ins Bad ließ.

Wir drehten einige Runden im Wasser, als Karsten sich zu uns an den Beckenrand stellte und uns fragte, ob wir uns nicht mal im Wasserball versuchen wollten. Karsten erzählte uns, dass es seit einiger Zeit eine Rangliste über die meisten Zuspiele im Wasserball gebe. Der Rekord lag bei 334 Zuspielen, ohne dass der Ball das Wasser berührte und wurde einige Monate zuvor von zwei Mädchen aufgestellt.

«Des pack ma locker», meinte Steven in seinem österreichischen Dialekt.

Karsten gab uns einen Ball und schaute uns bei unseren ersten Versuchen zu. Anfänglich konnten wir den Druck hinter den Zuspielen nicht richtig dosieren, sodass wir maximal 25 Ballwechsel infolge schafften. Wenn Steven die Bälle etwas kräftiger spielte, konnte ich diese meist nicht vernünftig zurückspielen, da mich der linke Ellenbogen zu sehr schmerzte. Wir schafften nicht mal ein Zehntel des Rekordes, weshalb wir nach einer Zeit anfingen zu fluchen und Karsten sich ein Grinsen nicht mehr verkneifen konnte. Es war wirklich frustrierend, wie oft wir von vorne beginnen mussten, weil wir es nicht geschafft hatten, einfachste Bälle zurückzuspielen.

«Es ist 16:30 Uhr meine Herren. Die Badezeit ist beendet», sagte Karsten.

«Können wir nicht noch ein Weilchen bleiben?», fragte ich leicht enttäuscht.

«Nein, um 16:45 Uhr kommen die nächsten Schwimmgäste. Ihr könnt morgen wieder kommen, Jungs.»

«Wenn nach dem Abendessen nicht soviel los ist, dürfen wir dann nochmal herkommen?», fragte Steven hartnäckig.

«Da kann ich nicht, ich muss nachdem Abendessen Sport machen», sagte ich, womit sich der Vorschlag erledigt hatte.

Mit den Worten «den Rekord werden wir schon noch knacken» verließen wir das Bad.

Auf unserem Zimmer analysierten wir noch eine Weile unsere Fehler vom Wasserball, ehe wir auf das Abendessen warteten.

Wir saßen wieder in unserer Viererrunde und ich wurde von den beiden Mädels gefragt, wie ich meinen ersten Behandlungstag in der Klinik empfunden hatte und welche Behandlung mir vorgeschlagen worden war.

«Ich bin überrascht über die vielen Behandlungsmöglichkeiten, die es hier in der Klinik gibt. Heute stand nur einmal Physiotherapie auf dem Plan, aber morgen habe ich Physio-, Ergotherapie und Massage. Darüber hinaus gefällt es mir richtig gut, dass wir Patienten untereinander so einen offenen Austausch bei den Mahlzeiten haben und Steven mir auf dem Zimmer noch viel über seine Erfahrungen mit der Krankheit berichten kann. Mein Vater und ich sind über 1.000 Kilometer hierher gefahren und ich hatte meine Zweifel, ob es sich lohnt - aber ich habe schon jetzt das Gefühl, dass sich jeder einzelne Kilometer gelohnt hat und das, obwohl ich erst ganz am Anfang der Behandlung und des Krankenhausaufenthaltes stehe. Zu der zweiten Frage kann ich euch sagen, dass ich ab heute Abend Sulfasalazin nehmen soll. Morgen, Donnerstag und Samstag werde ich einen Kortisonstoß bekommen und wenn die Blutergebnisse es zu lassen, werden ich zusätzlich mit Enbrel behandelt», antworte ich.

«Wir beiden fahren auch über 700 Kilometer in die Klinik und haben einen ähnlichen Eindruck, wie du», war die Antwort von einem der beiden Mädchen.

Es war schön zu wissen, dass mehrere Personen eine so weite Strecke auf sich nahmen, um in dieser Klinik behandelt zu werden. Ich fragte die Mädels noch ein wenig zu ihrer Medikation, ehe ich zum Sport ging.

Der Trainingsraum war noch recht leer, als ich eintraf, sodass ich mich direkt aufs Trimmrad setzen konnte. Mit Blick auf die Berge strampelte ich das erste Mal nach meiner letzter Knieoperation vor knapp 30 Wochen für mehr als fünf Minuten. Zuhause hatte ich immer wieder Schmerzen im Knie bekommen, sodass ich häufig nach 2-3 Minuten aufhören musste, doch an diesem Abend schaffte ich es ‚die vollen 20 Minuten, die Christian mir als maximale Trainingszeit aufgeschrieben hatte, durchzuhalten.

Nachdem Radeln ging es für mich noch ein bisschen auf die Beinpresse, was mir auch keinerlei Probleme bereitete.

Ich war erstaunt darüber, wie strapazierfähig mein Knie im Moment war und erhoffte mir ordentlich Fortschritte in den kommenden Tagen und Wochen in dieser Klinik.

Die beaufsichtigende Person des Trainingsbereichs gab mir einen Stempel, woraufhin ich mich verabschiedete und auf Station ging.

Der erste Behandlungstag war geschafft und ich war durchaus überrascht, dass ich bereits an diesem Tag soviel erlebt und erfahren hatte.

Bei der Visite, die am nächsten Morgen stattfand, bekam ich zunächst die Rückmeldung, dass die Laborwerte vom Vortag unauffällig seien und die Therapie mit dem Enbrel begonnen werden könne, sobald der negative Tuberkulose-Test vorliege. Im Weiteren wurde festgehalten, dass ich eine Motorschiene aufs Zimmer bekommen sollte, um mein Knie passiv zu bewegen.

Nach meiner zweiten Knieoperation hatte ich bereits eine Motorschiene, die damals in wenigen Tagen meine Beweglichkeit deutlich gesteigert hatte - selbiges erhofften sich die Ärzte und Physiotherapeuten in Garmisch-Partenkirchen von der Behandlung.

Darüber hinaus wurde beschlossen, dass der Rheumaorthopäde aus Oberammergau, welcher für orthopädische Fragen in die Klinik nach Garmisch-Partenkirchen kommt, sich mein Knie mal anschauen sollte.

Nachdem die Visite beendet war, wurde mir ein Zugang gelegt und ich bekam meinen ersten Kortisonstoß. Im Vorfeld wurde ich darüber informiert, dass Patienten unter der Gabe von hochdosiertem Kortison Stimmungsschwankungen bekommen können. Es gibt Patienten, die durch die Gabe anfangen zu weinen, während andere den Lachanfall ihres Lebens bekommen.

Bei mir dauerte es keine 20 Minuten und ich fing an, alles komisch zu finden. Ich fand es sogar komisch, wenn Steven mich in seinem österreichischen Dialekt ansprach. Während ich mich über die kleinsten Nichtigkeiten amüsierte, kamen die Schwestern immer wieder in unser Zimmer, um die wichtigsten Vitalwerte zu messen und dokumentieren.

Die Vitalwerte umfassen vier grundlegende Körperfunktionen: Den Blutdruck, die Herz- und Atemfrequenz, sowie die Körpertemperatur. Aufgrund dieser Messwerte lassen sich Rückschlüsse auf den Gesundheitszustand des Patienten ziehen. Werte unter oder über bestimmten Grenzwerten könnten zur Folge haben, dass etwas mit dem Patienten nicht stimmt oder er das Medikament nicht verträgt.

Nach zwei Stunden war die Infusion beendet und ich wollte gemeinsam mit Steven in den Klinikgarten gehen, doch ich musste weiterhin auf Station bleiben, damit meine Vitalwerte weiterhin kontrolliert werden konnten. Die Werte blieben im erlaubten Rahmen, sodass vier Stunden nach der Infusion nur noch mein Blutzucker überprüft werden musste.

Der Blutzucker kann unter der Gabe von hochdosiertem Kortison steigen, weshalb die Klinik in Garmisch den Blutzucker zu Beginn, während und vier Stunden nach der Gabe misst, sodass möglich Veränderung zeitnah wahrgenommen werden können.

Die Blutzucker-Untersuchung war ebenfalls unauffällig, sodass ich mich ruhigen Gewissens weiter dem Therapiemarathon zuwenden konnte. Für mich standen dreimal Physiotherapie, einmal Massage und einmal Ergotherapie auf dem Plan.

Ich mochte so therapieintensive Nachmittage, da ich im Anschluss oftmals deutliche Besserungen in der Beweglichkeit feststellen konnte. Besonders ersichtlich waren diese Fortschritte, wenn ich unmittelbar vor der Physiotherapie zur Massage ging. In der Massage wurde die Muskulatur ordentlich durchgeknetet und gelockert, sodass die Physiotherapeuten anschließend eine entspanntere Muskulatur vorfanden. Der letzte Termin in der Physiotherapie war gerade beendet, als die beaufsichtigte Trainingszeit begann, sodass ich direkt aus dem Turnsaal in den Fitnessraum gehen konnte, um meinen Trainingsplan zu absolvieren.

Nachdem ich vom Sport zurückkam, kam die Schwester mit einer kleinen Spritze in mein Zimmer und sagte mir, dass sie mir gerne das Enbrel spritzen würde. Ich fragte sie, ob vorher nicht noch ein Test auf Tuberkulose gemacht werden müsse, woraufhin sie antwortete, dass dieser bei der Blutabnahme am nächsten Tag mit abgenommen werde.

Es wunderte mich, dass die Therapie mit dem Medikament begonnen wurde, bevor mögliche Vorerkrankungen ausgeschlossen worden waren. Des Weiteren hatten die Ärzte bei der Visite ausdrücklich gesagt, dass man das Ergebnis von diesem Test abwarten müsse, aber ich nahm es an diesem Abend einfach zur Kenntnis, weil ich bisher einen sehr guten Eindruck von der gesamten Klinik hatte.

Am Abend schoben Steven und ich uns noch eine Pizza in den Backofen auf der Station, ehe wir uns in den Aufenthaltsraum hockten und die eine oder andere Runde Fifa zockten. Wir waren in einem Krankenhaus, aber abgesehen von den Behandlungen fühlte es sich nicht an wie ein Krankenhaus. Es fühlte sich vielmehr an wie ein Jugendtreff - vor allem, wenn ich die Abende in der Klinik betrachte. Irgendwann kam die Schwester in den Aufenthaltsraum und schickte uns beide zum Schlafen - das wäre in einem Jugendtreff vermutlich anders gewesen.

Am nächsten Morgen wurde mir erneut Blut abgenommen, um zu schauen, ob es durch die Medikamente zu einer Erhöhung der Leberwerte gekommen war. Zum anderen sollte durch die Blutentnahme geschaut werden, ob ich schonmal Kontakt mit dem Tuberkuloseerreger gehabt hatte.

Nach der Blutentnahme startete ich in den dritten Behandlungstag, welche fortan ziemlich identisch aufgebaut waren: Unter der Woche hatte ich dreimal täglich Physiotherapie und jeden zweiten Tag Massage und Ergotherapie. Zusätzlich ging ich jeden Tag ins Fitness und ins Schwimmbad, um mit Steven den Rekord im Wasserball zu brechen. Die Abende verbrachten wir gemeinsam mit den anderen Jugendlichen der Station und schauten Filme oder zockten auf der Playstation.

Am Donnerstagmorgen kam die - mir unbekannte - Oberärztin Frau Dr. Krumrey-Langkammerer in mein Zimmer und sagte mir, dass am Wochenende das 41. Garmisch-Patenkirchner Symposium für Kinder- und Jugendrheumatologie stattfinden würde und es im Zuge dieser Veranstaltung einen Ultraschalllehrgang in der Klinik gebe. Die Ärztin hatte von den anderen Medizinern gehört, dass ich starke Entzündungen in Knie, Ellenbogen und Hüfte hatte, weshalb sie mich gerne als „Modell" für diesen Lehrgang haben wollte.

Ich stimmte dem Termin zu, da ich es wichtig finde, dass Fortbildungsmaßnahmen nicht nur theoretisch, sondern auch praktisch stattfinden können - mit meiner Zusage konnte ich das an dieser Stelle gewährleisten. Zum anderen wollte ich selber zu gerne wissen, worauf es bei Ultraschalluntersuchungen ankommt, sodass ich Hoffnung hatte durch den Lehrgang selbst etwas dazuzulernen.

Da die Ärztin meine Gelenke zuvor noch nicht selber geschalt hatte, gingen wir kurz runter in den Ultraschall-Raum, wo sie sich ein eigenes Bild von meinen Gelenken machte.

«Das klingt vielleicht ein bisschen blöd, aber deine Gelenke eignen sich hervorragend für diesen Lehrgang. Bei dir ist jeweils nur das Gelenk einer Seite betroffen, sodass ein Seitenvergleich zwischen entzündetem und entzündungsfreiem Gelenk an jedem der drei Gelenke leicht darzustellen ist. Zum anderen sehen deine gesunden Gelenke so aus, wie es im Lehrbuch steht, während in den anderen die Entzündungen deutlich zu erkennen sind», sagte die Oberärztin nach Abschluss der Ultraschalluntersuchung.

Ich wusste nicht wirklich, was ich darauf antworten sollte, sodass ich schmunzelte und fragte: «Wann ist der Lehrgang überhaupt?»

«Ach, das hab ich ganz vergessen. Der Lehrgang findet am Freitagmorgen hier unten statt. Ich würde dich vorher auf deinem Zimmer abholen - es wäre also gut, wenn du dir morgens keine Termine geben lässt», antworte sie.

«Okay, dann sehen wir uns am Freitag. Ich freue mich», sagte ich, bevor ich den Raum verließ und zurück auf mein Zimmer ging.

«Bis Freitag, Phil. Und schon mal vielen Dank, dass du dabei bist.»

Freitagmorgen klopfte es an der Zimmertür, ehe die Tür aufging und Frau Dr. Krumrey-Langkammerer in unserem Zimmer stand. «Guten Morgen, Jungs! Phil, ich würde jetzt runter gehen, kommst du mit?», fragte sie nach ihrem Eintreffen.

«Ja, klar», erwiderte ich.

«Ich habe dir noch gar nichts zum Ablauf des Lehrganges erzählt. Zu Beginn würde ich dich bitten, dass du kurz etwas über dich erzählst. Wo du herkommst, welche Diagnose du hast und wie die Diagnostik bei dir ablief. Im Anschluss werde ich deine Gelenke schallen und den Besuchern des Lehrganges sagen, worauf zu achten ist. Wenn das für dich in Ordnung ist, sollen die Teilnehmer im Anschluss auch die Möglichkeit haben die Gelenke zu schallen. Falls bei dir oder den Besuchern fragen aufkommen, dürfen diese natürlich gerne gestellt werden», erklärte mir die Ärztin das weitere Vorgehen, während wir zum Untersuchungsraum gingen.

«Klar, dürfen die Teilnehmer die Gelenke schallen - sonst lernen die ja gar nichts», antwortete ich leicht grinsend.

Nachdem ich mich auf die Behandlungsliege gesetzt hatte, verließ die Ärztin den Raum wieder, um die Teilnehmer des Symposiums zu holen. Einige Augenblicke später ging die Tür wieder auf und die Teilnehmer betraten den Raum. Sie alle stellten sich mir bei der Begrüßung persönlich per Handschlag vor, was ich als sehr wertschätzend empfand. Im Anschluss stellte ich mich vor und erzählte den anwesenden Personen von meiner Krankheitsgeschichte.

Nachdem ich meine Geschichte erzählt hatte und die Oberärztin einige Ergänzungen angeführt hatte, begann sie mit dem Lehrgang. Sie zeigte den Anwesenden, wie der Ultraschallkopf gehalten werden muss und an welchen Strukturen sich orientiert werden kann. Darüber hinaus führte sie an, dass immer erst das gesunde, entzündungsfreie Gelenk betracht werden sollte, ehe man sich dem entzündeten Gelenk zuwende. Anschließend sollten die Gelenke im Seitenvergleich betrachtet werden. Die Dinge, die sie ergänzend erzählte, waren ebenfalls von hoher Bedeutung, doch für mich als Laien nicht verständlich. Aufkommende Fragen wurden durch die Ärztin beantwortet, bevor interessierte Teilnehmer einmal selber schallen durften.

Es war faszinierend, wie unterschiedlich talentiert die Lehrgangsteilnehmer waren. Einige fanden auf Anhieb die von der Oberärztin gewünschten Strukturen, andere hatte schon Probleme damit den Ultraschallkopf richtig herum zu halten. Letztlich schaffte es aber jeder Teilnehmer, der sich freiwillig gemeldet hatte. Zum Abschluss fasste die Oberärztin ihren Vortrag nochmal zusammen, ehe die Teilnehmer sich bei mir für meine Geduld bedankten, sich verabschiedeten und den Raum verließen.

Nachdem alle Teilnehmer den Raum verlassen hatten, wandte sich die Oberärztin an mich und überreichte mir eine kleine Überraschung bestehend aus verschiedenen Schokoladenstückchen aus der Schokoladenmanufaktur der Stadt.

«Dankeschön», sagte ich bescheiden.

«Wir haben zu danken, Phil.»

Ich verabschiedete mich von meiner Ärztin und ging zurück auf mein Zimmer, wo ich Steven und meinem Vater von dem Erlebnis erzählte. Für mich war es total interessant gewesen in Ansätzen zu verstehen, worauf die Ärzte beim Ultraschall von Gelenken achten müssen und welche Unterscheidungen es in den Einstellungen gibt. Die beiden waren nicht so interessiert, sodass ich mich daraufhin eher still für mich freute dabei gewesen zu sein.

Am Montag der zweiten Behandlungswoche kamen meine behandelnden Ärzte in mein Zimmer und teilten mir zunächst mit, dass mein Bluttest auf die Tuberkulose grenzwertig positiv erhöht sei. Dieses Ergebnis gebe es öfter und sei kein Grund zur Sorge, sagten die Ärzte. Sie schlugen vor, die Therapie mit dem Enbrel trotzdem fortzusetzen und einen zweiten Bluttest auf Tuberkulose durchzuführen.

Ich vertraute den Aussagen und Erfahrungen des medizinischen Personals, sodass ich dem vorgeschlagenen Vorgehen zustimmte.

Als nächstes erzählten mir die Spezialisten, dass der Rheumaorthopäde am Abend in der Klinik sei und ich bei ihm vorstellig werden solle.

Im Anschluss an das Gespräch schauten die Ärzte sich meine eingeschränkten Gelenke an. Die Beweglichkeit in meinem rechte Knie war durch die intensive Physiotherapie und die Kortisonstoßtherapie bereits deutlich besser geworden. Auch im linken Ellenbogen und der Hüfte konnte eine Verbesserung in der Beweglichkeit festgestellt werden.

Insgesamt waren die Ärzte zufrieden mit meinem Fortschritt in der ersten Behandlungswoche und sagten beim Verlassen des Zimmers: «Weiter so, Phil!»

Der Therapietag verging wie im Flug, sodass die Schwestern in mein Zimmer kamen und mich zu dem Termin beim Rheumaorthopäden abholten.

Der Doktor wartete bereits im Behandlungszimmer auf mich und begrüßte mich mit einem kräftigen Händedruck.

«Hallo Phil, was kann ich für dich tun?»

Ich schilderte dem Arzt meine Krankengeschichte und sagte, dass ich immer noch starke Bewegungseinschränkungen in meinem Knie hätte.

«Magst du dich mal auf den Rücken legen, damit ich mir dein Knie anschauen kann?»

«Klar», antwortete ich, während ich mich auf die Behandlungsliege legte.

Der Arzt bewegte zunächst meine Kniescheibe hin und her, ehe er den Schubladentest und weitere Tests durchführte. Zum Abschluss drückte er mein Knie Richtung Liege und schaute, ob der Anschlag fest oder weich war.

«Ich habe in deinen Unterlagen gelesen, dass du in der vergangenen Woche schon viel an deiner Streckung verbessern konntest und würde dir empfehlen mit den konservativen Behandlungsmethoden fortzufahren. Alternativ könnte man eine Operation durchführen, bei der ich die Verklebungen in deinem Knie mit einem Tasthaken löse. Durch die weitere Operation würde ich allerdings wieder Unruhe in dein Knie bringen und es würde erneute Narbenbildung geben, sodass die Chancen einer Besserung durch die Operation bei unter 50% liegen. Allgemein sollte man Operationen in entzündete Gelenke vermeiden, wenn sie nicht dringend notwendig sind. Daher würde ich dir empfehlen an der intensiven Physiotherapie festzuhalten und auf eine Operation vorerst zu verzichten.»

Ich war verblüfft über seine Ehrlichkeit, da meine bisherigen Ärzte immer das Operieren präferiert hatten und kommunizierte ihm das so, bevor ich das Behandlungszimmer verließ.

Am nächsten Morgen war wieder Visite - so, wie jeden Dienstag. Bei der Visite wurden noch einmal die Fortschritte der vergangenen Woche hervorgehoben und es wurde das weitere Vorgehen besprochen. Christian führte an, dass ich durch die Motorschiene - in Kombination mit der Physiotherapie - deutliche Fortschritte gemacht habe, weshalb es empfehlenswert wäre, dass ich auch für zuhause eine Motorschiene bekomme.

Der Oberarzt wandte sich an meinen Vater und fragte, ob er in Erfahrung bringen könnte, was die Krankenkasse benötigt, damit ich eine Schiene für zuhause bekommen kann. „

«Das mach ich», versprach mein Vater.

Im Anschluss wurde noch über die medikamentöse Therapie gesprochen. Das Sulfasalzin und Enbrel wurden gut vertragen, sodass die Kombinationstherapie fortgesetzt werden sollte, obgleich der Tuberkulose-Test grenzwertig positiv war. Die drei Kortisonstöße hatte ich ebenfalls gut vertragen und sie hatten geholfen die Entzündungen ein wenig einzudämmen. Wir waren allesamt zufrieden mit der ersten Behandlungswoche und erhofften uns ähnliche Fortschritte für den weiteren Aufenthalt in der Klinik. Bevor die Ärzte das Zimmer verließen, wurde jedoch noch einmal der OP-Vorschlag des Rheumaorthopäden erörtert und diskutiert. Für mich stand fest, dass ich meinem Knie vorerst keine weitere Operation zumuten wollte - vor allem nicht, mit einer Wahrscheinlichkeit auf eine erfolgreiche Operation von nur etwa 50%. Das medizinische Personal war ähnlicher Meinung, wie ich, sagte aber auch, dass es sich in Zukunft vielleicht eine Operation vorstellen könnte. Ich stimme zu, woraufhin die Visite beendet war und die Ärzte, Schwestern und Christian mein Zimmer verließen.

Unmittelbar nach der Visite, rief mein Vater wegen der Bewilligung einer Motorschiene bei der Krankenkasse an. Im Laufe des Telefonats verzog er immer mehr die Miene, ehe er sagte: «Das ist doch ein schlechter Scherz von Ihnen!»

Es ist ein so komisches Gefühl, bei einem so wichtigen Telefonat daneben zu sitzen und nur eine Seite des Gespräches zu hören. Die Sprachfetzen meines Vater versprachen nichts Gutes, sodass ich ungeduldig darauf wartete, dass das Telefonat beendet war und ich erfahren würde, was „ein schlechter Scherz" war.

Einige Minuten später nahm mein Vater sein iPhone vom Ohr, schaute mich an und sagte: «Ich glaube, die ticken nicht mehr ganz sauber bei der Krankenkasse. Der Mann am Telefon hat mir jetzt doch wirklich gesagt, dass eine Motorschiene nur unmittelbar nach einem operativen Eingriff verordnet werden kann. Da dein Eingriff zu lange her ist, müsstest du dich erneut operieren lassen, um eine Schiene zu erhalten. Es würde übrigens ausreichen, wenn bei der Operation nur in dein Knie reingeschaut wird und es ohne Weiteres zu tun wieder zugenäht werde.»

Mein Vater hatte Recht, das war wirklich ein schlechter Scherz. Rein logisch betrachtet, wäre es doch viel kostengünstiger, wenn man die Schiene direkt verordnen würde - es entstehen doch nur zusätzliche Kosten durch die Operation und die Behandlung im Krankenhaus.

«Und was machen wir jetzt?», fragte ich meinen Vater.

«Wir werden das deinem Oberarzt so weitergeben und schauen, ob es noch eine andere Möglichkeit gibt, an eine Schiene für dich zu gelangen.»

Am Nachmittag waren mein Vater und ich gerade auf dem Weg nach draußen, als uns mein Oberarzt entgegenkam. Mein Vater sprach ihn an und erzählte ihm von dem Gespräch mit der Krankenkasse. Der Arzt war genauso fassungslos über die Aussagen, wie wir. Er versprach, dass er sich in den kommenden Tagen nochmal selbst darum kümmern würde.

Wir gingen eine kleine Runde durch die winterliche Idylle. Mir taten diese Spaziergänge unfassbar gut, da ich von Tag zu Tag Fortschritte verzeichnete und mich immer besser und auch schmerzfreier bewegen konnte. Der Spaziergang fiel an diesem Nachmittag kurz aus, da ich noch einen Termin in der Physiotherapie hatte und wir aufgrund des Arztgespräches später als geplant loskamen.

An diesem Dienstagnachmittag hatte ich meinen Termin bei dem Leiter der Physiotherapie.

Im Laufe der Behandlung fragte Matthias: «Bei welchem Rheumatologen bist du daheim in Behandlung?»

«Ich habe aktuell keinen Rheumatologen bei mir daheim. Im September war ich bei einem, der absolut unsympathisch war, weshalb wir auch die Zusammenarbeit beendet haben, sodass ich noch nicht wirklich weiß, zu welchem Rheumatologen ich zuhause gehen werde», antwortete ich.

«Wenn ich das richtig in Erinnerung habe, kommst du aus Schleswig-Holstein, oder?», fragte Matthias ergänzend.

«Ja, genau. Von ganz da oben kommen wir.»

«Eine ehemalige Ärztin von uns ist vor kurzem nach Schleswig-Holstein gezogen und arbeitet dort jetzt im Uniklinikum. Wenn du magst, kann ich dir mal die Kontaktdaten raussuchen», schlug Matthias vor.

«Sehr gerne», antwortete ich erfreut.

Matthias zeigte mir noch einige Übungen, die ich von nun an täglich eigenständig machen sollte, ehe die Therapie beendet war und ich mich mit Steven im Therapiebad traf.

Wir zwei wurden immer besser im Wasserball, hatten es allerdings noch nie über 200 Zuspiele hinaus geschafft. Doch an diesem Dienstag war es anders, wir befanden uns in unserem ersten Versuch und hatten schon 267 Zuspiele, als Karsten anfing uns zu stören, indem er uns mit anderen Bällen abwarf. Eine ganze Weile konnten wir die Ablenkung von Karsten ignorieren, doch dann kreuzten sich die Flugbahnen von unserem und Karstens Ball - unser Versuch endete mit 305 Zuspielen. Zum Rekord fehlten uns nur noch 29 Zuspiele und wir waren uns sicher, dass wir den Rekord gebrochen hätten, wenn Karsten uns nicht gestört hätte.

«Komm Phil, wir packen des jetzt - auch wenn Karsten uns wieder stört», sagte Steven während er den Aufschlag spielte.

«Wir werden den Rekord knacken», antworte ich motiviert.

Es war zwar nur ein klinikinterner Bestwert, der keinerlei Bedeutung hatte, aber trotzdem wollten wir beide den Rekord unbedingt brechen. Wir waren immer noch im Rhythmus des vorherigen Durchgangs und waren diesmal kurz vor 300 Ballwechseln, als Karsten erneut anfing, uns zu stören - diesmal bespritzte er uns allerdings nur mit Wasser, sodass wir nicht so schnell den Fokus verloren. Steven und ich zählten abwechselnd: „328..., 329..., 330...,331...,332...,333!" Das letzte Zuspiel von Steven kam viel zu hoch, sodass ich mich mit aller Kraft aus dem Wasser drückte, den linken Arm nach oben riss und den Ball zurück zu ihm spielte.

In dem Moment, indem meine Hand den Ball traf, riefen wir beide lautstark: «334!»

Wir hatten den Rekord egalisiert und wollten ihn jetzt, soweit es ging, ausbauen. Nach 46 weiteren Ballwechseln, traf ich den Ball nicht richtig, sodass er auf dem Wasser auftraf, ehe Steven ihn zurückspielen konnte.

«Sorry, das geht auf mich», entwich es meinen Lippen.

«Wir haben den Rekord ordentlich ausgebaut - das muss uns erstmal jemand nachmachen», freute sich Steven.

Zeitgleich stand Karsten am Beckenrand und sagte anerkennend: «380 Zuspiele! Bravo, Jungs!»

Uns langte es an diesem Tag mit Wassersport, sodass wir aus dem Becken gingen, uns als neue Rekordhalter in die Bestenliste eintrugen und uns anschließend auf die Station begaben.

Am nächsten Morgen saßen wir vier etwas länger am Frühstückstisch, als wir hörten, wie mein Oberarzt lauthals im Schwesternstützpunkt telefonierte. Es war nicht zu hören, um was es bei dem Telefonat ging, aber an der Gestik und Mimik des Arztes war zu erkennen, dass er nicht derselben Meinung war, wie die Person am anderen Ende der Leitung. Wir wandten uns wieder unserem morgendlichen Gespräch zu, als der Oberarzt plötzlich im Aufenthaltsraum stand und mich in mein Zimmer bat.

Im Zimmer angekommen, sagte der Arzt mir Folgendes über das Telefonat, welches wir beobachtet hatten: «Ich habe gerade nochmal mit deiner Krankenkasse telefoniert und versucht sie davon zu überzeugen, dass eine Motorschiene für zuhause dir deutlich weiterhelfen könnte. In meiner Argumentation habe ich auch angeführt, dass die Schiene dir nach der zweiten Operation und hier vor Ort geholfen hat. Es hat sich nichts an der Aussage geändert - die Motorschiene kann nur in direkter Folge einer Operation verordnet werden.»

«Danke für Ihre Bemühungen! Mir ist auch es absolut unbegreiflich, warum Krankenkassen hier nicht wirtschaftlicher denken. So eine Operation kostet die schließlich auch eine Menge Geld - vermutlich mehr als die Leihgebühr der Schiene für ein paar Monate», antworte ich verständnislos im Hinblick auf die Entscheidung meiner Krankenkasse.

«Ich bin jetzt schon viele Jahre in der Medizin tätig und leider gibt es immer wieder solche Aussagen und Fälle, die rein logisch betrachtet keinen Sinn ergeben.»

«Ich werde das wohl akzeptieren müssen», sagte ich enttäuscht.

«Nein, ihr könnt Widerspruch einlegen und dann wird der Fall durch den medizinischen Dienst der Krankenkassen (MDK) geprüft. Unter

Umständen braucht ihr dafür noch ein ärztliches Schriftstück, aber dafür kannst du dich dann gerne wieder bei mir melden.»

«Vielen Dank!»

«Sehr gerne, Phil. Ich wünsche dir trotzdem einen schönen Tag und bleib dran an den Fortschritten der letzten Tage», sagte der Oberarzt, während er das Zimmer verließ.

Steven und die Mädels reisten am Folgetag ab, sodass fortan niemand mehr in meinem Alter in der Klinik war und ich mich noch mehr meiner Behandlung zuwenden konnte.

Am kommenden Dienstag war mein letzter Behandlungstag in der Klinik, welcher zunächst mit der Visite begann. Bei der Visite freuten sich die Ärzte, Schwestern und Christian über den Fortschritt, den ich in den vergangenen knapp zweieinhalb Wochen gemacht hatte. Das Streckdefizit in meinem rechten Knie hatte sich von anfänglichen 65 Grad auf 25 Grad verbessert.

«Wenn das so weitergeht, kann ich mein Knie in zwei Wochen wieder vollkommen strecken», sagte ich euphorisch.

«Die letzten Grade zur vollkommenen Streckung sind die schwersten - sei nicht traurig, wenns länger dauert. Wir haben jetzt einen guten Grundstein gelegt und wenn du daheim weiter in die Physiotherapie gehst und deine Übungen machst, wirst du weiterhin Fortschritte machen», entgegnete Christian motivierend.

Die Ärzte führten an, dass wir die medikamentöse Therapie unverändert fortsetzen würden, ehe wir einen Termin für das Abschlussgespräch vereinbarten und das medizinische Personal mein Zimmer verließ.

Nach der Visite begann ich meine Taschen zu packen und reflektierte den siebzehntägigen Klinikaufenthalt. Bei meiner Anreise hatte ich Sorge, dass ich einem anderen Patienten den Behandlungsplatz wegnehme. Die Sorge stellte sich als unangebracht heraus, da es viele andere Patienten gab, die ihre Rheumadiagnose erst in dieser Klinik bekamen. Das medizinische Personal hat in etwa einem halben Monat soviel mehr geschafft, als die Ärzte im gesamten vorherigen Jahr. Während die Ärzte im vorherigen Jahr immer das Operieren präferierten, wurde in dieser

Klinik der Ursache für die anhaltenden und wiederkehrenden Entzündungen auf den Grund gegangen, sodass anschließend damit begonnen werden konnte, diese fundamental zu behandeln. Für mich war aber nicht nur der Fortschritt in der Beweglichkeit meines Knies und der Rückgang der Entzündung von großer Bedeutung, sondern auch die Menschen, die ich in der Klinik kennenlernen durfte. Die Schwestern, Pfleger, Ärzte und Physios behandeln tagtäglich Patienten mit teils schweren Schicksalsschlägen und haben trotzdem immer ein Lächeln und einen lockeren Spruch auf den Lippen. Durch meine Mitpatienten, die ihre Erkrankungen teilweise schon viele Jahre hatten, erfuhr ich, wie sie mit der Erkrankung umgingen:

Der eine spiele Fußball, weil er dabei den Schmerz vergessen kann, eine geht täglich schwimmen, weil sie da kaum Belastung auf den einzelnen Gelenken hat und die andere meditiert, weil sie so in Einklang mit ihrem Körper kommt.

Ich war ganz am Anfang meiner chronischen Krankheit und war gespannt, welche Leidenschaft ich zur Verarbeitung meiner Erkrankung finden würde.

Während ich gedanklich noch am Reflektieren des Klinikaufenthaltes war, klopfte es an der Tür und meine behandelnde Stationsärztin trat herein. «Phil, wir haben jetzt das Abschlussgespräch. Kommst du mit mir vor in das Arztzimmer?»

«Natürlich!»

Im Behandlungszimmer angekommen, setzte ich mich auf die Liege und lauschte meiner Ärztin, während sie mit mir den Abschlussbericht durchging. Direkt zu Beginn des Gespräches sagte mir die Ärztin, dass der Bluttest auf Tuberkulose diesmal einen leicht positiven Befund zeigte und durch eine weitere Laborkontrolle in zwei Wochen kontrolliert werden müsse. In der Zwischenzeit sollte ich das Enbrel wie gewohnt, einmal die Woche, weiter nehmen. Der Abschlussbericht, den sie mirmir durchging, beinhaltete einen Rückblick auf meinen Befund bei der Aufnahme, den Ist-Zustand, sowie Handlungsempfehlungen für die Therapie daheim. Zum Abschluss des Berichtes, hatte die Ärztin geschrieben, dass ich in 3-6 Monaten erneut in der Klinik vorstellig werden sollte. Die Ärztin fragte, ob ich noch Fragen habe, was ich verneinte, weshalb wir uns verabschiedeten und ich zurück auf mein Zimmer ging.

Den letzten Abend in der Klinik verbrachte ich allein vorm Fernseher, als die Mütter von einigen jüngeren Patienten in den Aufenthaltsraum kamen.

«Stören wir?», fragte eine von ihnen.

«Nein, ihr könnt euch gerne dazusetzen», entgegnete ich, ehe ich meine Aufmerksamkeit wieder dem Fernseher zuwandte.

Bis zur Werbeunterbrechung schauten die Mütter und auch ich gespannt den Film, welcher mit ihrem Eintreffen begonnen hatte. Während ich die Werbeunterbrechung nutzte, um empfangene Kurznachrichten zu beantworten, fingen die Mütter an, über die Krankheitsbilder ihrer Kinder zu reden. Zunächst lauschte ich dem Gespräch der Damen nur mit einem Ohr, bis eine von ihnen mich direkt ansprach und sich nach meinem Krankheitsbild erkundigte.

«Ich habe eine Juvenile idiopathische Arthritis», antworte ich.

«Und wie gehts dir damit im Alltag? Du bist ja schon etwas älter als unsere Kids und hast vermutlich schon mehr Erfahrungen gesammelt», führte eine der Mütter an.

«Bisher ging es mir im Alltag nicht sonderlich gut mit der Erkrankung, was vermutlich dem geschuldet war, dass ich keine umfangreiche medikamentöse Therapie erhalten habe. Bei diesem Klinikaufenthalt wurde ich erst medikamentös eingestellt, weshalb sich mein Allgemeinzustand in den vergangenen zwei Wochen deutlich verbessert hat. Da ich die Diagnose erst seit kurzem habe, vermute ich, dass eure Kids doch mehr Erfahrung gemacht haben. Wie alt sind eure Kinder überhaupt?»

Der Reihe nach antworteten die Mütter auf meine Frage:

«Meine Tochter ist drei und hat die Diagnose vor knapp eineinhalb Jahren erhalten», «Unser Sohn ist vier und hat jetzt sei einem knappen Jahr die Diagnose» und «Unsere Kleine wird im nächsten Monat drei und wir haben die Diagnose auch ungefähr vor einem Jahr erhalten.»

«Ich wusste, dass Kinder und Jugendliche an Rheuma erkranken können, aber eure Kinder waren ja noch im Babyalter bei der Diagnose. Wie kann denn das festgestellt werden, wenn die Kleinen noch nicht wirklich reden können?», fragte ich verwundert.

Eine der Mütter ergriff das Wort und sagte: «Das ist die Problematik. Meine Tochter hat viel geschrien, sodass wir zum Arzt gingen, welcher uns sagte, dass es unserem Kind vermutlich an Schlaf oder Essen mangelte. Mein Mann und ich gaben dem Arzt zu verstehen, dass wir auf das Schlaf- und Essverhalten unseres Kindes achten und es dabei keine Auffälligkeiten gebe. Der Arzt konnte uns an dieser Stelle nicht weiterhelfen, sodass wir vorerst nachhause gingen und beschlossen intensiver auf das Verhalten der Kleinen zu schauen.

Einige Wochen nachdem ersten Besuch beim Arzt fiel mir auf, dass unsere Tochter beim Krabbeln und Gehen die linke Hüfte nachzog und dass sie oft während und nach der Bewegung aufschrie.

Am nächsten Morgen schnappte ich mein Kind und fuhr mit ihr zu unserem Arzt. Ich schilderte ihm den Sachverhalt, woraufhin er endlich bereit war, eine Blutentnahme durchzuführen.

Wenige Tage später erhielten wir einen Anruf: Die Blutergebnisse waren da. Mein Mann, meine Tochter und ich machten uns auf den Weg und erfuhren, dass unsere Tochter Rheuma haben könnte. Wir wurden an einen Facharzt überwiesen, der nach langen Untersuchungen die Diagnose bestätigte.

Bei kleinen Kindern ist es besonders schwer die Krankheit festzustellen, da sie eben nicht sagen können, ob und wo es ihnen wehtut. Der Facharzt hatte uns dann diese Klinik empfohlen. Mittlerweile sind wir zum zweiten Mal hier und absolut zufrieden mit der Behandlung und dem ganzen drumherum.»

«Diesen Eindruck teile ich - auch wenn ich zum ersten Mal hier bin. Haben du und dein Mann irgendwelche rheumatischen Erkrankungen? Wie war es für euch zu erfahren, dass eure Tochter chronisch krank ist? Gibt es überhaupt Rheumamedikamente, die für Babys zugelassen sind oder wie läuft die Therapie ab?», löcherte ich die Mutter mit Fragen.

«Nein, wir beide sind kerngesund und auch die Großeltern haben keine Erkrankungen in diese Richtung. Für uns war es ein totaler Schock und wir fragten uns natürlich, ob wir irgendwas falsch gemacht haben. Ob wir unser Kind falsch ernährt haben, ob ich mich in der Schwangerschaft falsch ernährt habe - solche Fragen gingen mir in dem Moment durch den Kopf. Unser Arzt sagte uns zwar, dass wir keinen Einfluss auf die Erkrankung unser Tochter hätten, aber trotzdem begleitet mich diese Unsicherheit bis heute.

Es gibt Medikamente für die Kleinen - die Dosis wird dann meist heruntergesetzt und die Tabletten werden als Saft verabreicht», antwortete sie ausführlich.

Eine der anderen Mütter ergriff das Wort und sagte: «Ich dachte, es geht nur meinem Mann und mir so. Wir haben uns auch wochenlang Vorwürfe gemacht und uns wurde immer wieder versichert, dass wir keinen Einfluss auf die Erkrankung nehmen können und trotzdem waren da diese Sorgen und Vorwürfe.»

«Ich als Betroffener kann euch sagen, dass ihr euch keine Vorwürfe machen braucht. Wenn ihr euch Vorwürfe macht, dann akzeptiert ihr die Erkrankung eures Kindes nicht - ich kann verstehen, dass man es nicht akzeptieren möchte, aber das bringt weder euch, noch euer Kind voran. Während meiner zwei Wochen in dieser Klinik habe ich viele Patienten kennenlernen dürfen und die Erfahrung gemacht, dass es denjenigen, die ihre Krankheit als Teil von sich akzeptieren, deutlich besser geht, als denen die einen inneren Konflikt mit sich selbst austragen - sowohl physisch, als auch psychisch. Ich bin selbst noch am Beginn meiner Erkrankung und im Prozess des Akzeptierens, aber ich würde euch empfehlen, dass ihr das auch versucht», sagte ich bestimmter, als es mir in dem Moment lieb war.

«Du hast Recht, aber das ist nicht so leicht.»

«Ich weiß.»

«Wie gehen deine Eltern eigentlich mit deiner Erkrankung um?», wollte eine der Mütter wissen.

Phil Oliver Ladehof

«Denen geht es ähnlich, wie euch. Sie machen sich Vorwürfe und fragen sich, was sie hätten anders machen können. Ich versuche auch ihnen zu kommunizieren, dass es deutlich besser für mich und uns wäre, wenn sie meine Krankheit als Teil von mir bzw. uns akzeptieren würden», entgegnete ich.

«Wir können uns das ja alle als Ziel für die kommende Zeit vornehmen», sagte eine der Frauen, ehe die Mütter die Thematik wechselten und über das allgemeine Leben mit einem chronisch kranken Kind sprachen.

Ich konnte bei dieser Thematik nicht sonderlich viel mitreden, da ich eben selbst das chronisch kranke Kind bin, doch ich fand es furchtbar spannend diesem Gespräch zu lauschen und mich an mancher Stelle an dem Gespräch zu beteiligen. Die Mütter sprachen so viele Dinge an, die sich durch die Erkrankung des Kindes im Alltag für die Familien veränderten, welche ich persönlich gar nicht so wahrgenommen hatte.

Um 2:30 Uhr kam Julia, die in dieser Nacht als Nachtschwester eingesetzt war, in den Aufenthaltsraum und sagte mir, dass ich langsam ins Bett gehen sollte, da ich am nächsten Morgen wieder um 6:30 Uhr geweckt werden würde.

Ich stimme Julia zu, erhob mich von der Couch, bedankte mich bei den drei Müttern für das nette, informative Gespräch und ging in mein Zimmer, wo ich nach einigen Augenblicken komplett übermüdet einschlief.

Aus heutiger Sicht kann ich sagen, dass dieses Gespräch mich nachhaltig geprägt hat. An diesem Abend hatte ich erstmals intensiv mit Personen gesprochen, die nicht direkt erkrankt waren, aber die Folgen der Erkrankungen unmittelbar zu spüren bekamen. Ich erfuhr, dass nicht nur meine Eltern sich selbst Vorwürfe machten und konnte die Sorgen, die sich auch meine Eltern machten, besser verstehen.

Am nächsten Morgen bekam ich noch eine Wärmebehandlung und ein letztes Frühstück, bevor mein Vater und ich die zehnstündige Heimreise antraten.

Ich war glücklich über das, was ich in den letzten Wochen erreicht hatte, freute mich aber dennoch darüber, dass ich die Klinik jetzt verlassen durfte. Auf der Heimreise konnte ich ein letztes Mal das verschneite Bergpanorama bewundern, ehe mir die Augen zufielen und ich den verpassten Schlaf der letzten Nacht nachholte.

Phil Oliver Ladehof

Z wei Tage nach meiner Rückkehr aus Garmisch-Partenkirchen waren wir auf dem 80. Geburtstag meiner Oma eingeladen. Neben der Familie waren auch viele Freunde meiner Großmutter eingeladen, welche sich im Laufe der Feier an mich wandten und mir sagten, dass meine Oma ihnen von meinem Krankenhausaufenthalt erzählt hatte.

«Warum warst du in der Klinik und wie geht's dir mittlerweile?» wollte eine der Freundinnen von Oma wissen.

«Ich war in dem Deutschen Zentrum für Kinder- und Jugendrheumatolgie in Garmisch-Partenkirchen, weil ich seit Mitte letztens Jahres starke Entzündungen in meinem Knie habe. In der Klinik habe ich nun meine endgültige Diagnose bekommen und wurde medikamentös eingestellt. Die zwei Behandlungswochen in der Klinik waren sehr intensiv, aber sie haben mir unfassbar gut getan. Mir geht's, in Anbetracht der Umstände, gut», antwortete ich ausführlich.

«Oma hat schon erzählt, dass das letzte Jahr eine regelrechte Tortur für dich war. Welche Diagnose haben Sie dir denn jetzt gestellt?», wollte sie ergänzend wissen.

«Ich habe eine juvenile idiopathische Arthritis diagnostiziert bekommen. Das ist eine Krankheit aus dem rheumatischen Formenkreis, die im Kindes- und Jugendalter beginnt.»

«Rheuma? In so jungen Jahren? Das gibt es doch garnicht!», sagte die Freundin von Oma überrascht.

«Doch, gibt es. In Deutschland sind mindestens 20.000 Kinder- und Jugendliche an einer Krankheit aus diesem Formenkreis erkrankt.»

«Das wusste ich nicht.»

Die Freundin meiner Oma war mit dem Unwissen nicht alleine. Wann immer ich anderen Leuten davon erzähle, dass ich diese Krankheit habe, hörte ich: «Rheuma, das haben doch nur alte Menschen.» Dieses Unwissen innerhalb der Gesellschaft ist einer der Gründe, warum ich mich dazu entschlossen habe, dieses Buch zu schreiben. Es kann nicht sein, dass Menschen, die eine chronische Krankheit haben, immer wieder in Erklärungsnot geraten und teilweise sogar als Schwindler dargestellt werden. Um die Vielfalt und Einschränkung der rheumatischen Erkrankung zum Ausdruck zu bringen, habe ich vor einiger Zeit ein Rheuma-Poem mit einer Freundin geschrieben, welches ich an dieser Stelle gerne teilen möchte:

Jeder sollte SIE kennen,
doch das ist -leider- nicht so.
SIE ist der Oma bekannt, die nicht mehr nähen kann,
dem Opa, der nicht mehr gehen kann.
SIE ist bei der bildhübschen Mittzwanzigerin bekannt und macht auch vor den Töchtern von Promis keinen Halt.

Kommt SIE einmal in dein Leben lässt SIE dich nicht mehr fallen. SIE ist für dich da, ob du willst oder nicht. SIE ist da und lässt dich nie im Stich.

SIE wird sich um dich kümmern, ob du willst oder nicht.

Du willst mit deinen Freunden feiern gehen, doch wenn SIE es nicht will, dann wird SIE dir die Stimmung dafür versauen. SIE wird über dich bestimmen, wenn du nicht lernst dich ihr zu widersetzen.

Du kannst der beste in deiner Disziplin sein, doch wenn SIE es dir nicht gönnt, dann holt SIE dich wieder auf den Boden der Tatsachen.

Du kannst der beste Manager der Welt sein, doch wenn SIE der Meinung ist, dass dieses durch die Welt reisen nichts für dich ist, wird SIE dafür sorgen, dass du zuhause im Bett bleibst.

Um deiner Leidenschaft, deinem Beruf oder deiner Liebe weiterhin nachzugehen musst du lernen mit ihr zu harmonieren. Du musst ihr das Gefühl geben, dass du auf SIE hörst.

Um ihr deine Unterordnung zu bestätigen wird SIE, dich dazu bringen, dass du Tabletten schluckst und dir Spritzen gibst.
Du schluckst Kapseln, die kurzzeitig dafür sorgen, dass du SIE befriedigst, doch es hält nicht lange vor, sodass du die Kapseln wieder und wieder schlucken musst. Du tust es nicht für dich, sondern um ihren Gelüsten gerecht zu werden. Es wird SIE nicht befriedigen, wenn du die Kapseln einmal nimmst. SIE wird dich dazu bringen, dass du die Pillen täglich schluckst. Zunächst gibt SIE sich mit einer zufrieden, doch schon bald wird SIE wollen, dass du mehr schluckst.
Machen wir uns nichts vor, SIE wird uns trotzdem beherrschen.
Und sobald wir zulassen, dass SIE uns beherrscht, schrumpft unser soziales Umfeld. Wir wollen es nicht, doch SIE zwingt uns dazu zurückzustecken.

Liebe Jungs. SIE ist kein Mädchen, SIE ist eine Krankheit. SIE ist meine Krankheit. Rheuma.

Der Poem ist etwas überspitzt geschrieben, um Außenstehenden die möglichen Auswirkungen dieser Erkrankung besser aufzuzeigen.

Auf dem Geburtstag meiner Oma folgten noch einige Gespräche, in denen ich ihren Freunden und Freundinnen von ihr erzählen musste, dass nicht nur sie Rheuma haben, sondern auch junge Menschen wie ich und viele weitere Kinder und Jugendliche. Es fühlte sich gut an, dass ich an diesem Tag bei einigen Personen die Vorurteile über meine Krankheit beseitigen konnte.

Einen Tag nach Omas Geburtstag hatten mein Team und ich endlich wieder ein Fußballturnier. Ich hatte die Jungs lange nicht mehr gesehen, sodass ich mich wahnsinnig freute, als wir gemeinsam in der Kabine saßen. Die Jungs, welche schon immer interessiert an meinem Handicap waren, wollten zunächst wissen, was ich im Krankenhaus gemacht hatte. Nach einer kurzen Zusammenfassung des Klinikaufenthaltes fokussierten wir uns auf das wirklich Wichtige an diesem Tag: den Fußball.

Durch meine Einschränkungen waren die Jungs es gewohnt, dass sie sich selbständiger Aufwärmen mussten, als die Spieler in anderen Mannschaften. Philip und ich schickten die Jungs zum Aufwärmen aufs Spielfeld und blieben noch einen Augenblick in der Kabine. Wir sprachen über die taktische Ausrichtung für das Turnier, ehe er mir mitteilte, dass er nach dem Realschulabschluss, welchen wir in diesem Sommer machen sollten, als Trainer aufhören würde.

«Warum?», fragte ich enttäuscht.

«Phil, du kannst mir glauben die Entscheidung ist mir alles andere als leicht gefallen. Ich habe Spaß die Jungs zu trainieren und zu sehen, wie sie sich weiterentwickeln, aber ich werde im Sommer eine Ausbildung beginnen. Wenn ich diesen Trainerjob mache, möchte ich ihn mit voller Sorgfalt machen. Ob ich das in Verbindung mit der Ausbildung schaffe, weiß ich leider nicht, weshalb ich für mich die Entscheidung getroffen habe, im Sommer aufzuhören.»

«Ich kann dich mit der Sorgfalt verstehen - mir gehts ganz genauso. Wann möchtest du es den Jungs sagen?»

«Das kann ich dir noch nicht sagen. Ich will jetzt erstmal aufs Feld, die Jungs aufwärmen und anschließend guten Fußball von uns sehen», sagte er entschlossen, ehe wir die Kabine verließen.

Als wir auf dem Spielfeld ankamen, machten sich unsere Spieler bereits diszipliniert und konzentriert warm, sodass Philip und ich dem ersten Spiel positiv entgegenblickten.

Kurz vor Turnierbeginn verließen wir das Feld und stimmten die Jungs in der Kabine ein. An diesem Tag hatten wir unser Taktikboard vergessen, sodass wir die Mannschaftsaufstellung mit den Hütchen vom

Aufwärmen erklären mussten. Ich sagte den Jungs, wer auf welcher Position spielen würde, als einer der Spieler aufstand und eines der Hütchen in die Hand nahm. Er nutzte das Hütchen, um Philip, mir und den anderen Jungs mögliche Laufwege im Angriffsspiel zu zeigen.

Bei unseren Mannschaftsbesprechungen kam es immer wieder vor, dass einer Spieler das Wort ergriff und uns Laufwege oder Passstafetten aufzeigte. Wir fanden es gut zu sehen, dass die Jungs mit ihren acht oder neun Jahren schon ein so gutes taktisches Verständnis hatten, dass sie eigene Ideen in die Mannschaftsbesprechungen einbringen konnten und waren überzeugt, dass die regelmäßige visuelle Darstellung unserer Trainingseinheiten auf dem iPad ihren Teil dazu beitrug.

Nachdem letzte Fragen zur Aufstellung geklärt waren, gingen wir fokussiert aus der Kabine zu unserem ersten Spiel. Unsere Jungs setzten das Besprochene perfekt um, sodass das erste Spiel deutlich für uns entschieden werden konnte. Im weiteren Verlauf des Turniers zeigte sich in den meisten Spielen ein ähnliches Bild, lediglich im letzten Spiel standen die Jungs neben sich, sodass dieses verdient verloren ging.

Am Ende des Spieltages hatten die Siege aus den anderen Spielen gelangt, sodass wir das Turnier als Erstplatzierter beenden konnten. Die Jungs holten sich unter gebührendem Applaus ihre Goldmedaille ab, als ich mich an Philip wandte und ihn fragte: «Und? Sagst du es ihnen gleich?»

«Nein, heute sollen die Jungs feiern», antwortete er zwinkernd.

Nach dem erfolgreichen Turnierwochenende ging es für mich wieder mit dem regulären Unterricht weiter. Durch die Behandlung in Garmisch und die angefangene medikamentöse Therapie waren die Schultage deutlich angenehmer und ich konnte mich wieder besser auf den Unterricht konzentrieren. Gemeinsam mit meinen Mitschülern begann ich in dieser Zeit mit der Vorbereitung auf den Realschulabschluss, welchen wir drei Monate später schreiben sollten.

Knapp zweieinhalb Wochen nach meinem Klinikaufenthalt entwickelte ich einen starken, anhaltenden Husten und eine Kurzatmigkeit, weshalb ich meinen Hausarzt aufsuchte. Im Behandlungszimmer schilderte ich ihm zunächst meine Symptomatik, ehe ich ihn darauf ansprach, dass ich nochmal per Blutentnahme auf Tuberkulose getestet werden sollte. Mein Hausarzt horchte meine Lunge ab, sagte mir, dass ich eine Bronchitis habe und verschrieb mir ein kortisonhaltiges Asthmaspray. Bevor ich wieder nachhause gehen konnte, nahm die Arzthelferin mir noch Blut für den Tuberkulose-Test ab.

Einige Tage später bekamen wir einen Anruf des Hausarztes. Mein Bluttest auf Tuberkulose war erneut positiv, weshalb ich umgehend einen Lungenfacharzt aufsuchen sollte.

Da eine schnelle Diagnostik und frühzeitige medikamentöse Therapie bei einer Tuberkulose von großer Bedeutung ist, bekam ich bereits einige Tage später einen Termin bei einem Facharzt. Zunächst wurde ich in einen separaten Raum gesetzt, da eine offene Lungentuberkulose hochansteckend ist.

Nach einer Weile holte mich eine Assistentin aus dem Wartezimmer und entnahm mir einen Tropfen Blut aus dem Finger, um meinen Entzündungswert zu bestimmen. Anschließend kam eine Kollegin von ihr ins Behandlungszimmer und nahm mich mit zum Röntgen. Bei der Röntgenuntersuchung musste ich ganz tief einatmen und anschließend die Luft anhalten, sodass ein aussagekräftiges Röntgenbild aufgenommen werden konnte. Durch das tiefe Einatmen bekam ich einen starken Hustenanfall, welcher zur Folge hatte, dass ich um Luft ringen musste. Die Frau, die die Röntgenuntersuchung durchgeführt hatte, reichte mir ein Asthmaspray, nach dessen Gabe ich wieder deutlich besser atmen konnte. Nachdem der Schock über die kurzzeitige Atemnot überwunden war, wurde ich von dem Spezialisten in sein Behandlungszimmer gebeten. Mein Vater und ich schilderten ihm die Umstände, die mich zu ihm führten.

«Magst du einmal aufstehen und dein T-Shirt ausziehen, damit ich Dein Herz und die Lunge abhören kann?», fragte der Arzt, der bereits sein Stethoskop in der Hand hielt.

«Klar», sagte ich, während ich mich meines T-Shirts entledigte und aufstand.

Zuerst hörte er mein Herz ab, ehe er das Stethoskop an verschiedene Stellen meines Oberkörpers legte, um meine Lunge abzuhorchen.

Im Anschluss der körperlichen Untersuchung setzte sich der Arzt wieder hin und drehte den Bildschirm seines Computer so, dass auch mein Vater und ich etwas sehen konnte. Auf dem Bildschirm waren die Röntgenbilder meines Thorax zu sehen.

Thorax ist eine medizinische Bezeichnung, die nichts anderes als den Brustkorb beschreibt.

«Das Röntgenbild ist unauffällig und deine Lungen klingen beidseitig gut durchlüftet», sagte der Mediziner anschließend.

«Wieso schauen die Lungen auf dem Bild so verschieden aus?», fragte ich, während ich auf die unterschiedliche Darstellung der Lungenflügel zeigte. Der eine Lungenflügel war in heller Farbe abgebildet, während der auf der anderen Seite total dunkel ausschaute. Für mich als Laien konnte das nicht richtig sein.

«Du hast eine starke Bronchitis. Da kann es schon mal vorkommen, dass die Lungen unterschiedlich ausschauen. Du bist zur Abklärung einer Tuberkulose hier und in dieser Hinsicht ist das Röntgenbild unauffällig.»

«Okay, gibt es weitere Möglichkeiten, um eine Tuberkulose auszuschließen?», fragte ich verunsichert.

«Um eine höhere Gewissheit zu haben, kannst du kannst noch ein Sputum abgeben. Ich würde dich jedoch zunächst bitten, dass ihr euch nochmal ins Wartezimmer begebt, damit wir nochmal einen Lungenfunktionstest durchführen können.»

«Sollen wir uns ins normale Wartezimmer setzen oder soll ich mich wieder in den separaten Raum setzen?», wollte ich wissen.

«Ihr könnt euch gerne ins große Wartezimmer setzen. Die Tuberkulose konnte ich ja auf Grundlage des Röntgenbildes und der körperlichen Untersuchung ausschließen», sagte der Arzt selbstsicher.

Wir nahmen seine Aussage zur Kenntnis, verließen das Arztzimmer und setzten uns ins Wartezimmer, wo neben uns nur alte, grimmige Menschen saßen. Menschen, die mich böse anschauten, weil ich mein iPhone rausholte, um mit Freunden zu schreiben. Lautlos, wohlgemerkt. Ich fühlte mich nicht wohl unter diesen verächtlichen Blicken, sodass ich froh war, als die Arzthelferin mich einige Minuten später zum Lungenfunktionstest abholte.

Unmittelbar nach dem Test gingen wir erneut ins Arztzimmer, wo es wiederum etwas Zeit dauerte, bis der Arzt eintrat und sich die Ergebnisse des Tests anschaute.

«Hervorragende Werte! Da müssen wir uns wegen einer Tuberkulose wirklich keine Sorgen machen», sagte er nach einem Moment der Stille.

«Sie sagten vorhin, dass ein Ausschluss der Tuberkulose durch ein Sputum erfolgen kann. Ich würde gerne eins machen», führte ich bestimmt an.

«Wenn du das willst, kannst du das gerne machen - von meiner Seite gibt es keinerlei Indikation. Ich gebe dir ein Röhrchen mit, in welches du morgen direkt nach dem Aufstehen abhustest. Das heißt, du hustest und versuchst dabei Auswurf aus der Lunge in das Röhrchen zu bringen.»

Am nächsten Tag wurde ich 16 Jahre alt. Ich kam morgens ins Wohnzimmer, wo neben meinen Geschenken das Röhrchen fürs Sputum stand. Getreu dem Motto „Erst die Arbeit, dann das Vergnügen", spuckte ich erst in das Röhrchen, ehe ich mich ans Geschenke auspacken machte.

Nach dem gemeinsamen Frühstück mit meiner Familie fuhren mein Vater und ich auf dem Weg in die Schule im Labor vorbei, um die Probe abzugeben.

Es vergingen weitere Tage, in denen mein Husten und die Atemnot immer schlimmer wurden, bis ich am Abend des achten März in meinem

Bett lag und um Luft rang. Ich spürte zudem ein starkes Rascheln in meiner Lunge, welches auch bei flachem Atmen nicht besser wurde. Auch nach der Einnahme meines Asthmasprays stellte sich keine Besserung ein, sodass ich voller Angst einschlief und auf Besserung am nächsten Tag hoffte.

Phil Oliver Ladehof

A m kommenden Morgen bekam ich zunächst besser Luft, sodass mein Vater und ich in Richtung Kiel aufbrachen, wo ich zum ersten Mal bei meiner neuen Rheumatologin vorstellig werden sollte.

Auf dem Weg vom Parkplatz zur Klinik mussten wir einige Treppen nehmen vielleicht 40 Stufen. Schon nach den ersten Stufen bekam ich erneut Probleme mit der Atmung - doch wir waren spät dran, sodass ich versuchte mit dem Tempo meines Vaters mitzuhalten. Oben angekommen, hustete ich stark und musste Blut spucken.

«Das muss wirklich eine starke Bronchitis sein. Wir müssen langsam weitergehen - ich bekomme sonst nicht genug Luft», sagte ich meinem Vater, nachdem ich wieder zu Luft gekommen war.

An der Anmeldung der Klinik erfuhren wir, dass die Ärztin, deren Kontaktdaten wir aus der Klinik in Garmisch-Partenkirchen erhalten hatten, aus privaten Gründen verhindert sei, weshalb ich an diesem Tag ihren Kollegen Herrn Dr. von Bismarck kennenlernen sollte.

Während der Doktor meine Gelenke untersuchte und die routinemäßige Ultraschalluntersuchung durchführte, hustete ich mehrfach stark, woraufhin er mir entgegenwarf: «Du bist aber ordentlich erkältet.»

«Ich war mit dem Husten schon beim Lungenspezialisten, welcher sagt, dass es eine Bronchitis ist», antwortete ich.

«Solltest du in der kommenden Woche noch Probleme damit haben, würde ich dich bitten das Enbrel auszusetzen, bis der Husten besser wird.»

«Mach ich», versprach ich, ehe wir die Untersuchungsergebnisse besprachen und einen Termin zur Wiedervorstellung vereinbarten.

Nach dem Arzttermin fuhren mein Vater und ich daheim vorbei, um meine Sporttasche fürs Fußballtraining zu holen.

Es mag paradox klingen, aber ich wollte trotz der Atemprobleme zum Training und den Jungs beim Spielen zuschauen. Die Anweisungen hätten an diesem Tag jedoch von Philip kommen müssen.

Zuhause angekommen, machte mir ein Blick aufs Telefon einen Strich durch die Rechnung. Wir hatten etliche verpasste Anrufe vom Gesundheitsamt, dem Labor und dem Lungenfacharzt, bei dem ich einige Tage zuvor gewesen war.

«Mein Husten ist wohl doch keine Bronchitis, sondern Tuberkulose», vermutete ich, während ich meinem Vater die entgangenen Anrufe auf dem Telefon zeigte.

Mein Vater versuchte mich zu beruhigen und sagte: «Du musst nicht direkt mit dem Schlimmsten rechnen. Lass uns doch erstmal abwarten, bis wir jemanden erreichen. Vielleicht kannst du danach zum Training.»

Nach einer gefühlten Ewigkeit erreichte mein Vater jemanden beim Gesundheitsamt und ich konnte schon anhand seiner Fragen erkennen, dass das Labor irgendwas in meinem Sputum gefunden haben musste.

«Ist die Krankheit vollständig heilbar?», «Wie geht es mit seiner rheumatischen Erkrankung weiter?», «Wann sollen wir da sein?» waren nur einige der Fragen, die ich mithören konnte.

Das Telefonat war beendet, mein Vater schaute mich niedergeschlagen an und sagte: «Du hast Tuberkulose und musst jetzt ins Klinikum in Quarantäne - zum Glück hast du auf das Sputum gedrängt.»

«Wie lange muss ich in Quarantäne?», fragte ich meinen Vater, während ich mit den Tränen kämpfte.

«Bis du nicht mehr ansteckend bist.»

«Dann packe ich mal meine Sachen», seufzte ich und machte mich auf den Weg in mein Zimmer. Dort kamen all die Emotionen hoch, die ich zuvor noch zurückgehalten hatte. Ich weinte und versuchte einen klaren Gedanken zu finden - doch ich fand keinen. Schließlich hatte ich einige Minuten zuvor erfahren, dass ich an einer Krankheit erkrankt war, die im zweiten Weltkrieg zu ungewollter Berühmtheit gelangte, da sie hunderttausenden Menschen das Leben kostete.

Heutzutage infizieren sich weltweit noch etwa 10 Millionen Menschen pro Jahr mit Tuberkulose. 1,4 Millionen Menschen

(14%) sterben jährlich an dem Bakterium, vor allem in Ländern mit schlechter Gesundheitsversorgung. Dadurch für die Tuberkulose die weltweite Liste der tödlichen Infektionskrankheiten anführt.

„Hoffentlich werde ich kein ähnliches Schicksal erleiden, wie diese Menschen. Hoffentlich wurde die Infektion rechtzeitig entdeckt, sodass mir noch geholfen werden kann", dachte ich, während ich mich langsam von meinem Bett aufrichtete, um meine Tasche zu packen. Es war nicht viel, was ich einpackte. Ein bisschen Unterwäsche, ein paar T-Shirts, zwei Pullover und eine Jogginghose. Das wichtigste Kleidungsstück war jedoch mein eigenes Fußballtrikot, welches mich immer wieder an mein Ziel erinnerte - auch wenn dieses aufgrund der Rheumadiagnose und der Einschränkung in meinem rechten Knie in weite Ferne gerückt war.

Nachdem die Tasche fertig gepackt war und alle wichtigen Unterlagen eingepackt waren, machten wir uns auf den Weg in das für mich vorgesehene Klinikum, wo ich mich an der Information meldete und sagte, dass ich der Tuberkulose-Patient sei, der vom Gesundheitsamt bereits angekündigt worden war. Die Dame zeigte mir unaufgeregt den Weg zur Notaufnahme, welche sich am anderen Ende der Klinik befand, sodass wir einmal durch das gesamte Klinikum gehen mussten.

An der Anmeldung der Notaufnahme sagte ich erneut, dass ich der angekündigte Tuberkulose-Patient sei, woraufhin meine Eltern und ich drei FFP3-Masken bekamen. Anschließend brachte der Mitarbeiter der Klinik uns in einen abgetrennten Bereich des Wartezimmers und bat uns zu warten, bis einer der Ärzte sich an mich wenden würde.

Einige Zeit später kam eine junge Ärztin auf uns zu und forderte uns auf ihr zu folgen. Im Behandlungszimmer setzte sie sich eine FFP3-Maske auf und zog sich ein Haarnetz, ein Kittel und Handschuhe an, ehe sie meine Eltern mit selbigen Utensilien ausstattete. Die drei waren nun selber vor einer Infektion mit Tuberkulose geschützt, sodass ich meinen Mundschutz abnehmen und wieder zu Luft kommen konnte.

Die Ärztin gab mir einige Zeit zum Durchatmen, ehe sie mich einige Dinge zu meinen Beschwerden, meiner Medikation und meinem bisherigen Krankheitsverlauf fragte. Ich war gerade dabei von meiner Medikation zu erzählen, da fiel mir die Ärztin ins Wort. «Du nimmst Enbrel? Das ist ein Biologikum? Da kann eine Tuberkulose ganz schnell lebensgefährlich werden - du solltest das Enbrel jetzt erstmal pausieren», sagte die Ärztin bestimmt.

Im Anschluss an dieses Gespräch fand eine körperliche Untersuchung statt, welche hauptsächlich aus einem EKG und dem Abhorchen der Lunge bestand.

EKG steht für Elektrokardiogramm und bezeichnet eine grafische Darstellung des Verlaufes elektrischer Impulse, die von der Herztätigkeit ausgehen. Durch ein EKG lassen sich ernsthafte Herzerkrankungen erkennen.

Das EKG ergab, dass ich lediglich einen deutlich zu hohen Puls hatte, welcher vermutlich auf die Aufregung und den Stress zurückzuführen war. Die Ärztin redete mir gut zu, sodass ein zweites EKG, fünf Minuten später, deutlich besser aussah.

Abschließend klärte die Ärztin meine Eltern und mich über die Quarantäneregeln während meines Klinikaufenthaltes auf, welche besagten, dass meine Besucher mein Zimmer nur nach Anmeldung am Schwesternstützpunkt und mit der richtigen Schutzkleidung betreten durften. Ich selber hatte nur eine Regel zu beachten, die umso wichtiger war: Verlasse das Zimmer nicht.

Während die Ärztin sich von uns verabschiedete und mir eine gute Genesung wünschte, kam ein Pfleger, um mich auf die Station zu bringen. Wir standen vor meinem Zimmer, der Pfleger öffnete die Tür und sagte: «Hier! Deine Unterkunft für die nächsten paar Wochen.»

Eigentlich ein ziemlich mieser Satz für jemanden wie mich, der nun mindestens zehn Tage in diesem Raum verbringen musste, doch ich teilte den Humor des Pflegers, sodass sich ein leichtes Grinsen auf meinen

Lippen breit machte - auch wenn ich immer noch Todesängste hatte und ein Gefühl der Ungewissheit in mir trug.

Ich ging in das Patientenzimmer, welches rechts hinter der Eingangstür einen kleinen Vorraum mit einem Waschbecken hatte. Dem Vorraum schenkte ich keine größere Beachtung, sodass ich weiter ins „richtige" Zimmer ging. An der rechten Seite des Zimmers stand mein Bett relativ mittig, während rechts daneben eine Kiste Wasser und eine Kiste Apfelschorle standen. Die andere Wand wurde durch ein Bild geschmückt, welches sich gegenüber meines Betts befand. Rechts oberhalb des Bildes hing ein Flachbildschirm, unter dem sich ein kleiner Tisch mit zwei Stühlen für die Besucher befand. Das Badezimmer ließ sich durch eine Tür im hinteren Teil des Zimmers erreichen und wurde in der Regel mit den Patienten aus dem angrenzenden Zimmer geteilt. Da ich in Quarantäne war, mussten die Patienten im Nebenzimmer auf ein anderes Badezimmer ausweichen. Auf mich wirkte das Zimmer riesig und beengend zugleich. Die Raumfläche an sich war wirklich groß, aber der Gedanke, dass ich es für eine längere Zeit nicht verlassen durfte, ließ es deutlich kleiner wirken.

«Wenn du etwas brauchst, oder es dir nicht gut geht, hast du die Klingel auf deinem Bett liegen - die drückst du dann bitte einfach», sagte der Pfleger, als er mein Zimmer verließ.

Die Tür war gerade zugefallen, da ging ich an meine Tasche und holte mein Fußballtrikot hervor, welches ich anschließend über das Bild an der Wand stülpte und somit immer im Blick hatte.

Das Fußballtrikot hatte die Rückennummer 31, welche für mich von großer Bedeutung war. Bastian Schweinsteiger hatte diese Rückennummer lange Zeit beim FC Bayern München getragen und war eines meiner größten Vorbilder. Die Mentalität, die er am 13.07.2014 in Rio de Janeiro auf den Platz brachte, werde ich nie vergessen. In diesem WM-Finale war sein Gesicht blutüberströmt und er selber immer wieder von Krämpfen geplagt - er gab jedoch nie auf und kämpfte sich immer und immer wieder ins Spiel zurück, sodass er am Ende des Tages den WM-Pokal in den Nachthimmel von Rio de Janeiro stemmen durfte.

Mittlerweile war es spät am Abend, sodass meine Eltern mein Zimmer verließen und ich mich meinem Smartphone zuwandte. Eine der Benachrichtigungen, die ich in den vergangenen Stunden bekomme hatte, war von meinem Fußballteam: «Hey Phil, die gesamte B-Jugend wünscht dir eine gute Besserung! Wir freuen uns, wenn du wieder an der Seitenlinie stehst und Bilder machst - aber umso mehr hoffen wir, dass du bald wieder mit uns auf dem Platz stehen kannst! Also wie gesagt: Alles Gute vom gesamten Team!»

Ich war ein wenig verwundert, woher die Jungs die Information meiner Erkrankung hatten, freute mich aber dennoch wahnsinnig über die Genesungswünsche. Es war ein schönes Gefühl zu wissen, dass die ganze Mannschaft hinter mir stand.

Dieses Gefühl der Geschlossenheit und des Zusammenhaltes zeigte sich nicht nur in der obigen Nachricht, sondern immer dann, wenn ich einen von den Jungs sah - egal ob auf dem Fußballfeld, in der Stadt oder am Strand. Bei dem Gewinn der Meisterschaft in der Saison 2017/2018 holte die erste Mannschaft mich mit aufs Feld, obwohl ich in dieser Saison keine einzige Sekunde auf dem Feld gestanden hatte.

Meine Antwort an die Jungs waren ein Bild meines Trikots an der Wand und die Worte: «Das Trikot hängt an der Wand und das Ziel ist bekannt! Danke, Jungs!»

Nachdem alle Nachrichten beantwortet waren und ich die News des Tages gesichtet hatte, legte ich mein Handy zur Seite und reflektierte meinen Tag. Ein Tag, der mein Gemüt ordentlich auf die Probe stellte, wobei die schockierendste Erfahrung des Tages erst begann, als ich panische Hilferufe aus dem Nachbarzimmer hörte. Anfangs nur vereinzelt, doch mit fortschreitender Dauer kamen diese Hilferufe immer häufiger. Ich hatte das Bedürfnis zum Schwestern-Stützpunkt zu gehen und zu sagen, dass dort jemand Hilfe braucht, doch ich durfte mein Zimmer nicht verlassen, sodass der Patient im Nachbarzimmer noch viele Minuten ängstlich um Hilfe schrie.

Die Wände im Klinikum waren so dünn, dass ich hören konnte, wie eine Schwester sein Zimmer betrat, sich ein bisschen Zeit nahm und ihm gut zuredete. Es beruhigte mich zu wissen, dass jemand bei der Person im Nachbarzimmer war und es ihr scheinbar besser ging, sodass ich einige Minuten später erschöpft einschlief. Schließlich war der Tag für mich ziemlich ereignisreich gewesen - man wird ja nicht jeden Tag in Quarantäne geschickt.

In der Nacht wurde ich mehrfach durch Hilferufe aus dem Nachbarzimmer aus dem Schlaf gerissen. Durch die extrem dünnen Wände konnte ich zeitweisen sogar hören, wie der arme Mann, um Luft rang.

In den vergangen Tagen hatte ich selber immer öfter mit Atemnot zu kämpfen gehabt, weshalb ich ahnen konnte, wie der Mann sich in diesem Moment fühlte. Ich betete für den Herren, dass die Ärzte und Schwestern ihm helfen und er die Angst los werde - einige Tage später erfuhr ich durch Zufall, dass ihm nicht mehr geholfen werden konnte. Er verstarb in dieser Nacht.

Am nächsten Morgen wurde ich wach, da sich zwei Schwestern lautstark vor meiner Tür darüber stritten, wer mir mein Frühstück bringen soll. Mein erster Instinkt war zur Tür zu gehen, um den Schwestern das Tablett abzunehmen, doch dann fiel mir ein, dass ich mich in einem Quarantäne-Zimmer befand und dieses von mir nicht mal für einen kurzen Moment verlassen werden durfte. Ich richtete mich in meinem Bett auf und wartete darauf, dass eine der beiden Schwestern mir das Essen hereinbrachte.

Einige Augenblicke später öffnete sich die Tür und eine Frau trat in Schutzkleidung herein. «Guten Morgen Phil, ich bin Schwester Steffi und wollte dir dein Frühstück und die Tabletten vorbeibringen», sagte sie, während sie mir das Tablett reichte.

Perplex schaute ich auf den Medikamentenbecher, der rechts oben auf dem Tablett stand und komplett mit Tabletten gefüllt war.

«Steffi? Kannst du mir sagen, welche Tabletten ich wann nehmen muss?», fragte ich.

«Die sind alle zum Frühstück.»

«Ich muss die alle zum Frühstück nehmen?», fragte ich skeptisch nach, während ich den Medikamentenbecher hochhielt.

«Ja, musst du. Du kannst die Tabletten gerne in 5-10 Minuten Abständen nehmen. Die Tabletten eines Wirkstoffes, also die, die gleich aussehen, solltest du jedoch direkt hintereinander einnehmen. Nun wünsche ich dir aber erstmal einen guten Appetit - wir sehen uns später.»

«Danke dir und bis später», sagte ich, während Steffi das Zimmer verließ.

Nachdem Anblick der vielen Tabletten war mir der Appetit vergangen, sodass ich das Tablett vorerst auf meinem Tisch abstellte und ein bisschen Fernsehen schaute.

Nach einer Weile klopfte es an der Tür, ehe meine Mutter die Tür öffnete. «Guten Morgen mein Großer, wie geht's dir?», wollte sie wissen.

«Es geht und wie geht's dir?»

«Was ist los? Bekommst du schlecht Luft? Mir geht's gut.»

«Ja, aber im Vergleich zu gestern ist es deutlich besser geworden. Liegt wohl daran, dass ich weniger Rede und mich nicht viel anstrenge - eigentlich liege ich ja nur im Bett.»

«Wenn du die Tabletten bekommst und dich weiterhin ausruhst, wird es dir sicher bald besser gehen», meinte meine Mutter.

Mama sprach die Tabletten an, welche ich noch immer nicht genommen hatte, sodass ich nicht wusste, was ich antworten sollte und ein Moment der Stille folgte.

Die Stille endete, als die Augen meiner Mutter das Tablett mit dem Frühstück und dem Medikamentenbecher erblickten. «Warum hast du noch nichts gegessen, Phil?», fragte meine Mutter.

«Nachdem Anblick der Tabletten hatte ich keinen Hunger mehr. Schau dir doch mal an, wie groß die Tabletten sind.»

«Phil! Wenn du wieder gesund werden möchtest, musst du die Tabletten nehmen!», schimpfte meine Mutter in strengem Ton.

«Das ist mir bewusst, aber du weißt, dass ich schon beim Schlucken meiner Rheumamedikamente Probleme habe. Die sind nichts im Vergleich zu diesen Tabletten.»

«Du frühstückst jetzt erstmal und dann schauen wir weiter.»

«Fertig», sagte ich, nachdem ich das letzte Stück von meinem Käsebrötchen aufgegessen hatte.

«Dann nimmst du jetzt bitte deine Tabletten. Wie wäre es, wenn du mit der kleinsten anfängst und dich steigerst?», fragte meine Mutter, um mich bei der Einnahme der Tabletten zu unterstützen.

Die ersten Tabletten ähnelten denen meiner Rheumamedikamente, sodass ich diese fast problemlos runterbekam. Doch die größeren bekam ich bei bestem Willen nicht runter, sodass ich sie zerkaute und anschließend mit ordentlich Wasser runterspülte.

Meine Mutter bekam mit, dass ich die Tabletten zerkaute und sagte: «So geht das nicht, Phil. Die Tabletten könnten dadurch ihre Wirkung verlieren. Ich muss jetzt sowieso zur Arbeit und werde mal mit einer Schwester über dein Problem bei der Tabletteneinnahme sprechen - vielleicht haben die noch den einen oder anderen Tipp für dich in petto.»

«Vielleicht hast du Recht», stimmte ich zu, ehe sich meine Mutter bei mir verabschiedete.

Es dauerte keine fünf Minuten, da stand Steffi erneut in meinem Zimmer und fragte, warum ich das Schlucken von großen Tabletten so schlimm fände.

«Egal, wie sehr ich mich bemühe, ich bekomme die Dinger einfach nicht runter und zerbeiße sie dann irgendwann aus Reflex. Ich wäre echt glücklich, wenn es die Möglichkeit gäbe die Tabletten zu mörsern oder das Medikament intravenös zu verabreichen», erklärte ich leicht verzweifelt.

Über die vergangenen Jahre habe ich mehrfach andere Patienten kennengelernt, denen es so erging, wie mir - sie konnten auch keine großen Tabletten schlucken. Einige von ihnen zerkauten die Tabletten heimlich, andere nahmen sie gar nicht ein. Ich kann euch nur empfehlen, dass ihr mit eurem Arzt, einer Pflegekraft oder einem Apotheker über euer Problem sprecht. Diese können euch Tipps und Tricks zur Einnahme nennen. Sollten diese nicht weiterhelfen, gibt es bei vielen Medikamenten andere Verabreichungsformen (Brause- oder Lutschtablette, Saft, etc.).

«Ich kann dir leider nicht sagen, ob das möglich ist, aber ich kann die Ärztin mal für dich fragen», antwortete Steffi.

«Das wäre lieb, wenn du das tun könntest.»

«Mach ich, wenn ich sie das nächste Mal sehe. Kann ich dir sonst noch etwas Gutes tun?», fragte Steffi.

«Ja, vielleicht könntest Du mein Tablett vom Frühstück mitnehmen.»

«Das darf ich nicht. Die Sachen aus Deinem Zimmer müssen alle erstmal in die Wanne, die im Eingangsbereich deines Zimmers steht. Da ist eine Desinfektionslösung drin, sodass die Bakterien abgetötet werden und nicht mit deinem Geschirr das Zimmer verlassen. Du kannst deine Teller und das Besteck nach dem Essen also einfach immer dort hinein stellen und wir holen die Sachen nach einer gewissen Zeit», erklärte sie mir.

«Ach so, das wusste ich nicht. Dann kannst du nichts mehr für mich tun. Danke dir.»

Steffi verließ das Zimmer, ich legte mich hin und schaute mir eine weitere Dokumentation im Fernsehen an. Viele andere Möglichkeiten hatte ich in diesem Raum, der einer Zelle im Gefängnis ähnelte, auch nicht. Vertieft schaute ich eine Dokumentation über den Burj Khalifa, als plötzlich mein iPhone klingelte und sich eine Dame vom Gesundheitsamt meldete.

«Hallo, ich bin Frau Meyer vom Gesundheitsamt. Ich melde mich bei Ihnen, weil Sie sich mit Tuberkulose infiziert haben und wir nun die Kontaktpersonen von Ihnen auf Tuberkulose testen müssen. Können Sie mir auf Anhieb sagen, mit wem Sie seit Mitte Januar zusammengekommen sind?»

«Hallo Frau Meyer, da kommen einige Personen zusammen. Ich gehe schließlich noch zur Schule, trainiere eine Fußballmannschaft und war bis Ende Januar in einer Spezialklinik in Garmisch-Partenkirchen. Von meinen Mitschülern und den Spielern kann ich Ihnen die Namen adhoc nennen, bei meinen Mitpatienten wird es schwierig - da müssen Sie sich vielleicht mal mit dem Patientenmanagement der Kinder- und Jugendrheumatologie in Garmisch-Partenkirchen auseinandersetzen.»

«Wenn es soviele Kontaktpersonen sind, würde ich Sie bitten mir eine Liste mit den Kontaktdaten zukommen zu lassen. Diese Liste sollte neben dem Namen auch eine Telefonnummer und die Adresse der Person beinhalten. Wegen Ihrer Kontakte in der Klinik werde ich mich ans Patientenmanagement wenden - danke für Ihren Hinweis.»

«Bis wann brauchen Sie die Liste?», wollte ich von Frau Meyer wissen.

«Es wäre gut, wenn ich diese in den kommenden zwei Tagen bekommen könnte», antwortete sie.

«Das bekomme ich hin.»

Frau Meyer nannte mir ihre E-Mail-Adresse, ehe sie mir eine gute Besserung wünschte und das Telefonat beendete.

Die Doku war mittlerweile beendet, sodass ich meinen Fernseher ausschalte, mich vor lauter Langeweile auf die Fensterbank hockte und die Leute auf der Straße, welche in die Innenstadt führte, beobachte.

Es klopfte erneut an der Tür. «Herein», rief ich, ehe sich die Tür öffnete und mein Vater das Zimmer betrat. Direkt nach seiner Ankunft erzählte er mir, dass er im Laufe des Tages mehrfach mit Herrn Dr. von Bismarck aus Kiel telefoniert habe und dieser gerne eine Punktion meiner entzündeten Gelenke vornehmen wolle.

«Warum?», fragte ich verwundert.

«Wir haben doch in der Vergangenheit mehrfach gehört, dass dein Krankheitsverlauf kein typischer Verlauf für eine rheumatische Erkrankung ist. Tuberkulose gibt es auch in den Gelenken und das möchte dein

Arzt durch eine Untersuchung des Punktats ausschließen. Diese Punktion müsste jedoch recht zeitnah geschehen, da die Bakterien durch die medikamentöse Therapie absterben sollen und dann auch im Punktat nicht mehr nachweisbar sind.»

«Okay und wo soll die Punktion stattfinden?», wollte ich wissen.

«In dem Klinikum, in dem du letztes Jahr im Januar operiert worden bist», sagte mein Vater.

«Auf keinen Fall! Das Personal dieser Klinik hat mich im vergangen Jahr maßlos enttäuscht. Ich werde diese Punktion nicht in dem Klinikum durchführen lassen!», erwiderte ich bestimmt.

«Phil, diese Untersuchung ist wichtig zur Diagnostik! Du willst doch, dass dir geholfen wird», versuchte mein Vater mich zu überzeugen.

«Das habe ich verstanden - ich will diese Untersuchung auch durchführen lassen, nur halt nicht in dieser Klinik!»

«Dann werde ich das Herrn Dr. von Bismarck so weitergeben. Ich habe vorhin übrigens auch mit deinem Klassenlehrer telefoniert und dich erstmal für unbestimmte Zeit krankgemeldet», erzählte mein Vater, der leicht enttäuscht wirkte.

«Danke. Hat er auch etwas zu der Projektpräsentation von Philip und mir gesagt? Die ist schließlich in der kommenden Woche und ich denke nicht, dass ich bis dahin entlassen sein werde oder dass die Lehrer hierher kommen werden.»

«Ja, wir haben darüber gesprochen. Philip wird die Präsentation in der kommenden Woche abhalten und du wirst sie nachholen, sobald du wieder in der Schule bist. Ihr müsst dann allerdings jeweils auch die Themen des anderen übernehmen.»

«Dann müssen wir doppelt soviel reden wie unsere Mitschüler? - Wie unfair.»

«Das ist nun mal so. Dein Lehrer sagte auch, dass wir darüber nachdenken sollten, ob du die 10. Klasse aufgrund der Fehlzeiten wiederholen möchtest. Notentechnisch sieht er dich ganz klar in der Oberstufe, aber deine Fehlstunden machen ihm ein bisschen Sorgen.»

«Bis wann muss ich mich entscheiden, ob ich wiederholen möchte? Ich mag meine Klasse und die Mitschüler, weshalb ich ungerne wiederholen möchte», fragte ich meinem Vater.

«Du solltest dich bis Anfang Mai entschieden haben, da in den darauffolgenden Wochen die Realschulabschlussprüfungen stattfinden. Wenn du wiederholen solltest, musst du diese nicht mitschreiben.»

«Bis dahin habe ich ja noch ein wenig Zeit», sagte ich, ehe wir uns noch ein wenig über meinen ersten Tag in Quarantäne unterhielten.

Nach dem Gespräch verließ mein Vater die Klinik, sodass ich mich wieder in mein Bett legte und noch ein wenig Fernsehen guckte. Das Fernsehprogramm an diesem Abend war aber so langweilig und einschläfernd, weshalb ich binnen Minuten einschlief.

In dieser Nacht schlief ich deutlich besser, sodass ich am nächsten Morgen erst wach wurde, als mein Frühstück mitsamt Tabletten bereits auf dem Tisch vor dem Fenster stand. Ich hockte mich auf die Fensterbank und nahm die erste Mahlzeit des Tages zu mir, während ich erneut auf die Straße schaute. Auf der Straße passierte zwar nie was Spannendes, aber in Zeiten einer Quarantäne ist es sogar interessant zu sehen, ob der Bus pünktlich oder verspätet ist.

Da ich am Vortag keine Rückmeldung auf meine Frage zum Teilen der Tabletten bekommen habe, beschloss ich an diesem Tag genauso vorzugehen, wie am Tag zuvor. Die kleinen Tabletten schluckte ich, während ich die größeren zerkaute und anschließend mit ausreichend Wasser runterspülte. Ich saß noch einige Zeit in dem Fenstervorsprung, als Steffi plötzlich in meinem Zimmer stand.

«Was machst den Du da?», wollte sie wissen.

«Mir ist langweilig - deshalb schaue ich mir an, was da draußen so abgeht. Ist aber auch nicht fürchterlich spannend.»

«Das kann ich gut verstehen - mir würde es genau so gehen. Heute Nachmittag kommt unser Physiotherapeut Thomas zu dir und wird dich für zwanzig bis dreißig Minuten behandeln - dann hast du wenigstens ein bisschen Ablenkung.»

«Oh, wirklich? Da freue ich mich drauf.»

«Ja, der Thomas wird jetzt unter der Woche jeden Tag zu dir kommen. Du, Phil? Hat die Ärztin dir gestern noch eine Rückmeldung wegen dem Zerteilen der Tabletten gegeben?»

«Nein, leider nicht. Ich habe die großen Tabletten heute einfach wieder zerkaut.»

«Das ist schade. Ich versuche für dich in Erfahrung zu bringen, ob die Tabletten beim Zerteilen ihre Wirkung beibehalten - schließlich wollen wir doch alle, dass du wieder gesund wirst.»

«Danke dir, ich weiß deine Bemühung zu schätzen», sagte ich.

«Das mache ich gerne. Ich muss jetzt erstmal weiterarbeiten, bis später.»

«Bis später, Steffi», sagte ich, als die Schwester mein Zimmer verließ.

Einige Augenblicke später klopfte es erneut an meiner Tür.

«Herein», sagte ich, während ich mich fragte, ob Steffi was vergessen hatte.

Die Tür ging auf und ich konnte direkt auf den ersten Blick erkennen, dass die Person in der Tür nicht Steffi war. Es war ein mittelgroßer Mann mit Brille und einem Stethoskop in der rechten Hand, der nun mein Zimmer betrat.

«Hallo Phil, ich bin der Augenarzt hier aus der Klinik. Ich weiß nicht, ob Dir schon eine Schwester oder ein anderer Arzt Bescheid gegeben hat, dass ich vorbeischaue?»

«Hallo, nein ich wusste nicht, dass Sie vorbeikommen werden. Darf ich fragen, worum es geht?»

«Klar! Da du an Tuberkulose erkrankt bist, muss ich dir einmal in die Augen schauen, um auszuschließen, dass du eine Entzündung in den Augen hast.»

«Sie meinen eine Uveitis?», fragte ich.

«Ja, woher kennst du die lateinische Bezeichnung?», erwiderte der Arzt verwundert.

«Ich habe eine juvenile idiopathische Arthritis, weshalb ich mich sowieso in regelmäßigen Abständen auf eine Uveitis untersuchen lassen muss.»

«Dann kennst du das Prozedere ja schon», meinte der Arzt, während er näher an mich herantrat.

«Ich kann dich in doppelter Hinsicht beruhigen. Sowohl die Tuberkulose als auch deine rheumatische Erkrankung haben keine Entzündung in deinen Augen ausgelöst.»

«Das freut mich zu hören», sagte ich erleichternd.

Der Arzt verließ mein Zimmer und ich begann damit, die Liste für Frau Meyer vom Gesundheitsamt zu erstellen. Die Kontaktdaten der Spieler vom Fußball hatte ich schnell beisammen, da wir für den Verein aktuelle Listen aller Spieler pflegen mussten. Bei meinen Mitschülern hingegen dauerte es deutlich länger, da ich hier zumeist nur eine Telefonnummer hatte und die Adressen bei jedem erfragen musste. Nach einiger Zeit hatte ich alle betroffenen Mitschüler angeschrieben, sodass die Langeweile erneut aufkam.

Ich hatte keine Lust mich erneut auf die Fensterbank zu hocken, sodass ich mich in mein Bett legte und einige Augenblicke später einschlief. Die Medikamente machten mich so schlapp, weshalb ich trotz der wenigen Anstrengung überdurchschnittlich viel Schlaf brauchte. Mein Schlaf dauerte solange an, bis Steffi mit der Spagetti Bolognese in mein Zimmer kam, diese auf meinen Tisch stellte und mich sanft weckte. Verschlafen schaute ich sie an, woraufhin sie mir über den Rücken strich und sagte: «Lass es dir schmecken, solange es noch warm ist.»

Kurz nachdem ich aufgegessen hatte, kam ein weiterer - mir bisher unbekannter - Mann in mein Zimmer. «Hallo Phil, ich bin Thomas und werde dich während deines Aufenthaltes behandeln. Ich hab in den Akten gelesen, dass du Einschränkungen in deinem rechten Knie hast, magst du mir etwas dazu erzählen?»

«Hallo Thomas, klar gerne», sagte ich, ehe ich ihm die Geschichte meines Knies in Kurzform erzählte.

Nachdem ich Thomas eine Zusammenfassung gegeben hatte, begann er umgehend mit der ersten Behandlung. Thomas war ein sehr kommunikativer und offener Therapeut, sodass wir binnen weniger Augenblicke in eine intensive Unterhaltung über verschiedene Ballsportarten kamen.

Für mich war es der erste Aufenthalt in einem Isolationszimmer, sodass ich Thomas fragte, ob er mir den Unterschied zu einem normalen Patientenzimmer nennen könnte. Mein Physiotherapeut lachte herzhaft, ehe er mir erklärte: «Genau genommen befindest du dich auch in einem ganz normalen Patientenzimmer. Der einzige Unterschied liegt darin, dass dein Besuch vor dem Betreten dieses wunderschöne Gewand anziehen muss.»

Nach der etwa dreißigminütigen Behandlung verabschiedete sich Thomas ins Wochenende und verließ mein Zimmer.

Am Sonntagabend kam eine Schwester in mein Zimmer und brachte mir mein Abendbrot. «Es ist gerade relativ wenig los auf der Station, weshalb ich ein bisschen Zeit zum Schnacken mitgebracht habe», sagte sie und setzte sich auf einen der Stühle in meinem Zimmer.

«Das freut mich. Ich will nicht unhöflich wirken, aber darf ich nebenbei etwas Essen? Ich habe langsam echt Hunger.»

«Klar, das darfst du. Ich hab ja meine Maske auf, sitze weit genug von dir entfernt und das offene Fenster sorgt für Frischluft. Guten Appetit!»

«Danke», sagte ich, bevor ich den ersten Happen von meinem Brot abbiss.

«Wie geht es dir heute?», wollte die Schwester wissen.

«Es gab schon Tage, an denen es mir deutlich besser ging. Durch die medikamentöse Therapie gegen die Tuberkulose musste ich meine Rheumamedikamente absetzen, weshalb ich wieder starke Einschränkungen und Schmerzen in meinem rechten Knie habe. Ich war im Januar knapp zwei Wochen in einer Spezialklinik, wo ich wirklich gute Fortschritte gemacht hatte und jetzt mach ich von Tag zu Tag Rückschritte, obwohl Thomas jeden Tag vorbeikommt und ich meine eigenen Übungen fürs Knie mache - das ist frustrierend. Dazu kommt, dass es immer noch Abende gibt, an denen ich mit starken Hustenanfällen zu kämpfen habe. Dieses Kribbeln, welches ich während des Hustens auf der Lunge habe, ist schwer zu beschreiben. Es fühlt sich so an, wie kochendes Wasser, welches blubbert - nur dass halt die Hitze fehlt.»

«Das ist wirklich frustrierend. Ist der Husten immer noch so stark wie am Anfang oder wird es langsam besser?»

«Der Husten wird langsam besser, aber es gibt immer noch Hustenanfälle, nach denen ich um Luft ringen muss. Dieses Gefühl von Luftnot wünsche ich nicht einmal meinem schlimmsten Feind.»

«Ich hatte dieses Gefühl zum Glück noch nie, aber ich bekomme es immer wieder von euch Patienten beschrieben. Durch eure Erzählungen kann ich mir ansatzweise vorstellen, was ihr in diesen Momenten durchmachen müsst.»

«Für mich ist es am schlimmsten, dass ich während dieser Luftnot meist alleine bin, da meine Eltern mich direkt morgens oder nach der Arbeit besuchen und ich die meisten Hustenanfälle kurz vor dem Zubettgehen habe. In diesen Momenten können meine Eltern zwar auch nichts für mich tun, aber es gibt mir trotzdem ein gewisses Gefühl von Sicherheit», sagte ich.

«Man möchte in diesem Moment nicht alleine sein - das hören wir auch oft von den Patienten. Deine Eltern kommen dich jeden Tag besuchen, oder?»

«Ja, meine Mutter kommt meist direkt vor der Arbeit vorbei und mein Vater direkt nach dem Feierabend. Manchmal kommen sie auch zweimal am Tag vorbei. Gestern hatte ich noch meine Tante und Oma zu Besuch.»

«Und wie sieht es mit Freunden aus? Kommen dich auch ein paar besuchen?»

«Bisher hab ich leider noch keine Freunde zu Besuch gehabt. Es schreiben mir auch nicht sonderlich viele, was mich ehrlich gesagt ein bisschen enttäuscht.»

«Das ist schade. Vielleicht schreckt deine Freunde das Isolationszimmer ab?»

«Ich weiß es nicht, aber dann könnten sie doch schreiben.»

«Du hast Recht, Phil. Vermutlich wird es dich nicht aufbauen, aber meine Kolleginnen und ich haben größten Respekt vor dir. Du bist gerade 16 geworden, hast das Leben noch vor dir und liegst hier jetzt mit einer offenen Tuberkulose. Dazu kommt deine chronische Krankheit und trotzdem hast du immer dieses verschmitzte Lächeln auf deinen Lippen.»

«Danke für deine Worte, aber was bleibt mir anderes übrig? Ich kann schließlich nicht einfach aus der Quarantäne abhauen», gab ich zur Antwort, da es mir schwer fiel die netten Worte der Schwester anzunehmen.

«Wir hatten erwachsene Patienten, die aus der Quarantäne abgehauen sind oder alle fünf Minuten wegen Kleinigkeiten geklingelt haben. Du hast bisher noch nicht einmal geklingelt, sodass wir uns schon manchmal Sorgen um dich machen.»

«Oh, für mich kommt es gar nicht in Frage wegzulaufen.»

«Das ist auch besser so. Ich muss jetzt langsam weiterarbeiten. Kann ich dir noch etwas Gutes tun?»

«Kannst du mir ein Eis bringen?», fragte ich ein wenig übermütig.

«Ich kann mal schauen, ob wir welches da haben. Bis gleich.»

Wenige Minuten später öffnete sich meine Tür erneut und Claudia , die Schwester, schaute herein. «Wir haben leider kein Eis mehr, welches magst du denn am liebsten?», wollte sie wissen.

«Magnum mit Mandelsplittern.»

Kurze Zeit später stand Claudia erneut in meinem Zimmer und reichte mir mein Lieblingseis. «Lass es dir schmecken, Phil. Wenn du in den kommenden Tagen nochmal Lust auf ein Eis hast, sag Bescheid. Ich hab eine ganze Packung im Kiosk gekauft.»

«Vielen Dank. Was kostet das?», erwiderte ich, während ich leicht verwundert darüber war, dass die Schwester extra für mich Eis kaufen gegangen war.

«Das bezahlen wir dir. Du hast es momentan schwer genug», sagte sie und ging, ehe ich noch etwas sagen konnte.

Mit meinem Eis und einer Zeitschrift, die meine Großmutter mir tags zuvor mitgebracht hatte, setzte ich mich auf die Fensterbank und las etwas über Fußball, während ich das Eis genoss.

Am Montagmorgen kam eine - mir unbekannte - Schwester in mein Zimmer und brachte mir mein Frühstückstablett, auf welchem an diesem Morgen ein zusätzlicher Becher stand. Die Schwester stellte das Tablett auf meinen Tisch, nahm besagten Becher zur Hand und sagte: «Du darfst heute dein erstes Sputum abgeben. Ich würde dich bitten, dass du vor dem Frühstück abhustest - wie das funktioniert, weißt du ja schon.»

Erfreut richtete ich mich auf und gab die Probe ab. Dann stellte ich den Becher beiseite und begann mit dem Frühstück. Unmittelbar danach rief ich meine Eltern an, um ihnen zu erzählen, dass ich mit der Sputumabgabe begonnen hatte.

Zur Entlassung aus der Quarantäne braucht es drei negative Sputumproben.

Meine Mutter warf die Frage auf, wann ich die nächste Sputumprobe abgeben sollte. Ich wusste es selber nicht, sodass ich mir diese Frage notierte, um das medizinische Personal im Laufe des Tages zu fragen.

Anschließend rief ich meinen Vater an, welcher ebenfalls Neuigkeiten für mich hatte. Er hatte erneut mit Herrn Dr. von Bismarck aus der Uniklinik telefoniert und ihm mitgeteilt, dass ich eine Punktion in dem angedachten Krankenhaus strikt ablehne. Daraufhin hatte der Arzt den Alternativvorschlag gemacht, dass ich auch bei ihm im Uniklinikum punktiert werden könnte - dann müsste ich allerdings komplett verlegt werden. «Wir würden dich natürlich weiterhin jeden Tag besuchen kommen», sagte mein Vater, sodass ich keine Angst haben musste, dass der wenige Besuch, den ich hatte, auch noch wegfiele.

«Können wir gerne so machen», stimmte ich nach kurzer Überlegung dem Vorschlag zu.

«Ich werde das deinem Arzt in der Uniklinik so weitergeben», versprach mein Vater, ehe es an meiner Tür klopfte und ich das Telefonat beendete. Es war Steffi, die eigentlich nur mein Sputum abholen wollte. «Steffi? Hat die Ärztin dir mittlerweile was wegen der Tabletten gesagt?», fragte ich sie.

«Nein, hat sie etwa immer noch nicht mit dir gesprochen? Wie nimmst du die Tabletten den aktuell?», reagiert sie leicht verwundert.

«Nein! Ich weiß nicht einmal, wie sie aussieht. Die einzige Ärztin, die ich im Zuge meines Aufenthaltes gesehen habe, habe ich bei meiner Aufnahme am Mittwoch gesehen. Diese Ärztin sagte meinen Eltern und mir allerdings direkt bei der Aufnahme, dass sie nicht für mich zuständig ist. Meine momentane Ärztin hat bisher zweimal etwas über meine Eltern ausrichten lassen. In meinem Zimmer war sie jedoch noch nicht. Die Tabletten nehme ich immer noch so, wie in der vergangenen Woche», entgegnete ich.

«Oh, wenn ich sie das nächste Mal sehe, werde ich sie mal darauf ansprechend, dass das nicht geht. Wie man sieht, hast du ja auch deine eigenen Fragen.»

«Genau. Eine weitere Frage ist tatsächlich heute Morgen aufgekommen: Wann darf ich das nächste Sputum abgeben?»

«Das wird von der Ärztin angeordnet. Bisher steht nur das heutige Sputum in deiner Patientenakte», sagte sie und ging.

Bis zur Physiotherapie am Nachmittag, ähnelte der Tag den Tagen zuvor. Thomas kam an diesem Tag voll motiviert in meinem Zimmer und wollte mir einige Übungen zeigen, die ich in nächster Zeit selbständig machen sollte. Die Motivation wurde jedoch gedämpft, als ich die Übungen nachmachte und diese aufgrund von starken Schmerzen mehrfach abbrechen musste. Nach einigen Anläufen brachen wir die aktive Therapiestunde ab, sodass Thomas mein Knie wieder passiv dehnte.

Mein Vater kam nach seinem Feierabend zu Besuch und erzählte mir von einem weiteren Telefonat mit meinem neuen Rheumatologen aus der Uniklinik: «Herr Dr. von Bismarck hat sich vergeblich um deine Verlegung ins Uniklinikum bemüht. Die behandelnden Ärzte aus dieser

Klinik entlassen dich erst, wenn du nicht mehr quarantänepflichtig bist - auch eine Verlegung kommt für sie nicht in Frage.»

Ich war enttäuscht, da die Untersuchung - wegen welcher eine Verlegung betrachtet wurde - Aufschluss über meine Erkrankung gegeben hätte.

Eine solche Untersuchung hätte in dem Krankenhaus durchgeführt werden können, in welchem ich im Vorjahr schlechte Erfahrung gemacht habe, weshalb ich das Klinikum fortan vermied. Da ich für meine Quarantäne in einem komplett anderen Klinikum untergebracht war, hätte ich so oder so verlegt werden müssen. Mir ist bis heute nicht geläufig, warum ich in das eine Klinikum hätte verlegt werden können, während die Uniklinik unter keinen Umständen in Frage kam.

Am Abend saß ich nachdenklich auf der Fensterbank. Das Gespräch mit Claudia schwebte mir noch immer in den Gedanken und ich realisierte, dass ich - abgesehen von meiner Familie - in dieser Zeit ziemlich auf mich allein gestellt war. Bis auf Philip und Alex, von denen ich häufig Nachrichten bekam, hatten sich alle Freunde zurückgezogen. Vor meiner Erkrankung waren meine Kontakte um einiges zahlreicher gewesen, doch in dieser Zeit schrumpften sie auf ein Minimum.

Neben meinen Freunden enttäuschte mich vor allem eine Person in dieser Zeit: meine Ärztin. Mein fünfter Behandlungstag war mittlerweile fast vergangen und noch immer hatte sie sich nicht bei mir sehen lassen. Die - für mich - wichtigen Fragen zur Einnahme der Medikamente und zur Abgabe meines Sputums beantwortete sie nicht, aber die Verlegung in ein anderes Klinikum, welches ich aufgrund von ihrem abweisenden Verhalten wahrlich präferiert hätte, lehnte sie ab. Durch die Nachlässigkeit der Ärztin wusste ich noch nicht einmal, ob die Tabletten überhaupt zerkleinert werden konnten.

Mein Husten hatte sich seit Beginn des Klinikaufenthaltes nur minimal verbessert, sodass ich mir Gedanken darüber machte, ob die Tabletten überhaupt wirkten. Zusätzlich zu meinen mentalen Sorgen wurden meine rheumatischen Beschwerden immer schlimmer, sodass ich erneut auf meine Gehhilfen und die Hilfe von anderen Leuten angewiesen war.

Ich schaute auf die dunkle Straße hinunter und bemerkte, wie eine Träne nach der anderen über mein Gesicht lief. In der vergangenen Zeit war ich ein ständiges Auf und Ab in meinem Leben gewöhnt, doch nach der Talfahrt der vergangenen Woche war ich an meinem absoluten Tiefpunkt angelangt - mental und physisch. Die Ziele, die ich zuvor verfolgt hatte, waren in diesem Moment wie vom Erdboden verschlungen. Ich erkannte mich selbst kaum wieder und schaute auf mein Trikot an der Wand - doch nicht einmal dieses und der Gedanke irgendwann wieder Fußball zu spielen, holten mich aus diesem Tief.

Es vergingen weitere Stunden, in denen ich auf die Straße schaute und mich fragte, was aus mir geworden ist. Aus dem Jungen, der noch einige Wochen zuvor so motiviert war. Ich fand keine Antworten auf diese tiefgreifende Frage, sodass ich mich an diesem Abend völlig deprimiert ins Bett legte und regungslos die Decke anstarrte, bis ich einige Stunden später einschlief.

Eine mir bekannte Frauenstimme weckte mich am nächsten Morgen. Es war Steffi, die sich bei einer Apothekerin im Klinikum erkundigt hatte und mir mitteilen konnte, dass die Tabletten zerkleinert werden konnten, ohne dabei ihre Wirkung zu verlieren. Sie reichte mir mein Frühstück, meine Tabletten und holte einen zylinderförmigen Gegenstand aus ihrer Hosentasche. «Wer seine Tabletten nicht im Ganzen schlucken kann, muss sie wenigsten selber zerteilen», sagte sie grinsend und überreichte mir den unbekannten Gegenstand.

«Was ist das?», wollte ich wissen.

«Das ist ein Mörser - den drehst du auf, legst deine Tabletten herein und dann drehst du ihn wieder zu, wobei du die Tabletten zermahlst. Dann müssen deine Zähne nicht mehr drunter leiden», erklärte sie mit einem Zwinkern.

«Du tust so unfassbar viel für mich, Steffi. Ich weiß das zu schätzen», versuchte ich meine Anerkennung zum Ausdruck zu bringen.

«Ich mache nur meinen Job», gab sie bescheiden zurück und wandte sich Richtung Tür.

«Bevor du gehst, habe ich noch eine Frage: Wann darf ich mein nächstes Sputum abgeben?»

«Das kann ich dir leider nicht sagen, aber ich werde notieren, dass du gerne mal mit der Ärztin persönlich sprechen willst. Ich hoffe sie kommt dann endlich mal persönlich zu dir», meinte Steffi, bevor sie mein Zimmer verließ.

Ich stand von meinem Bett auf und wollte mich mit meinem Frühstückstablett an den Tisch vor das Fenster setzen, doch mein Knie war wieder schmerzhaft. Bereits das Auftreten bereitete mir so viele Schmerzen, dass ich mich dazu entschloss, das Frühstück an diesem Morgen in meinem Bett einzunehmen und zusätzlich eine Schmerztablette bei den Schwestern anzufordern. Nach einer Weile besserten sich die Schmerzen, sodass ich mich wenigstens etwas in meinem Zimmer bewegen konnte.

Da ich von der Ärztin keine Medikamente zur Vorbeugung einer Thrombose verordnet bekam, war ich gewissermaßen gezwungen mich ausreichend zu bewegen, sodass ich eine Thrombose eigenständig verhinderte.

Am frühen Nachmittag öffnete sich meine Tür und Alexander trat rein. Alexander war ein guter Freund von mir, welcher mich in meiner krankheitsbedingten Abwesenheit als Fußballtrainer vertrat und in der kommenden Saison den Trainerposten von Philip übernehmen sollte. Ich schaute ihn etwas perplex an, da er das Quarantänezimmer ohne jegliche Schutzkleidung betrat, doch bevor ich ihn darauf hinweisen konnte, standen die Schwestern bereits im Türrahmen.

«Junger Mann! Sie können nicht einfach so in ein Quarantänezimmer gehen», ermahnten sie ihn aufgebracht.

«Ich hab Burger für Phil dabei - die isst man bekanntlich warm», entgegnete Alexander, als er mir die Tüte einer Fast-Food-Kette überreichte.

Phil Oliver Ladehof

Während ich mich an den Tisch setzte und mit dem Essen meiner Burger begann, verließ Alex das Zimmer kurzzeitig und zog sich die benötigte Schutzkleidung an. Nachdem er zurück war, unterhielten wir uns über unser liebstes Hobby - den Fußball. Alexander richtete mir die zahlreichen Genesungswünsche der Jungs aus, ehe wir uns über die vergangenen Trainingseinheiten und das bevorstehende Auswärtsspiel am Wochenende austauschten.

«Bist du am Wochenende wieder dabei?», wollte Alexander wissen.

«Nein, ich denke nicht. Ich brauche drei negative Proben und habe erst eine abgegeben.»

«Schade, die Jungs vermissen dich und fragen immer wieder, wann du zurück kommst.»

«Ich vermisse sie auch. Richte ihnen aus, dass es noch ein Weilchen dauert, bis ich zurück bin.»

«Mach ich. Ich muss jetzt weiter zu meinem eigenen Training. Wir hören voneinander, bis dann», sagte Alexander, während er sich von seinem Stuhl erhob und Richtung Tür ging.

«Bis dann und danke für Deinen Besuch.»

Der Besuch hatte meine Meinung deutlich verbessert, ich verstand zwar immer noch nicht, warum sich meine Freunde so selten meldeten, aber anscheinend hatten sie mich doch nicht ganz vergessen.

Ich hatte mich gerade wieder in mein Bett gelegt, da kam mit meinem Vater der nächste Besucher in mein Zimmer.

«Hast du mittlerweile mit der Ärztin reden können?», fragte ich ihn zum wiederholten Male.

«Nein, ich habe aber die Schwestern drauf angesprochen. Die wollten sich nochmal mit der Ärztin in Verbindung setzten.»

«Steffi hat schon so oft mit der Ärztin gesprochen, aber die scheint sich einen Scheiß für mich zu interessieren. Ich weiß nicht mal, wie die aussieht - die war ja noch nie hier.»

«Ich weiß, Phil. Sie hat sicher viel zutun», versuchte mein Vater mich zu beruhigen.

«Sie muss nicht jeden Tag zu mir kommen, aber in den vergangenen fünf Tagen hätte sie es ja wohl wenigstens einmal hierher schaffen können.»

«Wir warten jetzt noch ein Weilchen und sonst werde ich nochmal zu den Schwestern gehen.»

Es vergingen weitere Stunden, sodass mein Vater zu den Schwestern ging und erneut nach meiner Ärztin fragte. Die Schwestern hatten auch kein Interesse mehr, uns weiter zu vertrösten, sodass sie meinem Vater die Möglichkeit gaben, die Ärztin mit dem Diensttelefon anzurufen. «Ich bin noch bis 20 Uhr in der Notaufnahme beschäftigt und werde dann zu Ihrem Sohn aufs Zimmer kommen», versprach die Ärztin meinem Vater.

Es war weit nach 23 Uhr als die Nachtschwester in mein Zimmer kam und meinen Vater bat, die Klinik zu verlassen. «Wir warten noch auf meine Ärztin», sagte ich.

«Es tut mir leid, aber deine Ärztin ist schon seit 20:20 Uhr im Feierabend. Dein Papa kann morgen wieder kommen», entgegnete sie, ehe mein Vater und sie mein Zimmer verließen.

Nachdem die beiden das Zimmer verlassen hatten, hocke ich mich einmal mehr auf die Fensterbank und stellte mir die Frage, warum die Ärztin mir so dermaßen aus dem Weg ging. Es war eine Frage, auf die ich keine Antwort finden konnte, weshalb ich nach einer Weile enttäuscht und vor allem unzufrieden schlafen ging.

«Guten Morgen, Phil. Heute ist Visite, sodass die Ärzte auf jeden Fall zu dir kommen werden und du deine Fragen stellen kannst», verkündete Steffi als sie mir das Frühstück brachte und mich damit aus dem Schlaf riss.

«Guten Morgen. Das ist schön zu hören. Mein Vater und ich haben gestern bis 23 Uhr auf die Ärztin gewartet - leider vergebens. Die Ärztin ist nicht mehr in mein Zimmer gekommen.»

«Heute werden deine Fragen geklärt - versprochen. Jetzt genieß aber erstmal dein Frühstück - ich hab dir heute Morgen sogar einen Kakao gemacht», sagte Steffi, während sie auf das Tablett zeigte.

146

«Danke.»

Als Steffi ihren morgendlichen Rundgang durch die anderen Zimmer fortsetzte, stand ich auf und fing mit dem Frühstück an.

Es war kurz vor 10 Uhr als sich meine Zimmertür öffnete und vier Ärzte in mein Zimmer kamen. Der Chefarzt begann sich und seine Kollegen vorzustellen. Die einzige Ärztin in der Runde stellte er jedoch nicht vor, weshalb ich fragte, wer die Frau neben ihm sei.

«Das ist Frau Franzen. Sie ist die Ärztin der Station und für dich zuständig.»

«Ach, Sie sind Frau Franzen. Schön Sie auch mal zu sehen. In der Vergangenheit waren Sie für mich ja nie erreichbar», sprach ich sie direkt an.

«Wie meinst du das», wollte der Chefarzt nun wissen.

«Seit meiner Aufnahme vor genau einer Woche war Frau Franzen nicht einmal in meinem Zimmer. Der einzige Arzt, der in der vergangenen Woche bei mir war, war der Augenarzt, der eine Uveitis ausgeschlossen hat. Wann immer ich Fragen hatte, die durch einen Arzt beantwortet werden mussten, mussten meine Eltern oder die Schwestern zwischen Frau Franzen und mir vermitteln. Am gestrigen Tag hat sie meinem Vater telefonisch zugesagt, dass sie zeitnah mein Zimmer aufsucht, damit meine Fragen geklärt werden können. Mein Vater und ich warteten bis in die späten Nachtstunden vergeblich auf Frau Franzen.»

Während ich meine Unzufriedenheit deutlich zum Ausdruck brachte, schaute ich immer wieder in Richtung Frau Franzen, die sich immer weiter von dem Chefarzt distanzierte und den Abstand zur Tür verkürzte.

«Wir klären das gleich in meinem Büro», sagte der Chefarzt an Frau Franzen gewandt, worauf diese einen weiteren Schritt Richtung Tür machte.

«Welche Frage lag dir denn gestern so auf dem Herzen, dass ihr solange auf die Ärztin gewartet habt?», wollte er nun von mir wissen.

«Ich hab vor zwei Tagen die erste Sputum-Probe abgegeben und würde gerne wissen, wann ich die weiteren Proben abgeben darf», führte ich an.

«Eigentlich kannst du diese an drei aufeinanderfolgenden Tagen abgeben. Ich entschuldige mich, dass jetzt zwei Tage im Sande verlaufen sind. Wenn alles richtig gelaufen wäre, hättest du heute deine letzte Probe abgegeben. Die Schwestern werden gleich von mir darüber informiert, dass du morgen und übermorgen jeweils eine Probe abgeben sollst. Hast du weitere Fragen?»

«Nein, habe ich nicht. Ich hätte nur eine Bitte für die verbleibende Zeit: Wenn ich Fragen habe, möchte ich diese gerne direkt mit einem Arzt besprechen und nicht über Eltern oder Schwestern ausrichten lassen», gab ich ausdrücklich zu verstehen.

«Ich werde mich darum kümmern! Wenn du sonst keine Fragen mehr hast, würden wir weitergehen. Einen schönen Tag noch.»

«Vielen Dank. Das wünsche ich Ihnen auch», sagte ich.

Nachdem die Mediziner mein Zimmer verlassen hatten, kehrte die bekannte und fast schon unangenehme Stille zurück in den Raum. Die Ruhe wurde erst am Nachmittag unterbrochen, als Thomas zur Therapie vorbeikam.

Thomas hatte an diesem Tag einen Praktikanten dabei, sodass wir uns während der Behandlung nicht so intensiv unterhalten konnten, wie an den anderen Tagen. Der Praktikant und auch ich lauschten Thomas gespannt, während er jeden seiner Behandlungsschritte einzeln erklärte. Nachdem Thomas die relevanten Übungen für mein Knie gezeigt hatte, durfte der Praktikant, welcher übrigens Jonas hieß, diese wiederholen und verinnerlichen. Jonas hatte Thomas zuvor aufmerksam zugehört und gezielte Verständnisfragen gestellt, sodass Thomas nur wenig kritisieren konnte. Seitdem die Schwestern Eis für mich gekauft hatten, war es üblich, dass Thomas nach der Behandlung ein Eis bei den Schwestern für mich holte. An diesem Tag wollte Thomas jedoch nochmal unter vier Augen mit mir reden, sodass er Jonas zum Eis holen schickte.

Der Praktikant war noch nicht ganz aus dem Raum raus, da wandte sich Thomas zu mir und fragte: «Was hast du denn heute morgen bei der Visite erzählt? Ich saß vorhin im Schwesternstützpunkt, als der Chefarzt im Nachbarzimmer mit Frau Dr. Franzen redete. Ihr Verhalten dir gegenüber hat Konsequenzen für sie.»

«Ich habe in der Visite angeführt, dass ich seit meiner Aufnahme keinen Arzt mehr gesehen habe und meine Fragen an die Ärztin immer über Dritte an sie weitergegeben werden mussten, da sie nie zu mir gekommen ist.»

«Okay, dann ist deine Beschwerde aber auch absolut gerechtfertigt - so ein Verhalten geht gar nicht», bestätigte mir Thomas in dem Moment, als Jonas wieder in mein Zimmer kam und mir mein Eis reinreichte.

«Danke für das Eis und bis morgen», sagte ich, bevor Thomas und Jonas sich von mir verabschiedeten und weitergingen.

Am Freitagmorgen hustete ich mein letztes Sputum ab. Ich stellte das Röhrchen auf meinem Tisch ab und schaute noch ein Weilchen darauf. Diese 2-3 Milliliter sollten nun darüber entscheiden, ob ich aus der Quarantäne und somit in die Freiheit entlassen werde, oder ob ich noch drei weitere Sputumproben abgeben musste.

Ein positives Sputum hat zur Folge, dass drei Sputumproben abgenommen werden müssen.

In diesem Moment hatte ich kein gutes Gefühl, da ich immer noch von starkem Husten geplagt war und dieses unbeschreibliche Blubbern in der Lunge immer wiederkehrte. Obwohl dieses Blubbern zum Teil starke Panikattacken in mir auslöste, wollte ich möglichst schnell nachhause. Ich war in einem Krankenhaus, in dem die Ärztin sich kein bisschen um mich kümmerte - daran hatte auch die Rüge des Chefarztes nichts geändert. Durch das Verhalten der Ärztin hatte ich das Gefühl, dass sie sich auch bei einem medizinischen Notfall nicht um mich kümmern würde, wodurch meine Panikattacken in der Klinik stärker waren als zuvor zuhause. Ein weiterer Auslöser für Panikattacken waren die Geräusche, die ich in meiner ersten Nacht aus dem Nachbarzimmer gehört hatte. Diese spielten sich immer und immer wieder in meinem Kopf ab. Ich hatte Sorge qualvoll und hilflos zu ersticken, wenn ich so lang auf Hilfe warten müsste, wie der Patient im Nachbarzimmer.

Durch eine Schwester, die in mein Zimmer kam, um mein Sputum abzuholen, wurde ich aus meinem Gedankenkarussell geholt. «Dann hoffen wir mal, dass das Sputum negativ ist und du bald nachhause darfst», sagte sie, ehe sie mein Zimmer verließ.

«Das hoffe ich auch», entgegnete ich, doch die Tür war schon wieder verschlossen.

Ich kehrte einen Augenblick zurück in meine Gedankenwelt, ehe ich den Fernseher einschaltete und damit versuchte diesen Gedanken zu entfliehen. Es funktionierte nicht komplett, da die beängstigenden Gedanken immer mal wieder aufkamen, doch es half mir dennoch.

Einen Tag später hatte meine F-Jugend das erste Spiel der Rückrunde. Die Eltern schrieben in der Mannschaftsgruppe über das aktuelle Spielgeschehen, sodass ich immer auf dem neusten Stand war. Den Nachrichten der Eltern war zu entnehmen, dass unsere Jungs gut aus der Winterpause gekommen waren und dem Gegner überlegen waren - doch die Euphorie, die ich noch einige Wochen zuvor hatte, blieb aus. Im vergangenen Jahr hatte ich mich, bis auf wenige Ausnahmen, immer zum Training geschleppt. Durch die medikamentöse Therapie gegen die Tuberkulose war ich jedoch so geschafft, dass ich sogar im Krankenhaus zwischen 12 und 16 Stunden schlief - obwohl ich keinerlei körperlicher Belastung ausgesetzt war. Die Jungs gewannen das Spiel und ließen mir nach dem Spiel ein Bild, viele Grüße und ausreichend Genesungswünsche zukommen, was meine Stimmung temporär verbesserte und mich zusätzlich motivierte, so schnell wie möglich aus der Quarantäne entlassen zu werden und auf den Platz zurückzukehren.

Ich hatte am Montag gerade mit meinem Frühstück begonnen, als der Oberarzt in mein Zimmer kam: «Guten Morgen, Phil. Zum Beginn der Woche habe ich eine gute und eine schlechte Nachricht für Dich.»

«Welche Nachrichten sind das denn?», wollte ich verunsichert wissen.

«Dein Sputum ist negativ. Du darfst noch heute wieder nachhause.»

«Wirklich? Was ist denn dann die schlechte Nachricht?»

«Ja, wirklich. Die schlechte Nachricht ist, dass du uns heute verlassen wirst», sagte der Oberarzt grinsend, ehe er anführte, dass er später nochmal zu mir kommen würde.

«Bis später», meinte ich erfreut und schaute ihm nach als er mein Zimmer verließ.

Nachdem ich mein Frühstück aufgegessen hatte, informierte ich meine Eltern über die freudige Nachricht und wollte gerade mit dem Packen beginnen, da kam Steffi herein: «Hey. Du hast sicherlich schon mitbekommen, dass du gleich nachhause darfst. Bevor das später in der Eile untergeht, wollte ich mich jetzt schon mal von dir verabschieden. Fürs Pflegepersonal warst Du ein sehr angenehmer Patient, da du nie wegen Nichtigkeiten geklingelt hast und dich zu jeder Zeit an die Quarantäneregeln gehalten hast. Wir wünschen dir alles, alles Gute und hoffen, dass du nicht so schneller wieder ins Krankenhaus musst - du hast mit 16 Jahren schon mehr erlebt, als andere in ihrem ganzen Leben», sagte sie.

«Danke Dir, Steffi. Ich werde dich, das Pflegepersonal und auch Thomas in guter Erinnerung behalten, da ihr in dieser Zeit soviel für mich gemacht habt.»

«Sehr gerne», entgegnete Steffi, ehe sie auf mich zukam und mir eine Umarmung zur Verabschiedung gab.

Steffi verließ das Zimmer, sodass ich meine Tasche packte und auf die Entlass-Papiere wartete.

Nachdem Steffi sich verabschiedet hatte, kam der Oberarzt erneut in mein Zimmer. In seiner rechten Hand hielt er einige Papier, die er mir auf den Tisch legte, um mir die wichtigste Textpassage zu zeigen. Auf der zweiten Seite stand es schwarz auf weiß: «Die drei abgegebenen Sputumproben des Patienten zeigten keine säurefesten Stäbchen, sodass der Patient nun nicht mehr isolationspflichtig ist.»

«Dürfen mich meine Eltern jetzt abholen?», fragte ich mit einem leichten Lächeln auf den Lippen.

«Ja, Du darfst jetzt abgeholt werden. Bevor du deine Eltern anrufst, möchte ich mich jedoch von dir verabschieden und mich nochmals für das Verhalten von Frau Dr. Franzen entschuldigen. Der Chefarzt und ich sind dir dankbar, dass du das so offen angesprochen hast. Vermutlich ist es ein schwacher Trost für dich, aber ihr Verhalten hat Konsequenzen für sie. Wir wünschen dir alles Gute und hoffen, dass die medikamentöse Therapie weiterhin so reibungslos von statten geht»

«Vielen Dank, das wünsche ich mir auch.»

Nachdem der Oberarzt gegangen war, rief ich meine Eltern an und bat sie darum, dass sie mich möglichst schnell abholten.

Zwanzig Minuten später stand mein Vater in meinem Zimmern, sodass ich endlich nachhause konnte. Wir nahmen meine Sachen und verließen den Raum, welchen ich in den vergangen zwölf Tagen nicht einmal verlassen durfte. Während mein Vater bereits auf dem Weg zum Schwesternstützpunkt war, drehte ich mich nochmal um und blickte in den Raum zurück. Die Stille und Leere in diesem Raum, hatten mir in den vergangenen Tagen viele schlechte Gedanken beschert, sodass ich in dieser Zeit einen Teil meiner Lebensenergie und -motivation verloren hatte. Nach einer Weile des Nachdenkens folgte ich meinem Vater. Bevor wir in den Aufzug stiegen, verabschiedete ich mich noch kurz von den Schwestern im Schwesternstützpunkt.

In dem Moment als wir durch die Schiebetüren der Klinik traten und ich wieder frische Luft atmen konnte, realisierte ich so langsam, dass meine Quarantäne beendet war und freute mich auf das, was die nähere Zukunft bereithielt.

Wenn ich heute auf die Tuberkulose-Zeit zurückblicke, kann ich auch einige positive Aspekte aus ihr herausziehen - wenngleich ich diese Aspekte gerne auf eine andere Art und Weise gelernt hätte. Zum einen zeigte mir die Erkrankung einmal mehr, dass man auf die Signale seines Körper hören sollte. Ich hab auf die

Signale meines Körpers gehört, weshalb ich auf ein Sputum gedrängt habe und die Tuberkulose in einem vergleichsweise frühen Stadium behandelt werden konnte. Darüber hinaus lernte ich in dieser Zeit, dass es nur wenige Freunde gibt, auf die man sich in den schlimmsten Momenten verlassen kann. Damals hat es mich enttäuscht, aber heute ist es der Grund dafür, dass ich nur noch wenige Freundschaften aufbaue, welche dafür weitaus tiefer gehen. Als letzten positiven Aspekt möchte ich einen Punkt hervorheben, welcher auf den ersten Blick nicht wirklich positiv erscheint: Ich hab mich intensiv mit dem Thema „Sterben" auseinandergesetzt, weil niemand von den Ärzten eine Prognose abgeben wollte. Es führte mir vor Augen, dass unsere Zeit auf diesem Planet verdammt begrenzt ist und schneller vorbei sein kann, als uns lieb ist, wodurch ich die guten Momente und Tage vielmehr zu schätzen weiß.

A m Abend meiner Entlassung gingen meine Eltern und ich gemeinsam bei unserem Lieblingschinesen essen. Noch bevor wir uns am Buffet bedienten, wollte ich meinen Eltern jedoch eine Entscheidung mitteilen.

«Mama? Papa? Während der vergangenen Tage hatte ich viel Zeit zum Nachdenken, weshalb ich mich auch intensiv mit der Schulthematik auseinandergesetzt habe. Ich habe für mich die Entscheidung getroffen, dass ich die Prüfung in diesem Jahr nicht mitschreiben und die 10. Klasse wiederholen möchte. Die Zeit in der Quarantäne hat mir gezeigt, wie kraftlos ich bin, sodass mir die Energie für die langen Schultage fehlt. Da ich in naher Zukunft wieder nach Garmisch in die Klinik muss, werde ich mich vorerst auf meine Genesung fokussieren und die Schule hinten anstellen.»

Meine Eltern zeigten sich verständnisvoll und versicherten mir gleichermaßen, dass sie vollkommen hinter meiner Entscheidung stünden. Ich nahm die Reaktion meiner Eltern erfreut zur Kenntnis und hob mein Glas mit den Worten: «Auf meine Entlassung.»

Wir stießen miteinander an, ehe es zum Buffet ging. Dies war meine erste Mahlzeit nach dem Einheitsbrei der Klinik, weshalb ich von den ganzen Leckereien gar nicht genug bekommen konnte. Gebratene Nudeln, gebratener Reis, gebackene Hähnchenbrust, geröstete Ente oder Peking Suppe - ich wusste nicht, wo ich anfangen bzw. aufhören sollte. Während ich einen Teller nach dem anderen verspeiste, sprachen wir drei über die vergangenen beiden Wochen. In diesem Gespräch sprachen wir mehrfach über die abweisende Haltung der Ärztin aus dem Klinikum, wodurch mir erneut bewusst wurde, dass ein guter und engagierter Arzt heutzutage eine Rarität darstellt. Unser Gespräch ging bis tief in die Nacht, sodass ich mich nach unser Heimkunft komplett erschöpft in mein Bett fielen ließ und sofort einschlief.

Drei Tage nach meiner Entlassung fuhren meine beiden Cousins, meine Oma und ich in das Ferienhaus meiner Familie. Ich freute mich auf die gemeinsame Zeit mit ihnen, da wir uns im Vorjahr nur selten gesehen hatten.

Unmittelbar nach unserer Ankunft machten wir vier uns auf den Weg in ein kleines Café mit Blick auf die stürmische Nordsee. Wir tranken heiße Schokolade, während wir auf die sich brechenden Wellen schauten und uns in ein intensives Gespräch vertieften. Meine Cousins zeigten sich interessiert an meinen Erfahrungen und Erlebnissen während der Quarantäne, schafften es aber auch mich mit anderen Gesprächsthemen aus diesem „Krankheitsalltag" herauszuholen.

Ich habe oftmals die Erfahrung gemacht, dass die Geschichten eines Kranken bei solchen Zusammenkünften im Mittelpunkt stehen, sodass andere Gesprächsthemen kaum oder gar nicht zur Sprache kommen. In den meisten Fällen ist es eine Sache der Höflichkeit, sich über die Krankheit einer Person zu unterhalten. Mir persönlich geht es jedoch viel besser, wenn die Gespräche über meine Krankheit sich auf ein Minimum reduzieren, da die Krankheit somit zumindest für einen Augenblick an Präsenz verliert.

Meine Cousins sprachen über die spektakulärsten Erlebnisse, die sie bei ihren Reisen in der Vergangenheit erlebt hatten. Mein älterer Cousin erzählte von seinem Auslandsjahr in Australien, wo er die Bauern bei der Baumwollernte unterstützt hatte und eine Baumwollpflückmaschine lichterloh in Flammen aufgegangen war. Außerdem schilderte er seine Erfahrungen, die er im Zuge diesen Jahres im Tagebau gemacht hatte. Sein kleiner Bruder hingegen sprach von seiner Rundreise durch Neuseeland und seiner Zeit in den Staaten. Ich genoss das Gespräch, da ich meine Schmerzen und meine Abgeschlagenheit für einen Moment vollkommen vergessen bzw. ausblenden konnte.

Erst nachdem wir die Rechnung bezahlten und uns auf den Heimweg machten, holte mich der Krankheitsalltag wieder ein. Die letzte Einnahme meiner Rheumamedikamente lag mittlerweile knapp vier Wochen zurück, sodass die Entzündungen in voller Stärke zurückgekehrt waren und mich bei jedem Schritt plagten. Meine Oma und ich bewegten uns in dem gleichen Schneckentempo, sodass wir beiden meinen Cousins nicht hinterherkamen.

Im Ferienhaus setzten wir das Gespräch fort, ehe unsere Oma das Abendessen auf den Tisch stellte. An diesem Abend aßen wir Schweinebraten mit Kroketten, Rotkohl und Bohnen. Damals wie heute stürzten meine Cousins und ich uns auf die Kroketten und verschlangen eine nach der anderen - vermutlich wäre eine Mahlzeit nur aus Kroketten für uns drei komplett ausreichend gewesen.

Nachdem Abendessen genoßen wir die Wärme des Kamins und spielten noch ein paar Runden Karten, bevor ich mich ins Bett verabschiedete.

Trotz meiner Müdigkeit konnte ich an diesem Abend nicht einschlafen, sodass ich über den tollen Tag mit meiner Familie nachdenken konnte. Mir tat die Zeit mit meinen Cousins und meiner Oma wahrlich gut, da sie mich von meinen eigentlichen Sorgen und Ängsten ablenkten. Sie waren interessiert an meiner Erkrankung, zeigten aber auch, dass es so viele andere Themen gab, über die gesprochen werden konnte und sollte. Ich war erfreut, dass meine Krankheit nicht der Mittelpunkt der Gespräche war und freute mich bereits auf die folgenden Tage.

Als ich am nächsten Morgen wach wurde, stand die Sonne bereits hoch am Horizont, wodurch ich aufs Neue daran erinnert wurde, dass ich noch sehr geschwächt war. Ich ging die Treppen hinunter ins Wohnzimmer, wo meine Großmutter an dem großen Frühstückstisch saß. „Guten Morgen, Oma. Sind die Jungs noch nicht wach?", wollte ich wissen.

«Hallo, Phil. Die Jungs sind schon seit ner Stunde beim Kiten. Hast du mal auf die Uhr geschaut?»

«Nein», antwortete ich, bevor ich mich umdrehte, auf die Wanduhr schaute und feststelle, dass es bereits kurz nach 12 Uhr war.

«Wollen wir an die Mole gehen und ihnen beim Kiten zusehen?», fragte ich meine Oma.

«Du musst erstmal frühstücken und deine Tabletten nehmen - du bist eigentlich schon viel zu spät dran. Wenn die beiden dann noch nicht zurück sind, können wir gerne zur Mole gehen.»

Ich schaute meinen Cousins gerne beim Kitesurfen zu, sodass ich mich an diesem Morgen besonders beeilte.

«Ich bin fertig. Wollen wir los?», fragte ich meine Oma, während ich meine letzte Tablette zerkleinerte und in meinen Joghurt tunkte.

«Ja, ich bin gleich soweit.»

Wenig später gingen meine Oma und ich an die nahegelegene Mole, wobei schleichen die bessere Beschreibung für unser Fortbewegungstempo gewesen wäre. Meine Oma schob ihren Rollator, während ich mich mit den Krücken vorwärts bewegte und wir beide ganz langsam ein Bein vor das andere setzten. Als wir an der Mole ankamen, setzten wir uns auf eine Bank, schauten den Jungs beim Kiten zu und ließen uns von dem kalten Westwind durchpusten.

Jedes Mal, wenn ich dort saß und die Kiter beobachtete, war ich erstaunt darüber, wie harmonisch das Gesamtbild aller Kiter aussah. Häufig bewegten sich viele Kiter auf engem Raum, wobei es trotzdem nie zu Kollisionen kam, da jeder sich und seinen Kite genauestens unter Kontrolle hatte. Diese Umsicht und die Präzision faszinierten mich an den Kitern, sodass ich ihnen trotz eisiger Temperaturen gerne zuschaute.

Nach einiger Zeit wurde es meiner Oma und mir dann aber doch zu kalt, sodass wir wieder zum Ferienhaus zurückkehrten, uns vor den warmen Kamin setzten und unser Lieblingskartenspiel - Phase 10 - spielten. Während wir am Kartenspielen waren, sprach meine Oma nochmal meine Tuberkulose-Erkrankung an, wobei sie vielmehr einen lauten Monolog mit sich selbst führte: «Als ich noch ein kleines Mädchen war, war die Tuberkulose eine deutlich präsentere Erkrankung, an der viele Menschen gestorben sind, trotzdem habe ich niemanden gekannt, der an ihr erkrankt ist. Heutzutage ist die Krankheit kaum noch existent und es erkrankt jemand aus unserer Familie. Das ist doch verrückt.»

«Du hast Recht, Oma. Heutzutage erkranken nur noch 5 von 100.000 Menschen an Tuberkulose. Aber dadurch, dass diese fünf Personen auch Familie haben, gibt es eben immer noch Familien, in denen es Erkrankte gibt. Wir sollten froh sein, dass ich niemanden von euch angesteckt habe und das mein Körper die Therapie gut angenommen hat.»

Meine Oma stimmte mir lächelnd zu und nickte, ehe sie die Karten für eine weitere Runde austeilte. Wir waren so vertieft ins Kartenspielen, dass wir zuerst gar nicht mitbekamen, dass meine Cousins wieder im Wohnzimmer standen.

Nachdem wir die beiden bemerkt hatten, unterbrachen wir das Spiel und aßen gemeinsam den leckeren Zimt-Schoko-Kuchen von unserer Oma. Während meine Cousins sich an meine Oma wandten und ihr sagten, dass der Kuchen diesmal besonders gut sei, schmeckte ich rein gar nichts. Es war, als würde ich auf Watte herumkauen. Der Chefarzt während meiner Isolation hatte mir bereits angekündigt, dass die Geschmacksnerven durch die Antibiotika-Therapie in Mitleidenschaft gezogen werden und es zu temporärem Geschmacksverlust kommen kann. Dennoch war ich erstaunt, dass dieser sich so plötzlich und verzögert bemerkbar machte. Ich wollte die Sprache in diesem Moment nicht auf meine Krankheit bzw. die Begleiterscheinungen der Therapie lenken, weshalb auch ich meiner Oma zu verstehen gab, dass der Kuchen mir ausgesprochen gut schmeckte.

Nachdem wir uns an Omas Kuchen satt gegessen hatten, gingen wir vier noch eine große Runde über den Deich spazieren und blickten auf die Nordsee und das Watt, welches durch die Ebbe zum Vorschein kam. Die salzige Meeresluft pustete uns eiskalt ins Gesicht, während wir uns über unseren letzten gemeinsamen Skiurlaub in Trysil (Norwegen) unterhielten. Meine Erkrankung spielte zu dem Zeitpunkt dieser Reise noch keine Rolle, sodass wir drei uns tagein tagaus von früh bis spät die schneebedeckten Berge herunterstürzten. Lediglich die Mittagspausen verbrachten wir bei einer heißen Schokolade und einer kleinen Mahlzeit in einer der zahlreichen Skihütten. Wenn wir nach einem langen Skitag wieder nachhause kamen, gab es leckere und deftige Hausmannskost von unser Großmutter, ehe wir wieder nach draußen gingen und am Hang unmittelbar neben unserem Ferienhaus rodelten. Während wir auf den Skiurlaub zurückblickten, kam bei uns der Gedanke auf, dass wir nochmal gemeinsam in den Skiurlaub fahren sollten - unter der Voraussetzung, dass sich mein gesundheitlicher Zustand massiv verbessern würde.

Ich hatte schon immer einen guten Bezug zu meiner Familie, aber diese Zeit zeigte mir in einem ganz anderen Ausmaß, wie wichtig sie ist und wie gerne ich Zeit mit ihr verbrachte.

Mein behandelnder Rheumatologe aus der Uniklinik Kiel hatte kurz nach meiner Tuberkulose Diagnose den Verdacht geäußert, dass die Entzündungen in meinen Gelenken ebenfalls durch Tuberkel-Bakterien hervorgerufen worden sein könnten, weshalb er mich zwei Tage nachdem Ende unseres Nordseeurlaubes sehen wollte.

Der bakterielle Befall betrifft am häufigsten die Lunge, aber auch Nieren, Knochen, Gelenke und das zentrale Nervensystem können betroffen sein.

Bereits einen Abend vor der Punktion wurde ich von einer jungen - mir unbekannten - Ärztin in der Klinik aufgenommen. Dennoch war die Ärztin mit meiner Krankheitsgeschichte vertraut, sodass sie mir den Ablauf der bevorstehenden Punktion im Detail erläutern konnte. Die Ärztin öffnete mir die Tür zu meinem Zimmer und sagte: «Fühl dich wie zuhause. Und wenn irgendwas sein sollte, kannst du gerne klingeln oder zum Schwesternstützpunkt gehen - aber das muss ich einem wie dir sicher nicht erzählen. Wir sehen uns morgen. Schlaf später gut.»

«Dankeschön und bis morgen!»

Nachdem die Ärztin mein Zimmer verlassen hatte, ging ich zum wiederholten Male aufgrund von starker Müdigkeit früher schlafen.

Kurz nachdem ich am nächsten Morgen wachgeworden war, kam mein Rheumatologe in mein Patientenzimmer und fragte mich, ob einige seiner Studenten meiner Punktion beiwohnen dürften. «Selbstverständlich», sagte ich zustimmend.

«Gut, ich hab noch kurz etwas zu erledigen und dann gehts los», sagte Herr Dr. von Bismarck, ehe er mein Zimmer verließ.

Nach den fehlerhaften Operationen und den schlechten Erfahrungen mit Ärzten im vergangenen Jahr, hatte ich massive Ängste vor medizinischen Untersuchungen und Eingriffen entwickelt, weshalb meine Anspannung nach den Worten des Arztes deutlich anstieg. Ich fing am gesamten Körper an zu zittern, bekam erschwert Luft und hatte das Gefühl, dass mein Herz aus meiner Brust herausspringen würde.

Meine chronische Krankheit setzt es voraus, dass ich in regelmäßigen Abständen medizinische Untersuchungen (und Behandlungen) über mich ergehen lassen muss, sodass ich mir Mittel und Wege gesucht habe, um mit diesen Ängsten umzugehen. Sobald ich diese Ängste entwickle, konzentriere ich mich auf meine Atmung, höre ruhige Musik und versuche mein komplettes Umfeld auszublenden. Sofern die bevorstehende Untersuchung/Behandlung es zulässt, trinke ich zusätzlich gerne ein wenig Wasser.

Die Schwester bekamen meine Angst mit und sprachen mir gut zu, bis mein Rheumatologe mitsamt der Studenten wieder in meinem Zimmer stand. Die Studierenden hatten von ihm die Aufgabe bekommen, meine Diagnose durch gezielte Fragen und körperliche Untersuchung herauszufinden, sodass sie mich mit Fragen löcherten. Ich wollte selber Medizin studieren, weshalb ich die verschiedenen Herangehensweisen der Studierenden sehr interessant fand. Die eine Gruppe der Studenten versuchte den gesamten Diagnoseprozess zu durchlaufen, weshalb sie mir verschiedenste Fragen zu meinen Symptomen und den daraus resultierenden Einschränkungen stellten. Die andere Gruppe hingegen profitierte von der Vorarbeit meiner behandelnden Ärzte und versuchte über meine Medikation zu meiner Diagnose zukommen. Innerhalb beider Gruppen gab es rege Diskussionen darüber, welche Krankheitsbilder durch die genannten Symptome bzw. Medikationen berücksichtigt werden sollten. Nachdem die möglichen Krankheitsbilder eingegrenzt wurden, gingen beide Gruppen gleichermaßen vor: Es wurden vertiefende Fragen zu Symptomen und Einschränkungen gestellt, sodass der Kreis der möglichen Krankheitsbilder schrumpfte und körperliche Untersuchungen weiteren Aufschluss geben konnten. Im Vergleich der beiden Gruppen, war die zweite Gruppe etwas schneller, wobei ich persönlich der Meinung bin, dass das Vorgehen der ersten Gruppe eher dem Klinikalltag entspricht.

Bevor es in den Eingriffsraum ging, erzählte mein Rheumatologe seinen Studenten noch etwas über die bevorstehende Punktion und gab ihnen die Möglichkeit mir Fragen zu meinem Umgang mit der Erkrankung zu stellen.

In diesem Moment sprach mein Arzt davon, dass der Ablauf einer solchen Punktion oftmals von dem zu behandelnden Patienten abhängig ist. Für mich machte es den Anschein, als würde der Arzt sich in die Patienten hineinversetzen, um ihm die Behandlung so angenehm - wie möglich - zu gestalten. Diese Charaktereigenschaft schätze ich bis heute an Herrn Dr. von Bismarck, da er mich mit all meinen Sorgen ernst nimmt und entsprechend behandelt.

Nachdem die Fragen der Studenten geklärt waren, schoben diese mich - in Begleitung meines Arztes und der jungen Ärztin vom Vortag - in den Eingriffsraum, wo meine Angstzustände sich durch massives Zittern am gesamten Körper erneut bemerkbar machten. Mein Arzt machte noch eine kurze Ultraschall-Untersuchung meines Knies, bevor die junge Ärztin des Vortages mir den Medikamentencocktail zur Sedierung verabreichte.

Bei einer Punktion ist es wichtig, dass der Patient das betroffene Gelenk still hält. Schmerzen und Angst sollen daher möglichst vermieden werden. Allerdings möchte man für eine Ge-

lenkspunktion keine Vollnarkose machen. Daher wird meistens eine Kombination aus einem schmerzstillenden Medikament (Analgeticum) und einem Beruhigungsmittel (Sedativum) verwendet und der Patient in einen kurzen Dämmerschlaf versetzt. Eine bewährte Kombination sind z.B. Dormicum und Ketanest.

Die Medikamente entfachten die gewünschten Wirkungen schnell, sodass sich meine Ängste lösten und ich schläfrig wurde. Mein Rheumatologe begann gerade damit mein Knie zu desinfizieren, als ich ins Land der Träume abschweifte. Während ich davon träumte wieder auf dem Fußballplatz zu stehen - sei es als Trainer oder Spieler -, zeigte er den Studenten praxisnah, wie eine Punktion durchgeführt wird und welche Dinge dabei beachtet werden müssen.

«Wie behandelst Du einen Patienten mit Salzmangel?», hörte ich, als ich wieder wach wurde. Ich war noch sehr benommen von der Sedierung, weshalb ich mit geschlossenen Augen und total verwirrt antwortete: «Ich gebe ihm eine Infusion mit Natrium-Chlorid.»

Es ertönte ein leichtes Gelächter, gefolgt von einer weiteren Frage: «Durch welchen Parameter lassen sich Entzündungsreaktionen des Patienten im Blut nachweisen?»

«Der CRP-Wert des Patienten gibt einen Aufschluss über entzündliche Prozesse im Körper des Patienten», stammelte ich vor mich hin, während ich meinen Arzt verwundert anschaute und mich fragte, warum er mich das alles fragte.

«Ab wann sprechen wir in der Medizin von einem hypertonischen Blutdruck? Es wäre nett, wenn du diesmal der Studentin die Möglichkeit gibst zu antworten, Phil», sagte der Arzt, sodass sich mir erklärte, warum er all diese medizinischen Fragen stellte - mein Arzt unterhielt sich neben meinem Bett mit einer Studentin.

Nachdem mein Arzt und die Studentin mein Zimmer verlassen hatten, nahm die Wirkung meiner Sedierung weiter ab, sodass ich die Geschehnisse besser einordnen konnte und mich für meine unangebrachten Antworten schämte.

Desto stärker die Wirkung meiner Sedierung abnahm, desto mehr wunderte ich mich darüber, dass ich keine Schmerzen an meinem Knie verspürte. Bei meinen vorangegangenen Punktionen hatte ich, mit Ausnahme von der allerersten Punktion, immer höllische Schmerzen. An diesem Tag spürte ich jedoch nicht mal ein Pochen, was ich meinem Arzt entsprechend kommunizierte, als er einige Stunden später nochmal in mein Zimmer kam. Bevor der Arzt mich entlassen konnte, entschuldigte ich mich bei ihm für meine Zwischenrufe, was er mit einem Grinsen und der Anmerkung «wir hatten was zu schmunzeln» quittierte.

Zur Verabschiedung teilte mein Rheumatologe mir mit, dass er sich bei mir melde würde, sobald er ein Ergebnis von dem Punktat und den Blutuntersuchungen haben.

Zwei Tage nach meinem Besuch in der Uniklinik konnte ich erstmals nach meiner Tuberkulose-Erkrankung wieder zum Training meiner Jungs fahren. Auf der Fahrt dorthin begleiteten mich gemischte Gefühle. Zum einen war ich erfreut darüber endlich wieder bei diesem Team zu sein, zum anderen hatte ich Sorge, dass die Jungs mir böse waren, weil sie wegen mir alle auf Tuberkulose getestet worden waren - wenngleich glücklicherweise alle negativ waren.

Als ich auf unserem Trainingsgelände ankam, von den Spielern erblickt und mit «Philllll» rufen begrüßt wurde, wusste ich, dass meine Sorgen unbegründet waren. Noch bevor ich die Kabinentür aufschließen konnte, fragten die Jungs mich aus: «Warum warst du nicht da?», «Gehts dir wieder besser?», «Hattest du Angst?», «Musstest du auch zum Blut abnehmen?», «Hast du Schmerzen?» - ich versuchte die Fragen so ehrlich wie möglich zu beantworten - ohne dabei zu sehr auf meine Ängste und Sorgen während der Erkrankung einzugehen.

Nachdem ich die Fragen der Spieler beantwortet hatte, konnten mein Trainerkollege Philip und ich das Training mit unserer obligatorischen Ansprache beginnen. Im Anschluss ging es für uns zu unserem Trainingsplatz in der hintersten Ecke des Trainingsgeländes. Während wir Trainer die Mini-Tore trugen, trugen die Jungs die Bälle, Leibchen und Hütchen. Auf dem knapp 200 Meter langen Weg sprachen die Jungs über die neusten Fortnite-Skins, die lustigen Geschehnisse aus der Schule oder das aktuelle FIFA-Ultimate-Team der Woche. Es war die Unbekümmertheit der Jungs, die ich in den vorherigen Wochen so sehr vermisst hatte - neben dem Fußball an sich.

Auf dem Trainingsplatz angekommen, nahmen sich die Spieler einen Ball und schossen der Reihe nach auf das Tor, während wir Trainer die Übungen für die bevorstehende Trainingseinheit aufbauten. Im Anschluss folgte die Einweisung in die Übung am iPad, ehe einer der Spieler die Übung vormachen durfte. Bei der Durchführung der Übung schauten wir kritisch auf die Bewegungsabläufe der Spieler und nahmen sie zur Seite, sofern sie einen Fehler gemacht hatten, sodass wir ihnen unmittelbar rückmelden konnten, was verbessert werden sollte. Mit steigender Anzahl an Wiederholungen einer Übung merkten die Spieler meist selbst, wenn sie einen Fehler gemacht hatten und gaben uns dies mit ihrer Gestik zu verstehen.

Eine Woche, zwei Trainingseinheiten und ein Spiel später, machte ich mich zum zweiten Mal auf den Weg in Richtung der Rheumakinderklinik in Garmisch-Partenkirchen. Bevor ich aufgenommen werden sollte, ging es jedoch noch zwei Tage auf den Bauernhof, auf welchem wir unseren jährlichen Jahresurlaub verbringen. Ich nutzte diese zwei Tage und die räumliche Distanz, um mich von den Erlebnissen der letzten Monate zu erholen und den Kopf für die kommenden Behandlungswochen freizubekommen.

Ein Anruf auf dem Handy meines Vaters zerstörte diesen Plan allerdings für einen kurzen Moment am ersten Abend des Kurzurlaubes. Es war mein Rheumatologe aus der Uniklinik, der mir aber zum Glück nur mitteilen wollte, dass es keinen Nachweis auf eine bakterielle Infektion in meinem Punktat gab. Er erkundigte sich noch kurz über meinen Gesundheitszustand, welchen ich als „den Umständen entsprechend" angab, ehe er mir einen schönen Urlaub und eine erfolgreiche Zeit in Garmisch-Partenkirchen wünschte.

Nachdem der Arzt das Telefonat beendet hatte, schauten mein Vater und ich uns gleichermaßen erstaunt an. «Es ist Freitagabend, 20:30 Uhr und der ruft uns jetzt noch an. Der muss seinen Job und seine Patienten wirklich gernhaben», sagte ich, während ich mich erneut darüber freute einen so guten und menschlichen Arzt gefunden zu haben.

A m frühen Sonntagvormittag fuhren mein Vater und ich entlang der malerischen Berglandschaft in Richtung der Klinik. Je näher wir der Klinik kamen, desto größer wurde meine Angst - nicht vor dem Krankenhaus an sich, sondern vor möglichen neuen Untersuchungsergebnissen. An diesem Tag halfen nicht mal meine bewährten Methoden, sodass ich total zitternd in der Klinik ankam. Die Mitarbeiterin an der Anmeldung fragte mich, ob ich friere, was ich bejahte, da ich beim Äußern meiner eigentlichen Angst vermutlich nur die Floskel «Du brauchst doch keine Angst zu haben» gesagt bekommen hätte.

Nachdem wir die bürokratischen Bestandteile der Aufnahme abgewickelt hatten, ging ich auf die Station Zugspitze, wo ich schon von den Schwestern erwartet wurde. Eine von den Schwestern zeigte mir mein Zimmer - ein Einzelzimmer. In meinem Zimmer angekommen, folgte die Befragung zu meinem Krankheitsverlauf seit dem letzten Aufenthalt, wobei ich die Tuberkulose nicht mit einem Wort erwähnen musste - schließlich hatte auch ein Großteil des Personals getestet werden müssen, sodass sich meine Erkrankung herumgesprochen hatte.

Im Anschluss an das Aufnahmegespräch durch die Schwester, kamen die Ärzte zum ärztlichen Aufnahmegespräch und den damit verbundenen Untersuchungen in mein Zimmer. Im Mittelpunkt dieses Gespräches stand die Fragestellung, ob und wie ich neben der Tuberkulose-Therapie gegen das Rheuma behandelt werden kann. Für mich war von Anfang an wichtig, dass die Behandlung der Tuberkulose im Vordergrund stand, was ich meinen Ärzten auch so kommunizierte. Während der Chefarzt und meine betreuende Stationsärztin meine Sichtweise nachvollziehen konnten und ebenfalls dafür argumentierten, wollte ein weiterer an diesem Gespräch beteiligter Arzt die Behandlung der rheumatischen Erkrankung parallel laufen lassen. Meine Bedenken, welche er teilweise verstehen konnte, widerlegte er stets mit Studien.

Ich finde es berechtigt, dass Studien eine so große Bedeutung in der Medizin – und in allen anderen Bereichen des Lebens ha-

Phil Oliver Ladehof

ben. Meiner Ansicht nach sollte aber vor allem in der Medizin auf die Ängste des Patienten gehört werden. Da eine Therapie nur dann was bringt, wenn der Patient mit ihr einverstanden ist.

In diesem Gespräch konnte nicht abschließend geklärt werden, wie die Behandlung fortgesetzt werden sollte, weshalb ein Infektologe hinzugezogen wurde.

An dem Abend meiner Aufnahme ging ich direkt nach dem Abendessen auf mein Zimmer, da ich noch keinen der Mitpatienten kannte und auch nicht in der Stimmung war, welche kennenzulernen. In meinem Zimmer jedoch kamen die Erinnerung an meine Quarantäne-Zeit wieder hervor. Diese Stille und die krankenhausübliche spärliche Einrichtung brachten mich jedoch einige Minuten später dazu, dass ich meine Einstellung änderte und die anderen Patienten kennenlernen wollte, weshalb ich mich auf den Weg zum Aufenthaltsraum machte. Im Aufenthaltsraum saßen fünf Patienten und dennoch war es in diesem Raum genauso still, wie in meinem Zimmer. «Was schaut ihr?», fragte ich leicht verunsichert, da ich mir nicht sicher war, ob ich stören würde.

«Das Schicksal ist ein mieser Verräter», antwortete eines der Mädchen, ehe sie mich fragte, ob ich mich nicht dazu setzen wollte.

«Gerne», sagte ich, während ich mir einen Stuhl nahm und mich dazu hockte.

Ich kannte den Film bisher nicht, hatte aber schon mehrfach gehört, dass er sehr herzergreifend und emotional sei. Auch mich berührte dieser Film zutiefst, sodass ich mir in einigen Phasen die Tränen verkneifen musste. In einer Szene wird die Hauptdarstellerin gefragt, wie stark ihre Schmerzen sind, woraufhin sie zögere, welche Zahl zwischen eins und zehn sie angeben soll. Ich kannte dieses Gefühl zu gut, da auch ich bei den Aufnahmegesprächen in Kliniken nie wusste, welches Schmerzlevel meine aktuellen Schmerzen hatten.

Während der Abspann des Filmes durchlief, begannen wir einander vorzustellen. Der Großteil der Patienten war drei oder vier Jahre jünger als ich, wobei ich wieder einmal merkte, dass es nicht das Alter ist, was eine Rolle spielt, sondern die Reife - und von dieser hatten die anderen Patienten sehr viel.

Nachdem ich wieder in meinem Zimmer war, wollte ich nur noch eins: Schlafen. Doch meine Gedanken hielten mich - mal wieder - wach. Die Geschichte des Filmes hatte mich ergriffen - ehrlicherweise sogar zum Weinen gebracht - und ich wandte den Titel des Filmes auf mein Leben an. Ich war zwar nicht an unheilbarem Krebs erkrankt, aber auch ich hatte mich durch die Tuberkulose-Erkrankung intensiv mit dem Thema Sterben auseinandersetzen müssen. Besonders zu Beginn meiner Erkrankung konnte mir keiner zuverlässig sagen, wie hoch die Überlebenschancen stehen würden. Diese Krankheit lehrte mich ebenfalls, dass ich meine wertvolle Lebenszeit bewusst und unvergesslich gestalten sollte. Mit diesen Gedanken in meinem Kopf muss ich irgendwann vor lauter Müdigkeit eingeschlafen sein.

Am nächsten Morgen wollte ich gerade zum Frühstück in den Aufenthaltsraum gehen, als Schwester Julia mir entgegenkam. Schon als ich sie sah, schossen ihr und mir direkt ein Lächeln ins Gesicht. Julia hatte sich schon bei meinem ersten Aufenthalt im Januar viel Zeit für mich genommen und mir die Möglichkeit gegeben, mich mit all meinen Sorgen und Bedenken an sie zu wenden. Sie hat mich nicht nur als Patienten gesehen, sondern auch als den Menschen dahinter. Nach einer kurzen Umarmung sprachen wir über die Ereignisse der vergangenen Monate, ehe ich in den Frühstücksraum ging und Julia ihren Dienst fortsetzte.

Im Frühstücksraum, welcher gleichzeitig als Aufenthaltsraum fungierte, herrschte die gleiche Stille, wie am Vorabend. Die einen waren schüchtern, während die anderen Morgenmuffel waren, sodass an diesem Morgen in aller Ruhe gefrühstückt wurde.

Nachdem Frühstück nahm ich mir ein weiteres Brötchen und einen großen Joghurt mit auf mein Zimmer, sodass ich meine zehn Tabletten im Laufe des Vormittags zu mir nehmen konnte und dabei eine gute Grundlage im Magen hatte. Ich war gerade fertig mit meinen morgend-

lichen Anwendungen und der ersten Therapieeinheit, als ich in meinem
Zimmer die letzten Tabletten mörserte und in mein Joghurt gab.

In diesem Moment kam die Chefarzt-Visite in mein Zimmer und begrüßte mich mit den Worten: «Lass es dir schmecken, Phil.»

«Das werde ich», antwortete ich, wenngleich ich wusste, wie bitter
diese Tabletten schmecken würden. Das anschließende Gespräch der
Visite knüpfte an das Aufnahmegespräch vom Vortag an - primär ging es
um meine Tuberkulose-Erkrankung und die sich daraus ergebenden Folgen für meine Therapie. Einer der Ärzte war weiterhin der Ansicht, dass
die rheumatische Therapie umgehend wieder aufgenommen werden
sollte, während ich weiterhin meine Zweifel und Bedenken äußerte. Die
sachliche, argumentative Diskussion zwischen dem Arzt und mir wurde
durch den Chefarzt, welcher seinen Standpunkt ebenfalls äußerte, unterbrochen. Der Chefarzt war der gleichen Meinung wie ich und berichtete,
dass ein Infektologe, mit welchem er zwischenzeitlich Kontakt aufgenommen hatte, der selben Ansicht war, sodass wir uns darauf verstän-
digten, die rheumatische Therapie mit Etanercept zunächst weiter zu
pausieren. Um die Entzündungen, welche seit dem Abbruch der Therapie wieder aufgetreten waren, zu reduzieren, einigten wir uns auf eine
Kortisonstoßtherapie während des Klinik-Aufenthaltes.

Die wichtigen medizinischen Fragen waren geklärt, als der Chefarzt
mich fragte, ob ich ihm sagen könne, wo ich mir die Tuberkulose einge-
fangen habe. «Nein, leider nicht», sagte ich leicht enttäuscht, da mir diese Frage immer wieder gestellt wurde und ich die Mediziner immer mit
dieser nichtssagenden Aussage vertrösten musste.

Im Anschluss präsentierten die Ärzte mir das weitere Behandlungs-
konzept, welches intensive Physiotherapie, Massagen und Ergotherapie
vorsah. Die Visite verließ mein Zimmer und ich freute mich darüber,
dass meine Ängste und Bedenken in die Entscheidung der künftigen
Behandlung eingeflossen waren.

Der Vormittag wirkte durch die Visite sehr kurz, sodass ich nach einem kurzen Spaziergang durch das noch leicht verschneite Garmisch-
Partenkirchen direkt zum Mittagessen gehen konnte. Die gute Stimmung

der Patienten, die schon im Aufenthaltsraum saßen, bekam man bereits im Eingangsbereich der Station mit. Nachdem ich mir meine Spagetti mit Tomatensoße am Speisewagen geholt hatte, setzte ich mich zu den anderen Patienten und beteiligte mich an ihrem Gespräch. Es wurde größtenteils über die positiven Erkenntnisse der Visite gesprochen, wenngleich einige Patienten eher negative Nachrichten erhalten hatten.

Das Gute an den Tischgesprächen in der Klinik war, dass jeder sagen konnte, wie es ihm wirklich ging. Niemand wurde dafür verurteilt, wenn es ihm mal schlechter ging - anders als in der realen Welt, wo es oftmals als Schwäche gilt, wenn jemand sein Unwohlsein und/oder seine Ängste kommuniziert. In der Klinik versuchten wir als eine Gemeinschaft zu fungieren - in Guten, aber auch in weniger guten Zeiten. Unabhängig von Geschlecht, Alter, Herkunft und Aussehen.

Ich erinnere mich daran, dass ich an diesem Tag meine Sorgen bezüglich der Wiederaufnahme meiner Therapie ansprach, wenngleich die Ärzte und ich bereits festgelegt hatten, dass wir damit noch ein bisschen warten wollten. Meine Mitpatienten konnten mir meine grundsätzliche Sorge einen Fehler in der Therapie zu machen, nehmen, indem wir gemeinsam folgende Fragen erörterten: «Was kann im schlimmsten Fall passieren?», «Wie wahrscheinlich ist es, dass das Worst-Case Szenario eintritt?», «Welche Alternativen gibt es?», «Was passiert, wenn du nichts unternimmst?», «Welcher Behandlungsweg könnte die schlimmeren Folgen hervorbringen?»

Es dauerte den Großteil des Mittagessen, ehe wir den vorliegenden Sachverhalt fundamental erörtert hatten und zu dem gleichen Entschluss kamen, wie der Chefarzt. Unser Endresultat war, dass ein frühzeitiges Wiederaufnehmen der Therapie gegen die rheumatische Erkrankung dazu führen kann, dass die Behandlung der Tuberkulose länger andauert oder deutlich erschwert wird, weshalb die Wiederaufnahme der rheumatischen Therapie verschoben werden sollte - unter der Berücksichtigung, dass die rheumatische Erkrankung durch diese Entscheidung wieder deutlich an Aktivität zunehmen könnte.

Wann immer wir einen Patienten hatten, der sich um etwas sorgte, wandten wir diese Fragen an und erörterten sie in einem Personenkreis von vier bis fünf Leuten, sodass die persönlichen Emotionen im Endresultat kaum enthalten waren. Oftmals kamen wir durch diese Herangehensweise zu der Feststellung, dass der erste Instinkt eines Patienten nicht unbedingt die geringeren Risiken beinhaltete- wenngleich ich zugeben muss, dass uns das Hintergrundwissen fehlte, um die medizinischen Aspekte bis ins kleinste Detail zu beleuchten. Durch die Diskussionen in der Gruppe fiel es so manchen leichter die Entscheidung der Ärzte zu akzeptieren, auch wenn der eigene Instinkt dagegen sprach.

Unmittelbar nach dem Mittagessen ging es zu meinem ersten Termin in der Physiotherapie. Ich freute mich, die Therapeuten wiederzusehen, da sie auf mich immer eine positive Ausstrahlung gehabt hatten. Sie kasperten mit uns Patienten oder untereinander, sodass uns Patienten stets ein Lächeln ins Gesicht gemalt war.

Bei meinem ersten Termin nach der Tuberkulose-Diagnose, musste ich jedoch auch hier einige Fragen zur Tbc über mich ergehen lassen. Auch ein spaßig gemeintes «wegen dir mussten wir alle getestet werden», blieb mir nicht erspart. Bei meinem ersten Termin in der Physiotherapie erstellte Christian den Aufnahmebefund und wir erhielten die Gewissheit, dass die Beweglichkeit meines rechten Knies sich wieder auf den Stand von Anfang Januar verschlechtert hatte - mir fehlten erneut 65 Grad zur vollkommenen Streckung.

Bei dem Aufnahmebefund der Physiotherapie handelt es sich um einen Befund, welcher die physikalischen Einschränkungen, Schwellungen und Überwärmung bei der Aufnahme feststellt. Zusätzlich zu dem körperlichen Befund wird noch eine Anamnese (Anamnese = Krankengeschichte) erstellt. Zur Entlassung

171

wird ein Entlassbefund erstellt, in welchem die selben Parameter bei der Entlassung betrachtet werden.

Ich war frustriert über diesen Rückfall, da ich zuhause intensive Physiotherapie erhalten hatte und auch mein Übungsprogramm für zuhause in der vorgeschriebenen Dosierung und Frequenz absolviert hatte.

Nach dem Abschluss des Aufnahmebefund hatten wir noch zehn Minuten der Behandlungsdauer übrig, weshalb wir umgehend mit der Behandlung des Knies begannen. Zum Ende der Behandlung sagte Christian mir, dass die Kapsel noch relativ weich sei, was ihn optimistisch stimmte, dass die Streckung sich durch intensive Physiotherapie schnell wieder bessern könnte.

Am Mittwochmorgen saßen wir in der gewohnten Stille am Frühstückstisch, als Schwester Hildegard in den Aufenthaltsraum kam und uns die Tabletten reichte. Nachdem sie alle Tabletten verteilt hatte, bat sie mich, zur Blutentnahme vorzukommen, da am nächsten Tag mit der Kortisonstoßtherapie begonnen werden sollte. Ich richtete mich auf, nahm meinen Tablettenbecher mit den zehn Tabletten, einen Joghurt und ein Brötchen in die Hand und wollte diese Sachen - auf dem Weg zur Blutentnahme - in meinem Zimmer ablegen. Hildegard drehte sich zu mir und fragte verblüfft: «Wo willst du hin, junger Mann?»

«Ich bringe die Sachen in mein Zimmer und gehe danach zur Blutentnahme», entgegnete ich ihr.

«Bevor du zur Blutentnahme gehst, nimmst du bitte deine Medizin ein - das machen wir hier schon immer so».

«Ich habe meine Tabletten seit meiner Aufnahme am Montag immer über den Vormittag verteilt genommen und niemand hat sich beschwert - sogar der Chefarzt weiß darüber Bescheid.»

«Phil! Ich diskutiere jetzt nicht mit dir. Du nimmst deine Tabletten bevor du zur Blutentnahme gehst.»

«Wenn du das möchtest - Gerne. Beschwere dich aber nicht, wenn ich hier gleich hinkotze, weil die Medikamente mir zu sehr auf den Magen schlagen», gab ich zurück, während ich etwas lauter wurde.

Bevor Hildegard etwas sagen konnte, ging Schwester Julia am Frühstücksraum vorbei und fragte, ob alles in Ordnung sei.

«Der Phil möchte seine Tabletten nicht nehmen», rief Hildegard wutentbrannt. Ich verbesserte sie umgehend und sagte zu Julia gewandt, dass ich sie über den Vormittag verteilt auf meinem Zimmer einnehmen werde.

Julia wandte sich an Hildegard und sagte: «Phil hat die Tabletten jeden Tag auf seinem Zimmer eingenommen - das ist in Ordnung.»

Hildegard war fassungslos und blieb stur: «Wenn Phil die Tabletten jetzt nicht einnimmt, werde ich dafür auch nicht unterschreiben.»

«Dann unterschreibe ich dafür. Phil weiß, welche Folgen es hat, wenn er die Tabletten nicht einnimmt», sagte Julia und gab mir mit einem leichten Zwinkern zu verstehen, dass ich meinen Weg zur Blutentnahme fortsetzen konnte. Julia war an diesem Morgen zur Unterstützung der Ärzte bei den Blutentnahmen eingeteilt, sodass sie mir in das Arztzimmer folgte. Dort legte ich mich auf die Liege und ließ meinen Arzt nach einer geeigneten Vene zur Blutentnahme suchen. Ich drehte meinen Kopf leicht zur Seite, schaute Julia an und bedankte mich für ihre Hilfe, was sie mit einem Nicken und einem Lächeln quittierte.

Nach der Blutentnahme ging ich auf mein Zimmer, wo ich - ganz zur Zufriedenheit von Hildegard - meine Tabletten einnahm. Da ich in der vergangenen Nacht kaum geschlafen hatte und am Vormittag keine Termine mehr anstanden, legte ich mich im Anschluss bis zum Mittagsgong ins Bett und schlief.

Auf der Station Zugspitze wird jede Mahlzeit mit einem lauten Gong über den Flur angekündigt. Patienten, die darauf nicht reagieren, werden persönlich von den Schwestern aus ihren Zimmern geholt.

Ich war gerade fertig mit dem Essen, da kam Julia auf mich zu und sagte mir, dass ich aufgrund meiner Tuberkulose nochmal zum Lungenfunktionstest gehen müsse. Der Weg zum Test war mir unbekannt, sodass Julia mich begleitete und wir auf das Streitgespräch vom Vormittag zu sprechen kamen. «Wenn dir irgendwas auf dem Herzen liegt oder du dich missverstanden fühlst, kannst du dich jederzeit an mich wenden», schlug Julia vor.

«Danke.»

Der Lungenfunktionstest war schnell durchgeführt, da mir der Ablauf bereits geläufig war und die Messungen alle beim ersten Mal erfolgreich waren. Ich kehrte auf Station zurück, wo Julia schon wieder auf mich wartete: «Deine Blutwerte schauen gut aus - wir können morgen mit dem Kortisonstoß beginnen.»

«Das freut mich! Hoffentlich schlägt die Therapie wieder so gut an wie beim letzten Mal», sagte ich.

«Das hoffe ich auch», meinte Julia, ehe sie zum nächsten Patienten ins Zimmer ging.

Der restliche Tag hielt noch zwei Physiotherapie-Termine bereit, bevor wir Patienten am Abend wieder vorm Fernseher saßen und uns über dies und jenes unterhielten. An diesem Abend lernte ich auch Magdalena, ein vier Jahre jüngeres Mädchen, dass an diesem Tag aufgenommen worden war, kennen. Die Kommunikation zwischen Magdalena und mir beschränkte sich zunächst auf ein gegenseitiges Vorstellen.

Am nächsten Morgen stand der erste Kortisonstoß an, welchen ich - wie die bisherigen Stöße auch - gut vertrug. Lediglich die übermäßigen Lachanfälle störten mich bei diesem Mal, da ich in Momenten lachen musste, in denen es komplett unangebracht war. Nachdem mein Blutzucker gemessen worden war und es wiedermal keine Auffälligkeiten gab, wurde ich zur Bewegungsanalyse gebeten.

Am Deutschen Zentrum für Kinder- und Jugendrheumatologie gibt es ein Bewegungsanalyselabor. Hier wird mit hochauflösenden Infrarotkameras eine dreidimensionale Aufnahmetechnik ermöglicht, wie sie auch bei modernen Videoanimationen in der Filmindustrie verwendet wird. Zudem wird mit einer dreidimensionalen Bodenreaktionskraftmessplatte die Kräfte gemessen mit der der Patient auf den Boden auftritt. Zwei ergänzende High-Speed Videokameras mit 200 Bildern pro Sekunde visualisieren das Gangbild der Kinder zusätzlich. Anhand eines Körpermodels kann anschließend diagnostiziert werden, wie sich die Gelenke der Beine (Beckenstellung, Hüfte, Knie, Sprunggelenk, Fußstellung) beim Gehen bewegen. Mit einer Druckmessplatte steht den Sportwissenschaftlern im Bewegungsanalyselabor ein weiteres Analysesystem zur Verfügung. Hier wird die Druckverteilung beim Gehen unter der Fußsohle ermittelt, um die Fehl- oder Überlastungen des Fußes erkennen zu können. Sportwissenschaftlern, Physiotherapeuten und Ärzte können so die Therapie besser planen.

Für mich war es die erste Bewegungsanalyse, sodass ich als technikversierter Junge total beeindruckt von der Technik war, die die Bewegung aufzeichnete und letztlich auch auswertete. Nachdem ich mit den reflektierenden Kugeln beklebt worden war, ging ich einige Male über einen ca. zehn Meter langen Weg. Im Anschluss sprang ich ein paar Mal aus dem Stand und versuchte dabei die maximale Höhe zu erreichen und zum anderen eine gute Ausführung in der Haltung zu erreichen, da auch diese Sprünge durch die zahlreichen Messgeräte aufgezeichnet wurden. Zum Abschluss der Bewegungsanalyse stellte ich mich auf ein Balance-Board, sodass gemessen werden konnte, wie gut ich mein Gleichgewicht halten konnte - trotz der massiven Einschränkungen in meinem rechten Knie und den Schmerzen in den Hüften erreichte ich gute Werte, die über dem Durchschnitt meines Alters lagen.

Der restliche Nachmittag hielt keine weiteren Termine bereit, sodass einige Mitpatienten und ich mit der Gondel auf den Eckbauer fuhren. Solche Aktivitäten gehörten vor Corona immer wieder zu den Momenten, welche uns aus dem Klinikalltag herausholten und uns etwas Abwechslung neben der Therapie ermöglichten. Während dieser Ausflüge waren wir wie eine große Familie unterwegs - unabhängig von Alter oder Herkunft. Die Großen (über 14-Jährige) durften die Klinik alleine verlassen, während die Kleinen von ihren Eltern begleitet werden mussten. Nicht selten wurden solche Ausflüge für einen Austausch über die Krankheit zwischen jung und alt, jung und jung oder alt und alt genutzt.

Als ich am Freitagmorgen wach wurde und in den Aufenthaltsraum gehen wollte, schmerzte mein rechtes Knie unterhalb der Kniescheibe. Der Schmerz war kaum auszuhalten und sehr stechend, weshalb ich humpelnd zum Frühstück ging, was den Schwestern sofort auffiel. «Ist alles gut bei dir?», wollte eine von ihnen wissen.

«Ich denke, dass es nur ein bisschen Startschwierigkeiten sind und gleich wieder besser wird», sagte ich vorerst.

Der Schmerz, welcher während des Sitzens am Frühstückstisch besser geworden war, verschlimmerte sich, sobald ich mein Bein wieder belastete. Ich legte mich in mein Bett, kühlte das Knie und wartete, dass eine der Schwestern im Zuge des morgendlichen Rundgangs in mein Zimmer kam. Eine Schwester kam etwa zehn Minuten später zu mir, sodass ich ihr sagen konnte, dass es sich bei meinen Knieschmerzen wohl doch nicht um Startschwierigkeiten handelte. «Ich kann dir für den Moment leider nur ein Schmerzmedikament geben und die Ärzte darum bitten, später mal bei dir reinzuschauen», sagte sie.

«Danke dir.»

Doch auch nach der Einnahme des Medikamentes zeigte sich keine Besserung der Schmerzen, weshalb die Schwestern mich fragten, ob sie die therapeutischen Maßnahmen für diesen Tag absagen sollten. In diesem Moment erinnerte ich mich an einen Satz, den einer meiner alten Physiotherapeuten einmal zu mir gesagt hatte: «Gehe jeden Tag an deine Belastungsgrenze und du wirst jeden Tag ein bisschen mehr Belastung vertragen.» Die Erinnerung an diesen Satz lösten in mir das Gefühl aus, dass ich die Therapie an diesem Tag zumindest versuchen sollte, was ich den Schwestern entsprechend kommunizierte.

Zu Beginn der Massage-Behandlung war es üblich, dass die Masseurin meine Knieschreibe hin und her bewegte, damit sich ihre Beweglichkeit verbesserte. An diesem Morgen tat bereits das bloße Auflegen der Hände auf die Kniescheibe so dermaßen weh, dass wir uns während

dieser Behandlung schwerpunktmäßig auf das Lockern der Oberschenkelmuskulatur konzentrierten.

Direkt nach der Massage ging es für mich in die Physiotherapie. Die
Termine waren oft direkt hintereinander, da die Physiotherapeuten von
der durch die Massage aufgelockerten Muskulatur profitieren und bessere Ergebnisse erreichen konnten. In der Physiotherapie wurde ich stets
gelenknah behandelt, sodass sich die Schmerzen während dieser Behandlung in Grenzen hielten.

*Gelenknah bedeutet, dass die Hände der Therapeuten nah bzw.
eng an dem zu behandelnden Gelenk liegen, sodass keine große
Hebelwirkung auf das Gelenk einwirkt.*

Mit schmerzendem Knie ging ich wieder auf Station, wo ich von
dem Stationsarzt abgefangen wurde: «Ich hab von deinem schmerzendem Knie gehört und dich schonmal beim Röntgen angemeldet. Wenn
du jetzt keine weiteren Termine hast, kannst du gerne direkt hingehen.»
Ich hatte keine weiteren Termine, sodass ich umgehend zum Röntgen
ging.

Nach der Röntgen-Untersuchung bekam ich die ausgedruckten Röntgenbilder mit und sollte diese auf Station abgeben. Da mein Vater und
ich uns zuvor in der Eingangshalle verabredet hatten, machte ich einen
kleinen Umweg über die Eingangshalle, wo mein Vater mit einer mir
unbekannten Frau sprach. Die Frau stellte sich mir als Magdalenas Mutter vor. Die beiden setzten ihr Gespräch fort und ich stellte mir die Frage, wann die Ärzte mir die Bilder erklären würden. „Vermutlich wird
das nichts mehr vorm Wochenende", dachte ich, weshalb ich die Röntgenbilder aus dem Umschlag hervorkramte und einen ersten Blick darauf warf.

Im Laufe meiner Erkrankung waren schon viele Röntgenbilder von
meinem Kniegelenk gemacht worden - doch so wie dieses, hatte bisher
keines ausgehen.

Das Kniegelenk ist das größte Gelenk des menschlichen Körpers, welches sich genau genommen aus zwei Einzelgelenken zusammensetzt: zum einem das Kniescheibengelenk, zum anderen das Kniekehlengelenk. Diese beiden Gelenke wiederum bestehen aus drei Knochen: Oberschenkelknochen, Schienbein und Kniescheibe.

Neben diesen drei Knochen waren noch weitere kleine Punkte auf dem Röntgenbild zu erkennen, welche für mich nach kleinen Knochensplittern aussahen. Ich packte die Bilder zurück in den Umschlag, ging zurück auf Station, gab den Umschlag bei den Schwestern ab und holte mir ein neues Kühlpack.

Ich war fertig mit dem Kühlen und mein Vater war immer noch nicht in meinem Zimmer angekommen, sodass ich mir erneut meine Krücken nahm und nochmal in die Eingangshalle ging. Er sprach immer noch mit der Mutter von Magdalena, weshalb ich mich auf einen Stuhl setzte, Musik hörte und auf ihn wartete. Nach einiger Zeit kam Magdalena aus der Klinikschule in die Eingangshalle, setzte sich neben mich und wartete auf ihre Mutter. Nach einer langen Zeit der unangenehmen Stille kamen wir beide auch ins Gespräch. Zunächst war das Gespräch sehr oberflächlich und drehte sich nur um die Standard-Fragen: «Welche Diagnose hast du?», «Wie lange hast du die Diagnose schon?» und «Bist du das erste Mal hier?». Bevor das Gespräch an Tiefe gewinnen konnte, unterbrach uns ihre Mutter, da Magdalena noch zu einem Behandlungstermin musste.

Mein Vater und ich gingen zurück auf Station, wo die Schwestern mich direkt in das Arztzimmer schickten, in dem einer der Stationsärzte bereits auf mich wartete. «Phil, wir haben uns das Röntgenbild von deinem Knie schon einmal angeschaut. Unter deiner Patella sind viele kleine Knochenfragmente zu sehen, was auf eine Sinding-Larson-Läsion hinweist», sagte er.

«War die Behandlung der letzten Wochen zu intensiv oder woher kommt sowas? Kann ich dagegen etwas machen?», wollte ich wissen.

«Die Hauptursache in dieser Erkrankung liegt in einer Überlastung durch andauernden oder zu starken Zug auf die Kniescheibensehne. Durch die gestrige Kortisongabe kann die Symptomatik sich verstärkt bzw. verschlimmert haben. Die Behandlung erfolgt meist konservativ, indem das Knie entlastet wird und eine Schiene zur Entlastung verordnet wird. Ich würde die Physiotherapeuten darum bitten, dass der Orthopädie-Techniker in der kommenden Woche ein paar Schienen mitbringt, welche du dann entsprechend anprobieren kannst.»

In der Klinik in Garmisch-Partenkirchen kommen jeweils zweimal die Woche ein Orthopädietechniker und Mitarbeiter eines Sanitätshauses, sodass Hilfsmittel direkt vor Ort angepasst werden können und Nachfragen durch die behandelten Therapeuten vor Ort beantworten werden können.

Zum Ende des Gespräches gab der Arzt mir noch die Rückmeldung, dass die Ergebnisse des Lungenfunktionstestes unauffällig waren, ehe er sich ins Wochenende verabschiedete.

Durch die Diagnose und die daraus resultierende Schonung des Gelenks, hatte ich ein vergleichsweise ruhiges Wochenende in der Klinik. Gemeinsam mit den Mitpatienten schaute ich viele Filme oder spielte Spiele von der Station. Am Samstagnachmittag bekamen viele der Patienten Besuch, sodass ich – und Magdalena – die einzigen waren, die diesen Nachmittag in der Klinik verbrachten.

Wir setzten das Gespräch, welches wir am Freitag angefangen hatten und aufgrund von Therapien abbrechen mussten, fort. Die Gespräche wurde immer tiefgründiger und schon bald bemerkten wir beide, dass wir auf einer Wellenlänge waren. Sowohl sie als auch ich hatten an diesem Samstagmorgen einen Kortisonstoß bekommen, sodass unsere Hormone verrückt spielten und wir uns über jede Kleinigkeit amüsierten.

Zu Beginn der neuen Behandlungswoche lernte ich zunächst meine neue Therapeutin kennen - Mona. Mona war gerade mit ihrer Ausbildung fertig, sodass sie nur wenige Jahre älter war als ich. Auch wir verstanden uns von Beginn an sehr gut. Sie brachte neue Impulse in die Behandlung, wodurch mein Knie weitaus beweglicher wurde - wenngleich die Intensität der Übungen aufgrund der Sinding-Laron-Läsion reduziert werden musste.

Parallel zu meiner Therapiesitzung hatte Magdalena bei Christian ihre Physiotherapie. Wir beide hockten daher auf zwei Behandlungsliegen, die gegenüber voneinander standen, sodass wir die ganze Zeit Faxen machten. Irgendwann kam einer der Therapeuten auf die Idee, uns kleine Stoffbälle zu geben, mit welchen wir uns gegenseitig abwarfen. Unser Behandlungstermin war kurz nach dem Mittagessen, sodass wir die Turnhalle für uns allein hatten. Zu Beginn hatten wir sogar eine kurze Kissenschlacht durch den ganzen Raum gemacht, ehe meine Knieschmerzen wieder eingesetzt hatten und ich aufhören musste. Bis heute ist diese Therapiestunde jene, die mir am besten in Erinnerung geblieben ist, weil sowohl Magdalena und ich als auch unsere Therapeuten eine Menge Spaß an diesen 30 Minuten hatten.

Einige Stunden später hatte ich meinen Termin bei dem Orthopädie-Techniker, welche mir eine Vielzahl an Schienen zur Anprobe mitgebracht hatte. Die Anprobe der Schienen nahm sehr viel Zeit ein, da der Großteil der Schienen, welche als „die Ideallösung" bekannt sind, bei mir verstärkende Schmerzen auslösten, weshalb ich eine Unmenge an Schienen anprobieren musste. Letztlich entschieden sich der Techniker, Mona und ich für eine Knieorthese, die ich fortan bei jeder längerfristigen Belastung tragen musste.

Eine Knieorthese dient zur Stabilisierung und Entlastung des eingeschränkten bzw. schmerzhaften Gelenks.

Die verbleibenden vier Kliniktage verliefen ähnlich und bestanden zum Großteil aus der Physiotherapie und Massage, wobei auch die Zeit unter uns Patienten nie zu kurz kam. Vor allem an die Mahlzeiten erinnere ich mich gerne, da Magdalena und ich häufig nach dem Essen mehrere Minuten sitzen blieben und uns gegenseitig Flachwitze aus dem Internet vorlasen. Wir hatten jeden Tag unseren Spaß und vor allem die Lacheinheiten am Morgen halfen uns mit guter Laune in den Tag zu starten. Auch unsere Mitpatienten hatten in unser Gegenwart ihren Spaß, wenngleich ich mir manchmal die Frage stellte, ob die uns eigentlich für vollkommen bescheuert hielten.

Zum Abschluss meines zweiten Aufenthaltes bestellten Magdalena, ihre Schwester und Mutter, ein weiterer Patient, mein Vater und ich Pizza bei einem der ortsansässigen Italiener und genossen diese bei einem fröhlich Plausch. Mit fortlaufender Dauer des Gesprächs sprachen wir vermehrt über unsere genauen Krankheitsbilder und die Erfahrungen, die wir durch diese bereits gemacht hatten.

Der andere Patient, der mit uns zusammen aß, erzählte, dass er in der Vergangenheit eine Vielzahl an Operationen über sich ergehen hatte lassen müssen und er sich auch in Zukunft nochmal einer risikoreichen Operation unterziehen musste. Sein Krankheitsverlauf war gespickt mit Rückschlägen und trotzdem blickte er positiv in die Zukunft und auf das bereits Geschehene. Dieser Patient faszinierte mich durch seine positive Art, weshalb ich ihn fragte, wie er nach alldem Erlebten noch so positiv sein könne.

«Du hast Recht. Ich hatte gesundheitlich mehr Rückschläge als andere Person in unserem Alter, aber ich versuche mir selbst immer wieder zu sagen, dass ich in der Vergangenheit schon so viel geschafft habe und durch die Erfahrungen dieser Zeit auch die Zukunft meistern werde - egal was kommt», antwortete er.

«Ich verstehe, aber irgendwann standest du doch auch das erste Mal vor irgendwelchen Herausforderungen. Wie bist du zu diesem Zeitpunkt damit umgegangen?», wollte ich ergänzend wissen.

«Die ersten Male habe ich mir immer ein kleines Kind vorgestellt, welches einfach so glücklich ist und sich jeder Situation stellt. Zum einen, weil sie es nicht bewusst mitbekommen, zum anderen weil sie auf ihre Eltern vertrauen. In medizinischer Hinsicht versuche ich meine Ärzte als meine Eltern zu sehen und ihnen zu vertrauen», fügte er an.

Ich war erstaunt über seine Sichtweisen, konnte diese aber in Teilen verstehen. Es gab so viele Fragen, die ich ihm gerne noch gestellt hätte, aber die Schwester schickte uns zu Bett, da es schon spät war.

Im Bett starrte ich noch einige Minuten an die Decke und erinnerte mich an die Ansichten meines Mitpatienten. Für mich waren alle seine Punkte verständlich und nachvollziehbar, aber mein Vertrauen in Ärzte war nachhaltig verletzt worden, sodass ich in dem Punkt „Ärzte als Eltern ansehen und ihnen vertrauen" einen anderen Standpunkt hatte.

Am nächsten Morgen weckten mich die Schwestern weit vor dem Frühstück, sodass mein Vater und ich die Heimreise antreten konnten. Ich war enttäuscht, da ich die Hälfte der Therapiezeit aufgrund der neuen Diagnose nur in geringem Maße an meinem Knie arbeiten konnte und die Schiene mich vorerst weiter einschränkte. Auf der anderen Seite war ich aber auch glücklich, dass ich mit Magdalena eine Person gefunden hatte, mit der ich in vielen Punkten übereinstimmte und ausreichend Spaß haben konnte.

Phil Oliver Ladehof

Z wei Wochen nachdem ich wieder zuhause angekommen war, stand mit der Prüfung zum C-Lizenz-Fußballtrainer das Ende meiner regelmäßigen Lehrabende bevor. Für die Prüfung fuhr ich am 17. Mai zusammen mit zwölf weiteren Traineranwärtern in den Uwe-Seeler-Park nach Malente, um dort die zweitägige Prüfung abzulegen. Nach unserer Ankunft im Sportpark bezogen wir unsere Zimmer, doch bereits 15 Minuten nach unserer Ankunft fand die erste Besprechung in einem der Konferenzräume statt. Bei der Besprechung lernten wir unsere beiden Prüfer kennen, welche uns den Ablauf der Prüfung vorstellten. Die Prüfung war in insgesamt drei Teile aufgeteilt. Der erste Teil bestand aus einer schriftlichen Prüfung, in welcher wir fußballerische Fragen sowie Fragen zu Erste-Hilfe-Maßnahmen zu beantworten hatten. Im zweiten Teil mussten wir eine praktische Trainingseinheit durchführen. Hierzu bekam jeder Prüfling ein bestimmtes Thema, zu welchem er dann eine etwa 15-minütige Trainingseinheit entwickeln und leiten musste. Bei der Durchführung dieser Trainingseinheiten wurden wir in zwei Gruppen geteilt. Die erste Gruppe hatte ihre praktische Prüfung am ersten Nachmittag mit Spielern einer E-Jugend als Probanden, während die andere Gruppe am Vormittag des zweiten Tages die anderen Prüfungsteilnehmer als Probanden hatte. Bei der Vorbereitung der Lehrprobe mussten wir also darauf achten, dass die Übung auf das Niveau der Prüfungsgruppe zugeschnitten war. Mit einer mündliche Prüfung, in welcher Fragen zur Praxiseinheit und zu den Antworten aus der schriftlichen Prüfung gestellt wurden, wurde die Prüfung abgerundet. Nachdem der Ablauf uns allen bekannt war, bekamen wir die Möglichkeit Fragen oder Anmerkungen zu platzieren.

Ich melde mich und sagte: «Ich kann aufgrund meiner Erkrankung nicht als Proband fungieren.».

Der Prüfer schaute mich an, verzog keine Miene und antwortete: „Dann kannst du die Prüfung leider nicht ablegen."

«Ich bin offen mit meiner Erkrankung umgegangen, habe sie zu Beginn der Lehrgänge offengelegt und von Seiten des Fußballverbandes wurde mir nie gesagt, dass eine aktive Teilnahme an der Prüfung eine Voraussetzung ist, um diese abzulegen», entgegnete ich fassungslos.

Nun mischte sich auch der andere Prüfer ein und sagte: «Das Ablegen der Prüfung ist an bestimmte Voraussetzungen gebunden und wenn du diese nicht erfüllst, kannst du die Prüfung leider nicht ablegen.»

«Es kann doch nicht sein, dass mein Verein mehrere Hundert Euro für die Lehrgänge bezahlt und ihr mir erst jetzt sagt, dass ich die Prüfung nicht ablegen kann. Ich habe nur an den Lehrgängen teilgenommen, da die Teilnahme eine Voraussetzung für die Prüfung war», fügte ich an.

«Wenn die Lehrgangsleiter dir das nicht kommuniziert haben, können wir auch nichts dafür.»

Bevor ich auf diese Aussagen antworten konnte, mischten sich auch die anderen Prüfungsteilnehmer ein: «Ihr könnt doch nicht im Internet und sonstigen Werbeanzeigen für Integration werben und nun einen Sportler aufgrund einer Behinderung von der Teilnahme an einer Prüfung ausschließen. Vor allem nicht, wenn sein Verein schon soviel Geld ausgegeben hat.»

Die Prüfer steckten ihre Köpfe zusammen, mauschelten kurz und kamen dann zu dem Entschluss, dass ich die Prüfung - ausnahmsweise - ablegen durfte.

Die weiteren Prüflinge hatten keine Fragen mehr, sodass wir uns noch für einige Minuten auf unser Zimmer begeben konnten, um uns auf die bevorstehenden Prüfungen vorzubereiten. Ich teilte mir mein Zimmer mit einem Jungen, den ich bereits aus der Schule kannte, sodass wir in einem Alter waren und uns bestens verstanden. Wir fragten uns gegenseitig ab, ehe wir zur schriftlichen Prüfung in den Konferenzraum zurückkehren mussten.

Im Prüfungsraum herrschte eine entspannte Stimmung, da wir im Vorfeld bestens auf die Prüfung vorbereitet worden waren und uns sicher in dem Lehrstoff fühlten. Die Prüfer klärten uns nochmals darüber auf, dass ein Täuschungsversuch zum Ausschluss der Prüfung führte, bevor sie die Prüfungsunterlagen austeilten. Ich blätterte die Seiten durch und wusste bereits nach dem ersten Sichten zu allen Fragen eine Antwort.

Dennoch nahm ich mir beim Bearbeiten der Aufgaben ausreichend Zeit, sodass mir auf keinen Fall ein vermeidbarer Flüchtigkeitsfehler unterlaufen konnte.

«Die Zeit ist um», sagten die Prüfer und begannen damit die ausgefüllten Prüfungsblätter einzusammeln.

Unmittelbar nach der Prüfung, ging es für uns in den Speiseraum, wo ein nahrhaftes Mittagessen auf uns wartete. Im Mittelpunkt der Tischgespräche stand - natürlich - die schriftliche Prüfung. Wir tauschten uns über unsere Fragen aus und diskutierten über unsere Lösungen, sofern diese voneinander abwichen. Bei den Antworten hatte wir eine große Übereinstimmung festgestellt, sodass wir alle mit einem positiven Gefühl auf unsere Zimmer gingen, wo die Prüflinge des Nachmittages ihre praktische Einheit nochmal gedanklich vertiefen konnten. Ich war einer von ihnen, weshalb ich meinen geplanten Prüfungsablauf nochmal auf einem Blatt Papier skizzierte. Eine halbe Stunde bevor die E-Jugend Spieler erschienen, gingen wir auf den Kunstrasenplatz der Sportanlage und steckten unseren benötigten Platz mit Hütchen ab. Der erste Prüfling begann bereits mit dem Aufbau, während wir anderen von den Prüfern die Information erhielten, dass wir den anderen Prüflingen am Ende des Tages ein Feedback zum Ablauf ihrer Prüfung geben sollten, wodurch wir als aktive Zuschauer in die praktischen Prüfungen der anderen eingebunden wurden. Ich war als zweiter an der Reihe, sodass ich meine Prüfung aufbaute, während der erste bei der Durchführung seiner Übung war. Die erste Prüfung war gerade beendet, da kamen die Kinder zu mir gelaufen und warteten auf den Beginn meiner Lehrprobe. Nach einer kurzen Vorstellung meinerseits, sprach mich einer von den Jungs auf meine Narbe am Knie an. Da die praktische Prüfung die zeitliche Grenze von 15 Minuten nicht merklich überschreiten sollte und die Zeit bereits mit der Vorstellung begann, vertröstete ich die Jungs und sagte ihnen, dass ich am Ende des Trainings mehr dazu erzählen würde. Die Spieler gaben sich mit der Aussage zufrieden, sodass ich meine Übung, deren Schwerpunkt im Passspiel lag, erläutern konnte. Während ich die Durchführung der Übung beobachtete und mit fortlaufender Prüfungszeit anpasste, merkte ich, dass die Spieler sehr ehrgeizig waren und meinen Anweisungen direkt folgten. Nachdem meine Prüfung beendet war, bedankte ich mich bei den Jungs, baute die Übung ab und schaute dem dritten Prüfling bei der Durchführung seiner Lehrprobe zu. Es folgten vier weitere Prüfungen, welche ich voller Begeisterung verfolgte, da ich Teile der Übungen für das Training mit meiner eigenen Mannschaft übernehmen wollte.

Gegen 18:30 Uhr waren alle Prüflinge des Nachmittages fertig, sodass wir von unseren Prüfern ein kurzes Fazit zum ersten Prüfungstag erhielten, ehe wir zum Abendessen gingen. Beim Abendessen standen die bisher erfolgten praktischen Prüfungen im Mittelpunkt der Gespräche. Wir gaben einander Verbesserungsvorschläge für einzelne Übungsabschnitte oder hoben die Dinge hervor, die uns besonders gut gefallen hatten. Nachdem Abendessen hockten wir uns mit einer mitgebrachten Konsole und dem neuestem FIFA vor einen der Fernseher in der Lobby und absolvierten ein kleines Turnier, während wir uns intensiv über unsere bisherigen Erfahrungen als Fußballtrainer unterhielten. Wir spielten im Turniermodus „Jeder gegen Jeden", sodass wir bis tief in die Nacht spielten, ehe ein Gewinner feststand. Einer der älteren Anwärter machte uns darauf aufmerksam, dass der zweite Prüfungstag schon in vier Stunden beginne, woraufhin wir uns dazu entschieden schlafen zu gehen.

Am nächsten Morgen kam der Großteil von uns vollkommen übermüdet und verschlafen in den Frühstücksraum, weshalb die Gespräche sich auf ein Minimum reduzierten und die meisten von uns die Stille genossen. Bereits eine halbe Stunde nach dem Frühstück begann die zweite Prüfungsgruppe mit ihren Lehrproben, sodass es für uns direkt nach dem Frühstück wieder auf den Sportplatz ging. Ich war froh, dass ich meine Prüfung bereits hinter mich gebracht hatte und an diesem Vormittag nur noch die anderen Prüfungsteilnehmer beobachtete und beurteilte. Als alle Prüflinge ihre praktische Prüfung absolviert hatten, ging es für uns für ein letztes Mittagessen wieder in den Speisesaal. Die Atmosphäre beim Essen glich der vom Frühstück, da alle mit ihren Gedanken bei der bevorstehenden mündlichen Prüfung waren. In Vorbereitung auf meine mündliche Prüfung ging ich meine praktische Übung nochmal gedanklich durch und stellte mir selbst die Frage, an welcher Stelle ich etwas verbessern könnte. Zusätzlich nahm ich mir die Verbesserungsvorschläge und Anmerkungen der anderen vom Vorabend zu Herzen, sodass ich mich gut vorbereitet fühlte, als ich zu meinem letzten Teil der Prüfung aufgerufen wurde. In diesem Teil kamen - wie erwartet - einige Fragen zu den bereits absolvierten Prüfungsteilen, welche ich nach meinem Empfinden relativ gut beantworten konnte. Nachdem die Prüfzeit um war und ich die letzte Frage beantwortet hatte, ging ich zu den anderen Anwärtern auf die Terrasse. Von welcher wir einen exzellenten Blick über die gesamte Sportanlage, die das Herz eines jeden Fußballfans höher schlagen lässt, hatten. In diesem Moment herrschte eine gemischte Stimmung, da der eine Teil von uns schon fertig war, während die anderen noch angespannt auf die bevorstehende Prüfung blickten. Als der letzte Anwärter mit der mündlichen Prüfung fertig war, mussten wir noch fünf Minuten warten, ehe die Prüfungsergebnisse verkündet wurden. In diesen fünf Minuten ließen sich viele von uns ihre Prüfung nochmal durch den Kopf gehen. Während der gesamten Prüfungen zeigten wir Probanden uns als eine Einheit, sodass wir auch zur Verkündung der Ergebnisse als eine Gruppe gingen. Nachdem die Prüfer und auch wir die letzten Tage Revue passieren ließen, verkündeten sie die Noten - alle hatten bestanden. Sie riefen uns einzeln nach vorne und überreichten uns die Urkunde und unsere Trainerkarte. Nach der Aushändigung aller Unterlagen, verließen wir fluchtartig die Sportanlage, da wir am Abend alle in unseren Vereinen trainieren sollten und noch eine rund zweistündige Autofahrt vor uns hatten.

Bei der Trainingseinheit meiner Mannschaft gratulierten mir die Spieler, mein Trainerkollege und die Eltern der Spieler zur bestandenen Prüfung, ehe wir mit einem möglichen Problem in der Zukunft konfrontiert wurden. Die Führung meines Vereins hatte geplant, ab der kommenden Saison eine Spielgemeinschaft in der E-Jugend ins Leben zurufen. Für den Großteil meiner Spieler hätte das bedeutet, dass sie ab der neuen Saison durch die halbe Stadt hätten fahren müssen. Viele Eltern sahen der räumlichen Entfernung zum neuen Trainingsgelände kritisch entgegen, sodass sie sich bereits im Laufe der Saison nach attraktiven Alternativen umschauen wollten. Nach der Trainingseinheit setzten wir beiden Trainer uns in die Kabine und überlegten, wie wir die Spielgemeinschaft und damit den Zerfall unserer F-Jugend verhindern könnten. Der Grund für die bevorstehende Spielgemeinschaft lag in dem Trainermangel meines Vereins. Unser Verein hatte lange nach einem passenden Trainerteam gesucht, aber keins gefunden, sodass wir beiden nur eine Lösung für das Problem sahen: Wir übernehmen auch noch das Training der zukünftigen E-Jugend und damit eine Trainingsgruppe von über 30 Kindern. Wir präsentierten unseren Vorschlag dem Vorstand, welcher die Idee grundlegend gut fand, wenngleich wir mehrfach dran erinnert wurden, wieviel Verantwortung damit in unseren Händen läge. Es war schwer zu glauben, aber diese Entscheidung und die Unterschrift unter dem Übungsleiter-Vertrag machten mich im Alter von 16 Jahren bereits zum Cheftrainer von zwei Jugendmannschaften.

Zwei Monate nachdem ich meine C-Lizenz erhalten hatte, fuhren mein Vater und ich wieder nach Bayern in den Urlaub. Darauf hatte ich mich bereits lange im Voraus gefreut, da ich wusste, dass er mir räumliche und emotionale Distanz zum Alltag bringen würde. Die bayerische Idylle hatte sich in all den Jahren zu einem zweiten Zuhause für mich entwickelt. Ein Zuhause, wo ich ebenfalls viele Freunde hatte, mit welchen ich regelmäßig Zeit verbrachte.

In diesem Sommer traf ich auf eine langjährige Freundin, mit der ich jeden Abend um den See ging, auf dessen Oberfläche sich die untergehende Sonne reflektierte. Wir verbrachten viel Zeit miteinander, wobei es uns am Liebsten war, wenn wir uns sportlich betätigten, sodass wir viel durch die bayrische Alpenlandschaft radelten. Neben dem Radfahren hatte sie eine weitere sportliche Leidenschaft: Das Schwimmen. Aus diesem Grund gingen wir jeden Tag in aller Früh zum Schwimmen in dem glasklaren See. Mit zunehmender Länge unseres Urlaubes schwammen wir immer weitere Strecken.

Drei Tage vor meiner Abreise schwammen wir parallel zu dem Fußweg, als ich plötzlich nur noch verschwommen sehen konnte. Sie schwamm vor mir, weshalb ich zunächst dachte, dass ich ein wenig Wasser ins Auge bekommen hatte. Wir glitten weiter durchs Wasser, bis meine Arme und Beine anfingen stark zu zittern. «Irgendwas stimmt nicht», schrie ich, ehe ich zum Ufer abdrehte und mich auf den Fußweg legte. Kurz nachdem ich mich hingelegt hatte, verstärkte sich das verschwommene Bild vor meinen Augen. Mittlerweile hatte meine Freundin mitbekommen, dass irgendwas los war, weshalb sie sich neben mich hockte.

«Phil? Alles gut?», fragte sie besorgt.

«Nein. Ich habe ein zittriges Gefühl in den Armen und Beinen. Außerdem sehe ich dich nur verschwommen. Wir müssen zurück zum Hof», antwortete ich.

Sie führte mich, während wir in langsamen Schritten zurück zu unserer Unterkunft gingen. Mit jedem weiteren Schritt verbesserte sich meine Symptomatik. Nachdem wir wieder auf dem Hof angekommen waren, zitterten nur noch meine Arme. Das verschwommene Sehen und die zittrigen Beine waren so schnell verschwunden, wie sie gekommen waren.

«Danke, dass du mir geholfen hast», drückte ich meine Wertschätzung aus, während sie sich umdrehte und mit einem Grinsen zurückgab: «Du hattest nur keine Lust zu schwimmen.»

Etwas verärgert über ihre Aussage ging ich auf unser Zimmer, wo ich meinen Vater vorfand, der perplex auf sein Handy starrte.

«Was ist los, Papa?», fragte ich, nachdem er nichts zu meiner frühen Rückkehr sagte.

«Das Gesundheitsamt hat mich gerade angerufen», sagte er mit zittriger Stimme.

«Was wollen die schon wieder? Ich hab doch letztens erst ein weiteres Sputum abgegeben», merkte ich etwas genervt an.

«In Omas Sputum wurden Erreger gefunden.»

«Was? Was heißt das?», fragte ich schockiert.

«Sie hat auch Tuberkulose.»

Während mein Vater mir die Diagnose meiner Oma mitteilte, begannen meine Beine wieder zu zittern. «Und jetzt?», fragte ich - nun ebenfalls mit zitternder Stimme.

«Oma kann zuhause bleiben, da sie alleine wohnt und sich innerhalb der eigenen vier Wände selbst isolieren kann. Sie wird jetzt auch für mindestens sechs Monate eine Antibiotika-Therapie bekommen.»

«Fuck», schrie ich, ehe ich auf den Boden sank und einige Augenblicke für mich brauchte.

Nach einer Weile schaute ich zu meinem Vater und fragte ihn: «Fahren wir nun früher nachhause, weil Oma unsere Hilfe braucht?»

«Nein, Deine Tante versorgt Oma bis zu unser Rückkehr mit Medikamenten und Lebensmitteln. Besuch darf sie erstmal sowieso keinen bekommen», antwortete mein Vater.

Ich gab mir die Schuld an der Infektion meiner Oma, weshalb ich für einen Moment nicht wusste, was ich sagen sollte. Letztlich entschied ich mich dazu, nichts zu sagen und ging in den Hof, wo ich auf meine

Freundin traf. Sie merkte mir an, dass etwas passiert war, woraufhin sie versuchte mich abzulenken. «Komm, wir gehen um den See», sagte sie, während sie im Haus verschwand, kühle Getränke holte und wieder rauskam.

Am selben Abend telefonierte ich mit meiner Oma, wo sie mir von ihrem Gespräch mit einem Mitarbeiter des Gesundheitsamtes erzählte. «Wusstest du, dass die medikamentöse Behandlung gegen Tuberkulose auf den Körper eine ähnliche Wirkung hat, wie eine Chemotherapie bei einem Krebspatienten?»

«Nein, das wusste ich nicht», sagte ich, ehe meine Oma humorvoll anfügte: «Außerdem hat mir der junge Mann Sport verboten. In meinem Alter macht man doch gar kein Sport mehr.»

Durch das Telefonat mit meiner Oma konnte ich mir herleiten, dass meine Kreislaufprobleme am frühen Vormittag mit der Medikation in Verbindung standen. Ich hatte von keinem Arzt ein Sportverbot oder ähnliches ausgesprochen bekommen, weshalb ich bis zu diesem besagten Morgen weiterhin täglich Sport getrieben hatte - vermutlich mehr, als meinem Körper recht war.

«Ich wollte dich nicht anstecken, Oma», sagte ich zum Ende des Telefonats mit zitternder Stimme.

«Mach dir keine Vorwürfe, Phil! Vielleicht habe ich mich auch woanders angesteckt - momentan lese ich immer öfter von steigenden Tuberkulose-Fällen.»

Für den Moment beruhigte mich die Aussage meiner Oma, wenngleich ich mir große Sorgen um ihre Gesundheit machte, da die Tuberkulose selbst mir - als jungem Menschen - ordentlich zusetzte.

Am nächsten Tag kam Magdalena mit ihrer Familie überraschend zu Besuch in unseren Urlaubsort. Der Besuch war nicht geplant und dennoch war es die perfekte Ablenkung in Hinblick auf die Diagnose, die meine Oma am Vortrag erhalten hatte. Magdalena und ich hatten uns knapp vier Monate nicht mehr gesehen, ihre Geschwister kannte ich teilweise noch gar nicht. Dennoch war die Atmosphäre so freundschaftlich und vertraut, als würden wir uns schon seit Jahren kennen. Wir verbrachten einen schönen Seetag, wobei wir uns über die verschiedensten Dinge amüsierten. Sei es die Ente, die 10 Minuten im Kreis lief oder der Opa, der sein Eis verlor, weil sein Handy klingelte - wir hatten unseren Spaß. Bevor es für Magdalenas Familie wieder nachhause ging, gingen wir wieder zum Italiener Pizza essen – dies war anscheinend inzwischen ein Ritual zur Verabschiedung geworden.

Nachdem wir unseren Besuch verabschiedet hatten, wurde mir bewusst, dass Freundschaften wie diese nur aufgrund meiner Erkrankung zustande gekommen waren.

Der Großteil der Freundschaften, die ich in der Kinderklinik in Garmisch-Partenkirchen geschlossen habe, hält bis heute an. Sie sind intensiver und tiefgründiger, als die meisten, die ich zuhause geschlossen habe. Obwohl es bei den Freundschaften, die in Garmisch-Partenkirchen geschlossen wurden, oft längere Zeiträume gibt, in denen man nichts voneinander hört.

Eine weitere Freundschaft, in denen man sich lange Zeit nicht sieht, führe ich mit Lina. Lina lernte ich 2017 durch Zufall über ein soziales Netzwerk kennen. Zunächst war auch unsere Konversation sehr oberflächlich, aber durch unsere gemeinsame Liebe zum Sport - vor allem dem Fußball - entwickelte sich schon bald eine tiefere Freundschaft mit langanhaltenden Gesprächen. Bis wir uns im August 2019 zum ersten Mal im echten Leben trafen, hatte ich Lina bereits etliche Dinge anvertraut, die ich zuhause niemandem erzählte. Sie war für mich bereits nach kürzester Zeit meine beste Freundin, weshalb sie auch als erste Person - neben meinen Eltern - von diesem Buch erfuhr. Wann immer es einem von uns beiden schlecht ging, war/ist der/die andere für einen da - auch auf eine Distanz von über 400 Kilometern. Ich erinnere mich an einen Tag, als ich einen Kortisonstoß bekam, in dessen Folge ich mich enorm aufregte und für einen kurzen Zeitraum einen Puls von über 200 hatte. Weder das medizinische Personal vor Ort, noch meine Eltern schafften es mich zu beruhigen. Einige, wenige Nachrichten mit Lina reichten aus, damit sich mein Puls wieder normalisierte.

Es gibt mit Sicherheit leichtere Dinge, als eine Freundschaft mit jemandem zu führen, den man nur wenige Male im Jahr sieht, aber wenn beide Personen an einer solchen Freundschaft festhalten, kann sie genau so gut (oder sogar besser) funktionieren, wie jede andere auch. Ich persönlich hoffe, dass es noch viele Tage gibt, an dessen Abenden Lina mir von ihrer großen Leidenschaft für den Badminton-Sport erzählt, während ich ihr von irgendwelchen verrückten Ideen erzähle.

Zwei Tage später reisten auch mein Vater und ich von der traumhaft schönen Kulisse ab. Auf der Fahrt erfuhren wir, dass der Zustand meiner Großmutter sich massiv verschlechtert hatte und sie in eine Spezialklinik für Tuberkulose eingeliefert worden war. Die Sorgen um meine Oma verstärkten sich, aber ich wusste, dass sie jetzt in den Händen von Experten war, die ihr Bestes für die Genesung meiner Oma geben würden.

Wenige Tage nach meiner Heimkehr, ging es für meine Fußballmannschaft und mich zu einem dreitägigen Fußballturnier nach Dänemark. Da sich der Zustand meiner Oma noch nicht grundlegend gebessert hatte, reiste ich mit unruhigem Gefühl in das dänische Königreich. Auf der vierstündigen Fahrt alberten die Jungs auf ihren Sitzen und fragten uns: «Wann sind wir endlich da sind?» Es mag ironisch klingen, aber ich fand die Bedingungen auf der Anreise perfekt, da sie mich ablenkten und die Vorfreude der Junge zeigten.

Nach unserer Ankunft am Turnierstandort erblickten wir eine Fußballanlage, die das Herz eines jeden Fans höher schlagen lässt. Während wir Trainer unsere Mannschaft bei der Information anmeldeten, stürmten die Jungs auf ein freies Rasenstück, wo sie sich den Ball in hohem Tempo zuspielten. Nachdem die Formalitäten erledigt waren, richteten wir unsere Unterkunft in einem Klassenzimmer einer benachbarten Schule ein.

Am Abend gingen wir mit den Jungs nochmal auf den Trainingsplatz, wo wir uns unter den Flutlichtmasten auf die Spiele der kommenden Tage vorbereiteten. «Trainer gegen Spieler», schrie einer unserer Spieler, bevor er mir den Ball von den Füßen stibitzte und auf ein Tor zulief.

Wir drei Trainer schoben uns den Ball im Stehen zu, sodass die Jungs viel laufen mussten und schnell müde wurden. «Letztes Tor entscheidet»,, riefen wir schließlich. Sowohl wir Großen als auch die Kleinen drehten nochmal richtig auf, sodass es viele Minuten brauchte, ehe das Team der Kleinen den Siegtreffer erzielte und sie jubelnd vor uns Trainern herumalberten. Wir gingen zurück in die Schule, wo die Jungs sich zum Schlafen legten, während wir Trainer die Taktik- und Motivationsansprache für die bevorstehenden Spiele vorbereiteten.

Der nächste Tag begann früh, da unser erstes Spiel schon um 8 Uhr begann. Die Jungs kamen schlecht ins Spiel und verloren gegen einen Gegner, der körperlich sogar unterlegen war. Nach dem Spiel kamen sie zu uns und erklärten: «Das ist so ungewohnt, wenn der Torwart den Ball nicht in die Hand nehmen darf. Warum sind die Tore eigentlich so klein?»

Wir erklärten den Jungs erneut die Regeln des dänischen Jugendfußball, ehe wir auf einem Nebenplatz an unserer taktischen Ausrichtung arbeiteten. Unseren robustesten Spieler stellten wir dabei als letzten Mann in den Rückraum. Mit der klaren Anweisung die Mannschaft nach vorne zu pressen, sofern er den Ball erobern würde.

Bis zu unserem nächsten Spiel hatten wir noch etwas Zeit, sodass wir Trainer die angreifende Mannschaft spielten, während die Spieler unsere taktischen Anpassungen umsetzen sollten. Desto mehr Angriffe wir simulierten, desto besser agierten die Jungs. Irgendwann schalteten sie quasi im Alleingang in den Angriffsfußball und überrannten uns Trainer förmlich.

Wir gönnten den Jungs ein wenig Verschnaufpause, bevor sie 25 Minuten später zum nächsten Spiel antreten mussten. Sie setzten unsere Anweisung bestens um und dennoch gerieten sie durch einen Ball aus der Distanz in Rückstand. 1:0 für den Gegner. Noch fünf Minuten zu spielen. Es fanden so viele Spiele parallel statt, dass unsere Spieler unsere Anweisungen kaum verstanden und sich irgendwann selbst nach vorne pushten. «Wie sagen unsere Trainer immer? Niemals aufgeben, Jungs», rief unser Rechtsaußen, bevor er zum Dribbling über die Außenlinie ansetzte und den Ball erst kurz vor der Grundlinie ins Zentrum spielte. Der gegnerische Verteidiger stolperte den Ball - zu unserem Glück - ins eigenen Tor. Unsere Spieler waren beflügelt durch den Ausgleichstreffer, sodass sie den Gegner weiter unter Druck setzten. Es waren nur noch wenige Sekunden zu spielen, als unser Abwehrspieler sich ein Herz fasste und den Ball aus der zweiten Reihe aufs Tor drosch. Der Ball wurde durch einen gegnerischen Verteidiger abgefälscht, wodurch er unhaltbar in den linken Winkel flog. Wenige Sekunden, nachdem der Schiedsrichter das Spiel wieder angepfiffen hatte, pfiff er ab. Wir hatten unser erstes Spiel gewonnen.

Am ersten Turniertag folgten drei weitere Spiele, von denen wir zwei gewannen und uns einmal mit einem Remis vom Gegner trennten. Durch diese Leistung am ersten Tag spielten wir am kommenden Tag in der stärkeren Staffel.

Die Jungs und wir Trainer schauten noch bei einigen Spielen der höheren Altersklassen zu, ehe wir zurück in die Schule gingen und unsere Betten richteten.

Nachdem die Jungs eingeschlafen waren, gingen wir Trainer in die Sporthalle, welche in unmittelbarer Nähe zu unserem Klassenzimmer lag und spielten eine lockere Runde Fußball. Nach einer Weile kamen weitere Jugendliche in die Halle, setzten sich auf den kühlen Hallenboden und starrten in ihre Handys. In diesem Moment bemerkte ich zum ersten Mal seit unserer Anreise, dass ich mein Handy daheim gelassen hatte und ich bereute es keinen Augenblick.

Im Zuge meiner Erkrankung merkte ich immer stärker, wie wichtig der Verzicht auf gewisse Dinge ist. Ohne mein Handy nehme ich die Momente deutlich intensiver wahr und ich fühle mich weniger gestresst, da ich nicht mehr das Gefühl verspürte direkt antworten zu müssen. Auch der Verzicht auf Zucker lindert die Aktivität meiner Erkrankung deutlich, wobei ich eher Reduzierung sagen sollte - ein vollkommener Verzicht ist beim Zucker heutzutage kaum noch möglich. Zuletzt möchte ich jedem Leser wärmsten empfehlen, auf toxische Menschen zu verzichten - dies hat meine Lebensqualität enorm verbessert.

Am Folgetag setzte unsere Mannschaft die herausragende Leistung vom Vortag fort. Sie gewannen jedes Spiel und standen - zurecht - im Finale, welches am kommenden, dritten Turniertag ausgetragen werden sollte.

Im Finale am Morgen des letzten Turniertages trafen wir auf den Turniergastgeber: Brøndby If - eine Nachwuchsmannschaft des dänischen Erstligisten.

Die Stimmung vor Ort war unangenehm, da der Großteil der Fans für die Heimmannschaft war. Unsere Jungs nahmen die Sache gelassen und spielten frei auf, sodass sie auch das erste Tor des Spiels erzielten. Das Gegröle der Fans wurde immer lauter, weshalb die Spieler unsere Anweisungen nicht mehr verstehen konnten - wir versuchten vergeblich etwas an der Taktik zu verändern. Kurz vor dem Pausenpfiff erzielten die Gastgeber den Ausgleich, sodass alle Beteiligten sehnsüchtig der zweiten Halbzeit und der Entscheidung entgegenblickten. Entgegen aller Erwartungen wurde in der zweiten Halbzeit kein weiteres Tor erzielt, weshalb es direkt ins Elfmeterschießen ging.

In unseren Reihen gab es nur einen Spieler, der freiwillig zum Schießen antrat, sodass wir die übrigen Schützen bestimmten. Unsere Schützen erwischten einen schwachen Tag, sodass bereits nach drei Schüssen klar war, dass der Gegner gewonnen hatte.

Nachdem wir die erste Enttäuschung über die Niederlage verarbeitet hatten, gingen wir zur Siegerehrung und holten uns unter tosendem Applaus die Silbermedaille. Wir schossen schnell ein paar Fotos für die Vereins-Vitrine, ehe wir uns auf die vierstündige Rückfahrt begaben.

Im Vorfeld des Turniers hatte ich mir die Frage gestellt, ob ich an dem Turnier teilnehmen sollte. Ich hatte Angst, dass sich der Zustand meiner Gelenke durch die Reisestrapazen und das ganze Drumherum verschlechtern würde - Fehlanzeige. Es ging mir deutlich besser, da ich in den drei Tage nur eine Sache im Kopf gehabt hatte - Fußball. Da war gar kein Platz für schlimme Gedanken.

Phil Oliver Ladehof

Obwohl ich im Jahr 2016 bereits fünfmal die Kinder- und Jugendrheumatologie in Garmisch-Partenkirchen aufgesucht hatte, musste ich auch den Jahreswechsel in dieser Klinik verbringen. Bis zu meiner Anreise am 27. Dezember 2016 konnte ich mir nicht vorstellen, dass ich Silvester in einem Krankenhaus verbringen würde, da dieses Fest in meiner Vorstellung immer mit Freunden oder Familie gefeiert wurde. Die Schmerzen in meinem rechten Knie und mein allgemeiner körperlicher Zustand ließen mir jedoch keine andere Wahl, sodass ich die 1000 Kilometer Anreise ein weiteres Mal auf mich nahm.

Bereits kurz nach meiner Ankunft in der Kinderklinik merkte ich, dass ich einer der wenigen Patienten war, dessen Eltern nicht dabei waren. Der Einzige, der ebenfalls ohne Eltern in der Klinik war, war mein 16-jähriger Zimmernachbar Tom. Wir verstanden uns auf Anhieb sehr gut, sodass wir bereits in ein tiefes Gespräch versunken waren, als eine der Schwestern mit der Aufnahme beginnen wollte.

Tom und ich unterbrachen unser Gespräch, damit ich zuerst von der Schwester und anschließend von den Ärzten aufgenommen werden konnte. Die ärztliche Aufnahme begann mit der gewohnten körperlichen Untersuchung, welche - neben dem Knie - keine weiteren Bewegungseinschränkungen, Schwellungen oder Überwärmungen zeigte.

Im zweiten Teil der Untersuchungen wurde meine Gelenke und Sehnen von dem aufnehmendem Arzt geschallt. Der Ablauf dieser Untersuchung war mir bekannt, weshalb ich verwundert war, dass der Doktor sich eine Stelle in meinem Knie verhältnismäßig lange anschaute. Nach einer Weile sagte er mir, dass er gerne den Chefarzt hinzuziehen würde, da er eine Sache im Ultraschallbild nicht richtig deuten könne.

«Hoffentlich ist das nichts Schlimmes», dachte ich, während ich auf der Behandlungsliege saß und gemeinsam mit Herrn Dr. Zeller auf Prof. Dr. Haas wartete.

Einige Augenblicke später stand der Professor in dem Untersuchungsraum und bekam vom Stationsarzt erläutert, in welcher Sache er sich unsicher war. Im Anschluss setzte sich der Professor selber an den

Schallkopf und schaute sich mein rechtes Knie in aller Ruhe an. Nach einer Weile bat er mich: «Setz dich mal ganz entspannt auf die Liege.» In diesem Moment war mir bewusst, dass irgendwas mit meinem Knie nicht stimmen konnte.

Nachdem ich mich aufrecht hingesetzt hatte, rollte der Professor mit seinem Drehstuhl an mich heran, schaute mir in die Augen und erklärte: «Wenn wir in der Medizin von einem Tumor sprechen, reden wir nicht zwangsläufig von Krebs. Bei einem Tumor kann es sich auch um überschüssiges, gutartiges Gewebe handeln und diesen Verdacht haben wir bei dir.»

Der Chefarzt hatte mir diese Verdachtsdiagnose sehr beruhigend und einfühlsam erklärt, sodass sich meine Ängste für den ersten Moment im Rahmen hielten. Dennoch fragte ich ihn, wie die weitere Behandlung bzw. Diagnostik aussehen würde.

«Wir werden schauen, dass du in den kommenden Tagen einen MRT-Termin bekommst. Auf Grundlage des Befundes können wir dann die weitere Behandlung abstimmen», war die Antwort seitens des Mediziners.

Während der Chefarzt zurück in sein Büro ging, ging ich mit Herr Dr. Zeller zurück auf Station. «Können Sie mir sagen, wie lange ich auf einen MRT-Termin warten muss?»

«Momentan ist Skisaison - da kann das aufgrund der ganzen Skiunfälle schonmal etwas länger dauern. Aber ich bin zuversichtlich, dass wir zeitnah einen Termin für dich bekommen.»

Ich bedankte mich beim Arzt und verabschiedete mich in mein Patientenzimmer, wo ich meine Konversation mit Tom fortführte. «Bleibst du eigentlich auch über Silvester in der Klinik?», fragte ich in der Hoffnung, dass ich einen Gleichgesinnten gefunden hatte.

«Nein, ich darf am 30.12 wieder nachhause.»

«Schade», sagte ich.

«Was hältst du davon, wenn wir ein bisschen Playstation spielen?», fragte mich Tom, was ich natürlich nicht ablehnen konnte, sodass wir in den Aufenthaltsraum gingen und uns in zahlreichen Videospielen duellierten. Die Videospiele und das intensive Gespräch mit Tom halfen mir, nicht mehr an die Verdachtsdiagnose zu denken.

Erst am Nachmittag, als eine Schwester in den Aufenthaltsraum kam und mir sagte, dass die Klinik für mich in drei Tagen einen MRT-Termin vereinbart hatte, wurde die Verdachtsdiagnose in meinem Kopf präsenter.

Wir spielten weiter an der Konsole, sodass ich den Verdacht zumindest phasenweise wieder ausblenden konnte. Erst am Abend, als ich ruhig im Bett lag und keine Ablenkung mehr hatte, bekam ich Angst, dass der Verdacht sich bewahrheiten würde. Tom schlief bereits und mein Handy hatte keinen Empfang, sodass ich an diesem Abend alleine mit meinen Gedanken war.

Am nächsten Morgen kam eine Schwester in mein Zimmer und sagte: «Du hast gleich um 9 Uhr einen Termin bei einer unserer Psychologinnen. Ich habe zwar nicht das Gefühl, dass du eine psychologische Behandlung benötigst, aber vielleicht schaust du es dir trotzdem einfach mal an.»

«Das werde ich. Ich bin der Meinung, dass ich keine Dinge beurteilen kann, bevor ich sie versucht habe», antwortete ich ihr.

Nachdem ich meine Anwendungen beendet hatte, machte ich mich auf den Weg zur Psychologin, die schon auf mich wartete. Zu Beginn des Termins erzählte ich ihr von meinem Krankheitsverlauf und von den Methoden, wie ich mit meiner Erkrankung umgehe. In diesem Kontext erzählte ich ihr auch von meinem Buch, sodass ihr ziemlich schnell klar wurde, dass ich mich bereits auf verschiedensten Ebenen mit meiner Erkrankung auseinandersetzte.

Während die Psychologin mir bestätigte, dass ich in ihren Augen keine psychologische Therapie benötigen würden, schaute ich an ihr vorbei auf das Bergpanorama, welches mir der Ausblick aus ihrem Fenster bot.Die Form der Bergkette erinnerte mich an meinen Krankheitsverlauf, sodass ich die Psychologin bat sich einmal umzudrehen und ebenfalls aus dem Fenster zu schauen. «Sehen Sie die Berge dahinten?», fragte ich.

«Natürlich. Das ist der Jubiläumsgrad.»

«Dieser Berg erinnert mich an meinen Krankheitsverlauf. Das Stück vor dem ersten Gipfel des Berges ist langgezogen mit einer mittelstarken Steigung. Im Anschluss geht es wieder ein kleines Stück runter, ehe der zweite Gipfel nach einem steileren Stück erreicht wird. Und ganz zum Ende geht es nochmal ein steiles Stück herunter, bevor es sehr steil bergauf geht», führte ich fort.

«Und in wiefern erinnert dich das an deine Krankheit?», wollte die Psychologin nun wissen.

«Das erste Stück, welches so langgezogen ist, war das langwierigste, da ich immer wieder komplett zurückgeworfen wurde, wenn ich mich habe hängen lassen. Um das auf eine bildliche Ebene zu übertragen: Ich bin den Berg immer wieder ganz runtergerutscht. Wenn ich mir bei meinem Knie einmal einen Tag Pause erlaubt habe, musste ich -gefühlt- wieder von vorne beginnen, da ich in diesem Stadium die schnellsten Rückschritte gemacht habe. Nachdem ich jedoch den ersten Gipfel überwunden hatte, konnte ich nicht mehr ins Tal zurückfallen, sondern nur noch zwischen den ersten und den zweiten Gipfel. Dadurch habe ich zwar auch einen Teil des Fortschrittes verloren, aber niemals den Gesamten. Als der zweite Gipfel überwunden war, brachte ein Rückfall mich nur noch in das „Tal" zwischen dem zweiten und dem dritten Gipfel. Das letzte Stück wird das Schwerste sein, da ich hier auf die stärkste Steigung treffe und mich vollends darauf konzentrieren muss, dass ich nicht zurückfalle», ergänzte ich meine Ansicht.

«Wow», warf die Psychologin ein, ehe ich ihr von einem weiteren Prinzip erzählte, welches ich auf meine Krankheit anwendete. Dem Eisberg-Prinzip. Ein Eisberg befindet sich zu großen Teilen unter Wasser und wir Menschen sehen nur das, was über dem Wasser liegt. Bei einer Erkrankung ist es oftmals dasselbe: Die Betroffenen geben jeden Tag alles für ihre Genesung oder zumindest eine Besserung, aber das, was die Außenstehenden sehen, sind die Einschränkung oder äußerliche Veränderung, die durch die Krankheit bedingt auftreten. Der Aufwand, den die Ärzte, Therapeuten, die Familie und der Erkrankte selber leisten, beschreibt den Teil des Eisberges, der unter Wasser liegt, sodass der damit verbundene Aufwand, Schweiß, Rückschläge und Zusammenhalt durch Außenstehende meist gar nicht wahrgenommen wird.

«Phil, ich bin erstaunt, wie reflektiert du mit deinen 16 Jahren schon mit deiner Krankheit umgehst und wie sehr du deine Erfahrungen auf eine bildliche Ebene übertragen kannst, sodass auch für mich als Außenstehende verständlich wird, wie dein Eisberg von unten ausschaut. Ich könnte dir weitere Termine bei mir geben, aber ich denke nach wie vor, dass du deinen Weg gefunden hast, um mit der Erkrankung zurechtzukommen.»

«Wenn Sie das so sehen, dann können wir das gerne so machen. Ich wollte die Behandlung jedoch nicht kategorisch ausschließen, weshalb ich zumindest den heutigen Termin wahrnehmen wollte», stimmte ich ihrem Vorschlag zu, bevor ich mich von ihr verabschiedete und zurück auf Station ging.

Auf der Station wurde ich direkt von einer Schwester abgefangen: «Ich weiß nicht, ob man es dir schon erzählt hat, aber du hast in zwei Tagen deinen MRT-Termin in Murnau. Eine weitere Patientin von Station hat kurz vor dir einen Termin, sodass ihr zusammen mit dem Taxi hinfahren werdet.» Ich freute mich nach wie vor, dass die bildgebende Diagnostik - trotz der Ski-Saison - so schnell stattfinden konnte, bekam aber auch immer mehr Angst vor dem Ergebnis.

Am Nachmittag sprach ich mit meiner Physiotherapeutin über meine Ängste, woraufhin sie mich beruhigte, dass sicher alles gut sein würde.

Leider konnte sie mir mit diesem Satz gar nicht helfen, denn im Vorfeld meiner Tuberkulose-Erkrankung wurde mir auch immer wieder gesagt, dass „alles gut sei", weshalb ihre Aussage die Angst in mir eher verstärkte.

Sie meinte es aber gut, sodass ich versuchte ihr Glauben zu schenken und der Untersuchung entspannter entgegenzublicken. „Es kann nicht immer alles schlecht laufen", sagte ich mir selber.

Am nächsten Morgen wurde Chiara, eine weitere Patientin, in der Klinik aufgenommen. Chiara war einige Monate jünger als ich und erstmalig in der Klinik, sodass ich ihr nach ihrer Aufnahme eine Führung durch die Klinik gab. Sie erzählte mir ihre bisherige Krankengeschichte und löcherte mich mit Fragen zu meiner Diagnose, was mich an mein erstes Gespräch mit Steven erinnerte. Bei ihr war noch keine genaue Diagnose gestellt worden, weshalb sie die Klinik aufsuchen musste.

Nachdem sie mit ihren Fragen fertig war, sprach ich über meinen bisherigen Verlauf und die im raumstehende Verdachtsdiagnose. Wir kannten uns noch keinen ganzen Tag und dennoch tauschten wir uns über zwei der sensibelsten Themen unser Gesellschaft aus: Unsere Gesundheit und unsere Ängste.

Nachmittags standen für Chiara noch einige diagnostische Untersuchungen an, sodass wir unser Gespräch vorerst unterbrachen.

Tom und ich nutzten die Zeit um in den Freizeitraum zu gehen und dort eine Runde AirHockey zu spielen.

Am Abend schauten Chiara, ihre Zimmernachbarin, Tom und ich einen Film im Aufenthaltsraum, wobei ich mit meinen Gedanken nur noch bei der bevorstehenden Untersuchung war. Ich konnte mich auf nichts anderes mehr konzentrieren - egal, wie sehr ich mich bemühte. Auch die Gemeinsamkeit an diesem Abend änderte nichts an diesen Ängsten in meinem Kopf.

Um kurz vor 23 Uhr kam die Nachtschwester in den Aufenthaltsraum, wandte sich an mich und sagte: «Gehst Du jetzt bitte zu Bett? Morgen wird ein anstrengender Tag für Dich.»

„Vor allem mental", dachte ich mir, während ich ihrer Aufforderung folgte und in mein Zimmer ging.

Ich nahm mir meine Kopfhörer, legte mich ins Bett und hörte meine „Es-wird-alles-gut-Krankenhaus"-Playlist. Diese hatte ich kurz vor Ende meiner Quarantäne-Zeit erstellt, um in schwierigen Zeiten - wie dieser - eine Ablenkung zu haben.

Musik begleitete mich - wie die meisten - den Großteil meines Lebens, doch in Zeiten voller Ängste, begann ich die Musik auf eine andere Art und Weise zu verstehen. In diesen Momenten nahm ich den Songtext eines Liedes bewusst war und versuchte zu verstehen, was der Interpret uns mit seinem Lied mitteilen wollte.

Ein Lied, welches ich an diesem Abend rauf und runter hörte, war Superheld von Samy Deluxe. Die Message, welche für mich im Mittelpunkt des Liedes stand, war, dass eine Person alles schaffen kann, wenn sie an sich glaubt und jemanden hat, der sie unterstützt. Weitere Standpunkte, welche ich aus dem Lied heraushörte waren, dass manche Dinge Zeit brauchen und man sich niemals mit anderen vergleichen sollte. In dem Lied geht es nicht ansatzweise um einen Sachverhalt, der meinem ähnelt und dennoch half mir dieses Lied enorm an jenem Abend.

Mit Kopfhörern in den Ohren und dem Handy in der Hand schlief ich schließlich bei einem der anderen Lieder meiner Playlist ein.

Am nächsten Morgen wurde ich erst wenige Minuten vor der Abfahrt, mit dem Taxi, geweckt, da ich für die MRT-Untersuchung nüchtern sein musste. Unmittelbar nachdem ich geweckt worden war, verstärkten sich meine Ängste ein weiteres Mal.

Ich ging in den Aufenthaltsraum und richtete mir mein Essen - für die Rückfahrt - her. Da ich vor der Taxifahrt nochmal zu einem Arzt musste, packte mir die Krankenschwester mein Brot ein - in eine Serviette mit meinem Namen und einer Sonne drauf. Es war eine kleine Geste, die mir dennoch viel Freude bereitete und mir den Start in einen wichtigen Untersuchungstag versüßte.

Eine Schwester der Station, die Zimmernachbarin von Chiara und ich nahmen unsere Sachen und gingen zum Taxi. Die Zimmernachbarin von Chiara saß die gesamte Taxifahrt seelenruhig neben mir und tippte auf ihrem Handy herum.

Ich lehnte mit meinem Kopf am Fenster, hörte meine Playlist und spielte in meinem Kopf zahlreiche Szenarien durch. Durch meine Atmung direkt an die Scheibe beschlug diese, was in etwa das zum Ausdruck bringt, was ich vor mir liegen sah: Einen mir unbekannten, verschwommenen Weg.

Im anderen Klinikum ging es für mich direkt in die MRT-Untersuchung. Aufgrund eines technischen Defektes leider ohne Musik auf den Ohren. Während ich im MRT lag, hatte ich somit keine Ablenkung und dachte immer wieder an die mögliche Diagnose. Meine Ängste, welche seit drei Tagen vorhanden waren, vertieften sich. Ich zitterte am ganzen Körper, bekam einen hohen Puls und hatte das Gefühl keine Luft mehr zu bekommen. Die etwa dreißigminütige Untersuchung kam mir vor, wie eine Ewigkeit.

„Endlich", dachte ich, als die Liege nach Ablauf der Untersuchung aus dem Gerät herausgefahren wurde. Natürlich lagen noch keine Ergebnisse vor, aber ich konnte mich jetzt bis zur Besprechung des Ergebnisses mit anderen Dingen ablenken. Die Rückfahrt nutze ich zunächst zum Essen meines Frühstücks, ehe ich mir eine heruntergeladene Serie auf meinem Handy anschaute.

Nach der Rückkehr in die Klinik kam mir Chiara mit ihrem Freund entgegen. «Hast du Lust mit in die Stadt zu kommen?», fragten sie mich.

Da ich wusste, dass die Auswertung der MRT-Untersuchung noch etwas Zeit in Anspruch nehmen würde, willigte ich ein und ging mit ihnen in die Stadt. Die beiden merkten meine anhaltende Anspannung, sodass wir kein einziges Wort über Krankheiten verloren. Wir redeten über die schönsten Autos, große Skigebiete und unsere absoluten Favourite-Places.

Während wir in einem Restaurant der Innenstadt saßen, klingelte mein Handy. Eine Nummer aus Garmisch. Mir war klar, dass es die Klinik sein musste. «Hallo Phil, hier ist Schwester Hildegard aus der Klinik. Die Oberärztin will gleich das Ergebnis der MRT-Untersuchung mit dir besprechen. Kommst du langsam zurück?»

«Ja, klar», sagte ich, ehe ich mich von Chiara und ihrem Freund verabschiedete, Geld für meine Getränke auf den Tisch legte und zurück zur Klinik ging.

Die Schwester schickte mich unmittelbar nach meiner Ankunft in das Arztzimmer, wo die Oberärztin und Herr Dr. Zeller bereits auf mich warteten. Bevor ich in das Arztzimmer ging, atmete ich einmal tief durch und sagte mir selbst: «Du musst da jetzt durch.»

Seit diesem Tag atme ich vor jeder Situation, die mir Angst bereitet genau einmal tief durch. Im Anschluss daran stelle ich mich der Herausforderung, die vor mir liegt.

Nachdem ich mich auf die Behandlungsliege setzte, schaute die Oberärztin mich an und sagte: «Fangen wir mit der guten Nachricht an. Die MRT-Aufnahmen zeigen uns, dass in deinem Knie kein Tumor vorliegt - weder ein gutartiger noch ein bösartiger.»

In diesem Moment fielen mir tausende Steine vom Herzen. Die Ärzte erzählten mir noch weitere Dinge, die auf dem MRT-Bild zu erkennen waren, doch ich nahm diese Befundung nur beiläufig war, da sich meine Gedanken in diesem Moment erstmal wieder fangen mussten. Am Ende des Gespräches verabschiedete ich mich von den Ärzten, wünschte ihnen einen guten Rutsch ins neue Jahr und ging zurück auf mein Zimmer.

Eine gute Stunde später kam Chiara mit ihrem Freund zurück und schaute in meinem Zimmer vorbei. «Und? Hast du dein Ergebnis?», fragten die beiden leicht verunsichert. Ich brauchte nichts zu sagen – das glückliche Grinsen auf meinen Lippen reichte vollkommen aus. Chiara kam auf mich zu, umarmte mich und drückte mich fest an sich. Ihr Freund stand hinter ihr und hielt mir seine Hand hin, sodass ich während der Umarmung mit Chiara einschlug. Ich kannte die beiden noch keine zwei Tage und trotzdem hatten sie mit mir gezittert und sich nun mit mir gefreut.

Dieses Erlebnis zeigte mir wieder, dass die Freundschaften, die ich durch oder in der Klinik gemacht habe, deutlich tiefgreifender sind. Es gibt Freunde aus dem Krankenhaus, mit denen ich teilweise mehr als ein Jahr kein Kontakt habe. Doch wenn sie erfahren, dass es mir gerade wieder schlechter geht, sind sie für mich da - egal, was vorher war. Außerdem haben sie ein viel tiefergehendes Verständnis für die Sorgen und Ängste, die einen aufgrund der Krankheit begleiten.

Der Tag hatte mich enorm viel Kraft gekostet, sodass ich bereits kurz nachdem Abendbrot ins Bett ging und bis zum nächsten Tag durchschlief.

Mit dem nächsten Morgen begann auch der letzte Tag des Jahres 2016, welcher für mich bis zur „glitzernden Silvesterparty" des Sozialdiensts nichts weiter bereithielt.

Der Sozialdienst organisiert diverse Veranstaltungen für die Patienten, sodass sich unser Klinikaufenthalt netter gestaltet. Für die Teilnahme an solchen Veranstaltungen hängen Listen an einer Pinnwand aus, in welche sich die Patienten eintragen müssen, da für jede Veranstaltung nur eine bestimmte Anzahl an Patienten vorgesehen ist.

Zu Beginn der „glitzernden Silvesterparty" war ich mir unsicher, ob ich daran Spaß haben würde, da sich außer mir nur kleinere Kinder eingetragen hatten. „Besser als alleine auf dem Zimmer", dachte ich mir und versuchte das Beste draus zu machen.

Die Veranstaltung begann mit - dem für mich klassischen Silvester-Essen - Raclette. Wir hatten eine große Auswahl an Zutaten, sodass ich eine Menge verschiedener „Gerichte" ausprobieren konnte. Während des Essens unterhielt ich mich mit der FSJlerin der Klinik, die etwa in meinem Alter war, wodurch meine Zweifel vom Anfang sich legten. Es waren halt keine Patienten, mit denen ich mich unterhielt, sondern Mitarbeiter - das war mir jedoch vollkommen egal.

Nachdem alle fertig gegessen hatten, spielten wir einige Spiele. Eines dieser Spiele war Schokolade auspacken, welches mir bis dato vollkommen unbekannt war. Bei diesem Spiel geht es darum ein Stück eingepackter Schokolade mit Messer, Gabel, Handschuhen, Schal und Mütze auszupacken. Der Spieler, der am Zug ist, darf - nach Anlegen der aufgezählten Kleidungsstücke - solange die Schokolade auspacken, bis ein anderer Spieler eine Sechs würfelt. Die Kleidung wechselt dann den „Besitzer" und es wird weitergewürfelt.

Wir Jungs hatten nach einer Weile keine Lust mehr auf diese Art von Gesellschaftsspielen, sodass wir uns einen Stoffball nahmen und in der Eingangshalle der Klinik Fußball spielten. Die Stühle, welche den Besuchern tagsüber als Sitzmöglichkeiten dienten, funktionierten wir hierbei kurzerhand zu Toren um.

Wenige Minuten vor Mitternacht kamen die anderen Teilnehmer der glitzernden Silvesterparty in die Eingangshalle, um uns auf dem Weg ins Dachgeschoss abzuholen. Vom Dachgeschoss hatten wir den besten Ausblick auf das George C. Marshall Europäisches Zentrum für Sicherheitsstudien in Garmisch-Partenkirchen, welches erfahrungsgemäß ein beachtliches Feuerwerk abfeuern würde.

Das George C. Marshall Europäisches Zentrum für Sicherheitsstudien ist ein Studienzentrum auf Universitätsniveau, dessen Träger das deutsche Bundesministerium für Verteidigung und das Verteidigungsministerium der Vereinigten Staaten sind.

Für mich war es das erste Silvester in den Bergen und ich war fasziniert von der Geräuschkulisse. Die Raketen und Böller hallten zwischen den Bergen hin und her, sodass ein unbeschreibliches Geräusch entstand.

Kurz nach Mitternacht lagen wir uns allen in den Armen und wünschten uns ein frohes und vor allem gesundes neues Jahr.

Wir schauen noch eine Weile das Feuerwerk über dem Markt an, ehe die FSJlerin uns nach unseren Vorsätzen fürs neue Jahr fragte. Fast einheitlich antworteten wir: «Silvester nicht noch einmal hier verbringen.»

Nachdem jeder seine Vorsätze ein wenig weiter ausgeführt hatte, wurden wir zurück auf Station und anschließend ins Bett geschickt - es war mein bis dahin kürzestes Silvester.

Rückblickend muss ich sagen, dass diese Umstände zwar nicht die schönsten waren, aber der Sozialdienst der Klinik das Beste draus gemacht hatte.

Das neue Jahr begann für mich mit fünf sehr intensiven Behandlungstagen, an denen die Physiotherapeuten und ich bemüht an einem ambitionierten Ziel sehr bemüht arbeiteten - der vollkommenen Streckung. Einige Ärzte machten unserer Mission einen Strich durch die Rechnung, indem sie uns bildgebende Diagnostik vorlegten und sagten, dass eine vollkommene Streckung strukturell gar nicht mehr möglich sei.

Ich wollte diesen Aussagen keine Beachtung schenken, sodass ich jede mögliche Therapie mitnahm und mich tagtäglich im Fitnessraum der Klinik verausgabte. Vor jeder Physiotherapie-Einheit ging ich zehn Minuten auf das Galileo-Gerät, sodass sich meine Muskulatur lockerte und den Therapeuten die Dehnung erleichtert wurde.

Bei dem Galileo-Gerät handelt es sich um eine Vibrationsplatte, welche in verschiedenen Frequenzen vibriert, die wiederum verschiedene Auswirkungen auf den menschlichen Körper haben. Im unteren Bereich (5-10 Hz) dient die Vibration zur Muskelentspannung und der Abflussförderung von Lymphen. Der mittlere Bereich (10-18 Hz) bewirkt leichte Muskelaktivierung, Abfluss von Lymphen und fördert die Durchblutung. Der obere Bereich beginnt bei über 18 Hertz und dient zur Muskelkräftigung.

Nach den Einheiten ging ich auf eine Yoga-Matte, wo ich einige Yoga- und Dehnübung absolvierte. Diese Übungen wurden durch eine weitere zehnminütige Lockerung auf dem Galileo-Gerät beendet.

An den Abenden absolvierte ich einen vierzigminütigen Trainings-plan im Fitnessraum - bestehend aus Rad fahren, bergauf joggen auf dem Laufband, rudern und Übungen an der Beinpresse. Auch im An-schluss dieser Übungen legte ich mich zum Dehnen auf eine Yoga-Mat-te.

Wenn mein Allgemeinzustand es zuließ, absolvierte ich den Trai-ningsplan sogar zweimal täglich. In dieser Zeit habe ich jeden Tag drei oder vier Stunden an der Streckung in meines Knies gearbeitet - oder wie die Schwestern auf meiner Station sagten: «Du bist doch bekloppt.»

Es war der letzte Tag der Ferien, als der „bekloppte Junge" sich vor seiner Heimfahrt bei den Physiotherapeuten verabschiedete und sagte: «Irgendwann packen wir, packt ihr dieses Knie. Auch wenn ihr gerne sagt, dass ich Sehnen habe, die Stahlseilen gleichen.»

Phil Oliver Ladehof

Das Jahr 2017 verlief ohne weitere Vorfälle, bis meine Eltern und ich im Mai zu einem Gespräch mit meinem Klassenlehrer eingeladen wurden. Ein solches Gespräch hatten alle Schüler und Schülerinnen meines Jahrgangs - es sollte den Eltern die schulischen Perspektiven des Kindes darlegen.

Meine Eltern und ich gingen unbesorgt in das Gespräch, da mein Klassenlehrer, welchen ich ein Jahr zuvor gehabt hatte, der festen Überzeugung gewesen war, dass ich ohne weitere Probleme die Oberstufe bestehen kann.

Zu Beginn des Gespräches ließ mein neuer Klassenlehrer den Sack platzen: «Ich denke, dass Phil unsere Schule in diesem Sommer mit dem Realschulabschluss verlassen sollte. Seine Noten sind zu weit entfernt von einem Schüler, der in die Oberstufe versetzt werden möchte.»

«Das sagen Sie mir einen Monat vor der Abschlussprüfung? Die guten Ausbildungsplätze sind doch schon lange vergeben», entgegnete ich meinem Lehrer empört.

In ruhigem Ton antwortete mein Klassenlehrer: «Der Zeitpunkt des Gespräches wurde nicht durch mich, sondern durch die Schulleitung bestimmt. Es ist nicht der beste Zeitpunkt - da stimme ich dir zu. Deine Noten und Fehlzeiten entsprechen aber einfach nicht dem, was wir von einem angehenden Abiturienten erwarten. In Mathe, Deutsch und Englisch kommst du nicht über eine gymnasiale Vier hinaus.»

«In Mathe stehe ich auf einer Vier?», fragte ich verwundert.

«Ja, genau», bestätigte mein Lehrer trocken.

«Das kann nicht sein. Bis ich in ihre Klasse gekommen bin, hatte ich in Mathe immer eine eins. Um mich zu fordern, bekam ich bereits in der 9. Klasse Aufgaben aus dem Matheabitur und brachte mir einige Themenbereiche eigenständig bei. Ich würde gerne dargelegt bekommen, wieso ich mich jetzt um drei Noten verschlechtert haben soll.»

«Dein Mathelehrer hat mir bereits in Vorbereitung auf dieses Gespräch mitgeteilt, dass du dich kaum am Unterricht beteiligst. Darüber hinaus haben er und weitere Kollegen mir zu verstehen gegeben, dass du im Unterricht sehr übermüdet wirkst - sie haben das Gefühl, dass du die

Nächte durchmachst und die Schule nur noch als Pflichtveranstaltung besuchst. Deine hohen Fehlzeiten in diesem Schuljahr bestätigen die Annahme meiner Kollegen im Übrigen.»

In mir brodelte es förmlich, weshalb ich vorerst keinen Satz herausbekam. Meine Eltern übernahmen das Wort: «Die Fehlzeiten von Phil sind auf seine chronische Erkrankung Rheuma zurückzuführen, da er zu regelmäßigen Untersuchungen ins Krankenhaus gehen muss. Dass die Termine in die Schulzeit fallen, lässt sich oftmals nicht vermeiden. Seine Erkrankung ist auch der Grund, weshalb er die 10. Klasse wiederholen musste, ansonsten wäre er im vergangenen Jahr mit guten bis sehr guten Noten in die Oberstufe versetzt worden. Phil schlägt sich außerdem nicht die Nächte um die Ohren, sondern versucht nachts zu schlafen, was sich aufgrund einer Lagerungsschiene vom Hintern bis zum Zeh oftmals schwierig gestaltet.»

Noch bevor ich den Wortbeitrag meiner Eltern ergänzen konnte, reagierte mein Lehrer auf ihre Darlegung: «Dass Phil an Rheuma erkrankt ist, haben Sie mir bereits zum Anfang des Schuljahres erzählt. Bis zu diesem Zeitpunkt wusste ich nicht, dass auch Kinder bzw. Jugendliche an dieser Krankheit erkranken können. Vielleicht muss ich meine Kollegen und Kolleginnen dahingehend sensibilisieren und ihnen sagen, welche Auswirkung die Krankheit auf Phils Leben hat.»

Nun mischte ich mich wieder ein und lenkte das Gespräch wieder in die wichtige Richtung: «Kann ich trotzdem versetzt werden?»

«Ja, deine Noten sind nicht so schlecht, dass sie eine Versetzung verhindern, aber aus pädagogischer Sicht würde ich dir dazu raten die Schule in diesem Sommer zu beenden. Wenn die Fehlzeiten sich nicht bessern, wovon ich derzeit ausgehen muss, wirst du in der Oberstufe massive Probleme mit dem Nacharbeiten haben», erläuterte mein Lehrer uns seinen Standpunkt.

«Das ist mein eigenes Risiko, welches ich gerne eingehen werde. Das Abitur ist für mich von elementarer Bedeutung, da ich mir so alle Türen für meine Berufswahl offen halten kann», sagte ich, während meine Eltern zustimmend nickten.

«Mit einem schlechten Abitur stehen dir gar keine Türen offen», entgegnete meine Lehrer, während er das Resultat des Gespräches auf einem DIN-A4 Zettel notierte. Zum Ende des Gespräches mussten meine Eltern und ich das Dokument, in welchem stand, dass ich mich gegen den Rat meines Lehrers in die Oberstufe versetzen lassen möchte, unterschreiben.

Auf dem Heimweg sprach ich mit meinen Eltern darüber, wie erschreckend die Fehlinformationen der Bevölkerung über rheumatische Erkrankungen ist.

Ich traf immer wieder auf Menschen, die der festen Überzeugen waren, dass Rheuma erst im hohen Erwachsenenalter auftreten kann. Dieser Umstand erschreckte mich, aber ich wusste zunächst nicht, wie ich daran etwas ändern könnte,

Phil Oliver Ladehof

Anfang September bekam ich einen Anruf von meiner Tante ,die mich fragte, ob ich über den Jahreswechsel mit in den Skiurlaub kommen wolle. «Ja, klar», war meine voreilige Antwort, ehe meine Eltern meine Euphorie dämpften und mich darum baten Rücksprache mit meinem Rheumatologen zu halten.

Zum Glück war ich einige Tage später bei meinem Rheumatologen Dr. von Bismarck in der Uniklinik, sodass ich ihn auf den bevorstehenden Skiurlaub ansprechen konnte.

«Ich empfehle jedem Rheumatiker eine dosierte Menge von Sport. Das weißt du, weshalb ich es dir jetzt schlecht verbieten kann. Du musst dir aber bewusst sein, dass eine Verletzung beim Skifahren dich komplett zurückwerfen kann. Dabei kann die Verletzung auch aus einem Skiunfall resultieren, welchen du nicht verursacht hast. Das du Ski fahren kannst und auf die Signale deines Körpers hörst, weiß ich. Wenn du dir des Risikos bewusst bist und im Vorfeld deine Bein-Muskulatur trainierst, sodass diese ausreichend Kraft hat, um das Knie zu stabilisieren, kann ich es dir gar nicht verbieten», sagte er mit einem appellierenden Unterton.

Im Anschluss an das Gespräch folgte die Routineuntersuchung, welche zeigte, dass die Entzündungen im Knie zurückgegangen waren.

«Wir sehen uns in drei Monaten wieder. Ich bin gespannt, ob du bis dahin an deiner Muskulatur gearbeitet hast», flunkerte Dr. von Bismarck, ehe ich das Behandlungszimmer verließ.

Am selben Abend hatte ich einen Termin bei meinem Physiotherapeuten Bernd Sommerfeld. Ich erzählte ihm von dem Gespräch mit Dr. von Bismarck und der Bitte, dass ich meine Beinmuskulatur weiter aufbaue. Bernd und ich gingen direkt in den Fitnessraum seiner Praxis und absolvierten ein Training für die Beinmuskulatur, welches ich fortan nach jeder Physiotherapie bei ihm ausführte.

Bereits nach kurzer Zeit merkte ich, dass die Übungen mir leichter fielen und ich weniger Kraft aufbringen musste, um sie durchzuführen.

Nach einigen Wochen kam Bernd auf mich zu und sagte, dass wir zusätzlich zu dem Muskeltraining auch Übungen zur Stabilisierung in mein Training integrieren sollten. Hierfür stellte ich mich einbeinig auf eine schwingende Platte und versuchte das Gleichgewicht zu halten und aufrecht zu stehen. Anfänglich fiel es mir verdammt schwer, aber auch hier zahlte es sich aus fokussiert zu bleiben.

Nach zwei Wochen brachte ich Platte absichtlich in Schwingung, damit ich das Wackeln abfangen musste - mit Erfolg.

Anfang Dezember ging ich wieder in die Sprechstunde bei Herrn Dr. von Bismarck, der überrascht war, dass ich tatsächlich soviel Muskelaufbau betrieben hatte. In der anschließenden Untersuchung zeigte sich der gleiche Befund, wie bei der vergangenen Untersuchung, sodass mein Rheumatologe mich nochmal dran erinnerte, umsichtig beim Skifahren zu sein.

Zwei Tage vor dem Jahreswechsel fuhren meine Familie und ich in den Skiurlaub. Nach unserer Ankunft im Skigebiet ging es direkt in den Skiverleih, wo ich mir Skier, Stöcke und Schuhe auslieh, ehe wir unseren Skipass holten und uns für die erste Bergfahrt am Lift anstellten. Nachdem wir an der Bergstation angekommen waren, schnallten wir uns die Skier an und fuhren zunächst eine blaue Piste hinunter, damit ich wieder ein Gefühl fürs Skifahren und die Skier bekam.

Es dauerte nicht lang, ehe mir die blauen Pisten zu langweilig wurden, sodass ich mit meinem Onkel und meiner Tante auf die roten Pisten des Skigebietes ging. Die Pisten waren anspruchsvoller und steiler, weshalb sie die erhöhte Aufmerksamkeit eines Skifahrers benötigen.

Wir drei fuhren die Pisten in engem Verbund hinunter und steigerten uns in dem Tempo, wobei ich immer darauf achtete, dass meine Muskulatur nicht zu stark strapaziert wurde. Um den Muskeln soviel Regeneration wie möglich an einem Skitag zu geben, ließ ich die Beine im Sessellift stets baumeln, wodurch sich meine Oberschenkel lockerten.

Den Jahreswechsel verbrachten wir am Fuß der Abfahrt, von der um Mitternacht ein Feuerwerk abgefeuert werden würde.

Kurz vor Mitternacht ließ ich das Jahr 2017 Revue passieren. Es war ein sehr gutes Jahr, in welchem ich nur zweimal in die Rheumaklinik fahren musste, den Sprung in die Oberstufe geschafft hatte und weitere

Fortschritte mit meinem Knie machen konnte. Statt der Krankenhaus-
aufenthalte besuchte ich mehrfach Freunde aus der Klinik und erkundete
mit meiner Mutter die norwegische Hauptstadt - ich hatte kaum Einschränkungen im Vergleich zu anderen Personen in meinem Alter. Der
Höhepunkt des Jahres war der Skiurlaub, welcher bis zur Silvesterparty
ausgesprochen gut und unfallfrei verlief.

00:00 Uhr. Der Betreiber des Skigebietes ließ ein traumhaft schönes
Feuerwerk in den Himmel schießen. «Auf ein frohes und gesundes neues Jahr», hörte ich von allen Seiten, während ich diese Sprüche ebenfalls
aussprach.

Mit Beginn des neuen Jahres wechselte ich meine „Skipartner". Ich
fuhr nun nicht mehr mit meiner Tante und meinem Onkel, sondern mit
meinen Cousins. Die beiden ersten Skitage hatte ich genutzt, um meine
Sicherheit auf den Skiern bei geringem Tempo weiter auszubauen. Doch
ich wollte mehr Pistenkilometer zurücklegen und schneller fahren, weshalb ich mich letztlich meinen Cousins anschloss.

Zu Beginn fuhren wir auch auf den roten Pisten - in einem höheren
Tempo als die Tage zuvor. Während meine Tante und Onkel regelmäßige
Verschnaufpausen am Rande der Piste machten, fuhren meine Cousins
die Pisten in einem Stück hinunter. Sie blieben lediglich stehen, um zu
schauen, ob ich noch hinter ihnen war. Meine Muskeln brannten und ich
war froh, wenn ich die Beine im Sessellift baumeln lassen konnte.

«Ist das Tempo für dich in Ordnung?», fragte mich einer meiner
Cousins, nachdem ihm auffiel, dass ich mir immer mal wieder an die
Beinmuskulatur fasste.

«Ja, die andauernde Belastung ist nur etwas ungewohnt», sagte ich,
während wir ein weiteres Mal auf dem Weg zur Bergstation waren.

Drei Tage später brach unser letzter Skitag an. Wir saßen im Sessellift zur höchst gelegenen Bergstation und schauten uns auf dem Plan an,
welche Abfahrt wir nehmen wollten.

«Was ist mit der hier?», fragte ich, während ich meinen Finger auf
eine Abfahrt hielt.

«Das ist aber eine schwarze Piste», gab mir mein Cousin zu verstehen.

«Wir sind diesen Urlaub schon genug schwarze Pisten gefahren. Es ist früh am Morgen und wir sind fit. Ich bin der Schwächste von uns und ich sehe darin kein Problem», wandte ich ein.

«Okay, dann fahren wir die Piste. Wir müssen uns direkt nachdem Lift links halten.»

Der Sessellift nährte sich der Bergstation. Wir öffneten den Bügel, drückten uns aus dem Sitz hinaus und fuhren einen kleinen Ziehweg, der uns zur Piste führte. Vor dem Einstieg auf die Piste waren mehrere Schilder in den Schnee gepflockt. «Piste nicht frisch präpariert. Trotzdem gegen Lawinen gesichert und befahrbar», stand drauf.

Meine Cousins und ich fuhren an die Kante und schauten die Piste hinunter. Sie war menschenleer.

«Was machen wir jetzt?», fragte ich meine Cousins.

«Wir haben zwei Optionen: Entweder wir fahren die Piste runter, oder wir müssen den Ziehweg wieder hochlaufen. Hier geht keine andere Piste los und der Ziehweg ist auch vorbei. Die Entscheidung liegt bei dir», sagte mein älterer Cousin.

«Dann fahren wir», antwortete ich entschlossen. «

Du musst aufpassen, dass du deine Schwünge schön klein hältst und nicht zu schnell wirst. Durch das Tauwetter gestern Nachmittag hat sich eine leichte Eisschicht auf der Piste gebildet», führte mein Cousin an, ehe er sich die Piste hinunterstürzte.

Ich schaute die Piste runter, suchte eine Ideallinie für mich, atmete einmal tief ein und drückte mich mit meinen Skistöcken vor. Der Einstieg auf die Piste war geschafft. In meinem Gesicht spürte ich den eisigen Fahrtwind, in den Beinen die enorme Kraftaufwendung, die diese eisige Piste forderte.

Mein vorausfahrender Cousin fuhr kurz vor mir in einem langsameren Tempo, sodass ich zwei Optionen hatte: Das Tempo verringern und in meiner Ideallinie bleiben, oder ihn an der rechten Seite der Piste überholen. Ich entschied mich für ersteres und versuchte mehr Kraft auf den Talski zu bringen. In dem Moment, indem ich Druck auf den Ski gab, kam ich mit den Skiern auf eine große Eisfläche, sodass es mir die Skier unter den Füßen wegriss und ich mit meiner rechten Körperseite auf die Piste knallte. Ich rutschte den Berg quer über die Piste hinunter, wobei ich immer wieder versuchte die Skier - welche sich nicht gelöst hatten - tief genug ins Eis zu drücken und das Rutschen zu beenden - ohne Erfolg.

Während ich über die Piste schlitterte spürte ich jede Unebenheit der Piste an meinen Rippenbögen, meinem Knie und meinem Kopf. „Fuck! Davor haben mich meine Ärzte die ganze Zeit gewarnt und jetzt fall ich ausgerechnet auf mein lädiertes Knie - wegen eines selbstverschuldeten Fehlers", dachte ich, während ich weiter rutschte.

Nach einer gefühlten Ewigkeit kam ich am rechten Rand der Piste zum Liegen. Ich spürte einen leichten Schmerz in meiner rechten Seite, wobei dieser sich von Kopf bis Fuß erstreckte, sodass ich mir zunächst keine größeren Sorgen um mein Knie machte.

Anschließend ging mein Blick in Richtung Tal, wo meine beiden Cousins auf mich warteten. Sie konnten mir also nicht wieder auf die Beine helfen, weshalb mein Blick nach oben wanderte, wo jedoch auch kein Skifahrer zu sehen war. Erschöpft versuchte ich mich immer und immer wieder aufzurichten, wobei ich jedoch immer wieder ins Rutschen kam und die Versuche letztlich abbrach.

Ich erinnerte mich an meine Routine, die ich mir vor dem Betreten des Behandlungsraums zur Auswertung des MRTs vom rechten Knie angewöhnt hatte: Einmal tief einatmen und dann gehts los. Die Skistöcke platzierte ich im Tiefschnee am rechten Rand der Piste, ehe ich mich mit den Armen an ihnen hochzog, die Oberschenkelmuskulatur anspannte und meinen Oberkörper aufrichtete. Beim Aufrichten achtete ich darauf, dass ich mein Gewicht auf den Bergski verlagerte, sodass ich nicht wieder wegrutschte. Erfolgreich blieb ich stehen. Mit Hilfe der Skistöcke drückte ich mich Stück für Stück vom Rande der Piste. Ich ging ein paar Mal leicht in die Knie, um zu schauen, ob diese Bewegungen die

Schmerzen verstärkten. Das taten sie nicht, sodass ich bedenkenlos in Richtung Tal fuhr, wo meine Cousins auf mich warteten.

«Du hast aber eine ordentliche Schneewolke ausgelöst. Gehts dir gut?», fragten sie besorgt.

«Meine rechte Seite tut ein bisschen weh, aber das Knie scheint in Ordnung zu sein. Ich mache eine kleine Pause und würde dann gerne noch ein paar Pisten fahren - vielleicht nicht unbedingt diese, aber den einen oder anderen Pistenkilometer möchte ich heute noch zurücklegen», entgegnete ich.

Meine Cousins brachten mich an eine Skihütte, wo ich mich ein bisschen ausruhte, während sie weiter die Pisten hinuntersausten. Die Schmerzen verstärkten sich nicht weiter, sodass wir drei uns nach meiner Pause an einem der Lifte trafen und die Pisten wieder gemeinsam bewältigten.

Am Abend kehrten wir zurück in die Unterkunft, wo meine Oma und mein Vater mich fast rhetorisch fragten, ob alles gut gelaufen sei.

«Ja, bis auf einen Sturz», sagte ich, während ich meinen Skianzug auszog und die Prellungen am Ober- und Unterkörper zum Vorschein kamen. Die beiden sahen die Blessuren, woraufhin sie mich nochmal auf den Sturz ansprachen. Ich schilderte ihnen den Unfallhergang, ehe ich mich ins Bett legte und die Schmerzen erstmals verstärkt wahrnahm.

Einen Tag später reisten wir aus der österreichischen Idylle ab. Mein Vater und ich fuhren zu einem Kontrolltermin in die Kinder- und Jugendrheumatologie nach Garmisch-Partenkirchen, der übrige Teil meiner Familie in die Heimat.

Bei meiner Aufnahme in der Klinik wurde ich - natürlicherweise - auf die Hämatome angesprochen, woraufhin ich dem Arzt sagte, dass ich Ski fahren gewesen war und mich auf die Nase gelegt hatte. Nach einem appellierenden Vortrag darüber, dass Skifahren ein erhebliches Verletzungsrisiko mit sich bringe, begannen wir mit der körperlichen Untersuchung. Bei dieser zeigte sich, dass ich mir beim Skifahren tatsächlich „nur" die Prellungen zugezogen hatte.

In den Folgetagen erhielt ich in der Klinik das gewohnte Behandlungsprogramm aus Physio- und Ergotherapie, sowie Massage.

Meine Physiotherapeutin Mona und ich hatten das Gefühl, dass sich die Beweglichkeit in meinem Knie und die allgemeine Körperhaltung verbessert hatte, weshalb eine weitere Bewegungsanalyse erstellt wurde. Die Auswertung und der Vergleich mit der vorherigen Analyse bestätigten unsere Annahme.

Dieser Urlaub zeigte mir, dass man auf seinen Körper hören und auf die Signale von ihm vertrauen sollte. Mein Arzt hatte mir den Urlaub nie verboten, aber mir seine gesunde Skepsis und mögliche Folgen eines Unfalls mitgeteilt, welche ich seitdem Gespräch mit meinem Arzt bis zum Ende des Urlaubs immer im Hinterkopf hatte. Auf Grund der Skepsis trainierte ich drei Monate im Vorfeld meine Muskulatur, wobei ich lernte auf meinen Körper zu hören. Ich wusste, wann meine Muskeln komplett erschöpft waren und wann sie nur eine kurzfristige Überbeanspruchung hatten. Durch diese Erfahrungswerte konnte ich nach jeder Abfahrt im Skiurlaub beurteilen, ob meine Muskeln noch Kraft für eine weitere Abfahrt hatten oder nicht. Mein Sturz war auf mehrere Faktoren zurückzuführen, welche nicht alle in meiner Hand lagen, sodass ich im Nachhinein sagen kann, dass mich mein Körpergefühl nie getäuscht hat. Sowohl meine Physiotherapeutin als auch ich kamen sogar zu der Annahme, dass der Skiurlaub die verbesserte Streckung in meinem Knie begünstigt hatte.

Phil Oliver Ladehof

Einige Tage nach meiner Rückkehr aus den Alpen erkrankte ich an einem schweren grippalen Infekt, in dessen Folge ich sämtliche Rheuma-Medikamente pausieren musste. Es dauerte nicht lange, bis sich rheumatische Entzündungen im rechten Knie, beiden Hüften und dem linken Ellenbogen bemerkbar machten.

Meine Infektion war hartnäckig und langwierig, sodass meine Hausärztin mir nahelegte auf die Studienfahrt, welche wenige Tage später nach Berlin gehen sollte, zu verzichten. Aus vorherigen Erfahrungen wusste ich, wieviel Spaß und Freude ein solche Fahrt bringen kann, weshalb ich unter keinen Umständen zuhause bleiben wollte. Diese Ansicht schilderte ich meiner Hausärztin nachvollziehbar, woraufhin sie mir einen Lösungsvorschlag unterbreitete: «Wenn deine Erkältung bis zum Wochenende abgeklungen ist, kannst du mitfahren. Unter den Bedingungen, dass du einen Rollstuhl für längere Strecken mitnimmst und den Entzündungen mit einem oralem Kortisonstoß entgegenwirkst.»

Ein oraler Kortisonstoß bezeichnet eine erhöhte Dosis Kortison, welche in Form von Tabletten verabreicht wird. Meist erfolgt dieser über mehrere Tage bis Wochen, wobei eine Dosis über drei Tage genommen wird und dann fortlaufend verringert wird. Sollte die orale Kortisontherapie länger andauern ist diese langsame Verringerung (welches dann auch als Ausschleichen bezeichnet wird) zwingend notwendig, da es sonst zu Entzugserscheinungen kommt, welche sich in Form von Müdigkeit, Schwäche, Gelenkschmerzen und abfallendem Blutdruck äußern können.

Der Rollstuhl war mir ein Dorn im Augen, da ich Sorge hatte, dass dadurch die ganze Aufmerksamkeit auf mich gelenkt werde würde oder ich als Simulant abgestempelt werden würde, wenn ich nur dabei hätte, ohne ihn zu nutzen. Ich wusste aber auch, dass meine Hausärztin nur das Beste für mich wollte, weshalb ich diesem Vorschlag zustimmte. „Wenn es gut läuft, kann der Rollstuhl einfach im Bus bleiben", dachte ich mir.

226

Mein Körper regenerierte sich rechtzeitig, sodass ich am Sonntag, den 28.01.2018 gemeinsam mit den anderen Schülerinnen und Schülern meiner Stufe in die Bundeshauptstadt fahren konnte.

Nach unserer Ankunft hatten wir Freizeit, in welcher wir die Großstadt auf eigene Faust entdecken konnten. Gemeinsam mit meinem besten Freund Henrik und einem weiteren Stufenkollegen fuhr ich an die klassischen Touristen-Spots von Berlin: Wir besuchten das Brandenburger Tor, den Fernsehturm und das Regierungsviertel.

Obwohl wir an diesem Nachmittag über 13 Kilometer zu Fuß zurücklegten, konnte ich auf meinen Rollstuhl verzichten, da sich die Schmerzen in meinen Gelenken in Grenzen hielten.

Als ich am Abend mit meinen Stufenkameraden zusammensaß und auf die Lichter der Stadt blickte, sagte ich in die Runde: «Ehrlich gesagt, weiß ich gar nicht, wieso ich den Rollstuhl mitnehmen sollte. Meine Beine fühlen sich ein bisschen schwer an, aber sonst merke ich gar nichts von der weiten Strecke, die wir heute bewältigt haben.»

Die Jungs zuckten mit den Schultern, ehe einer von ihnen antwortete: «Was sollen wir dazu sagen? Wir haben kein Rheuma.»

Kurz nachdem wir am nächsten Morgen wach wurden, ging es für meine Mitschüler und mich zum Frühstück in die Lobby des Hotels. Unser Zimmer befand sich im vierten Stock, sodass ich einige Treppen zu gehen hatte, wobei ich bereits bei den ersten paar Stufen merkte, dass der Tag weitaus schlechter begann, als der vorherige - meine Gelenke waren komplett steif und schmerzhaft.

In diesem Moment realisierte ich einmal mehr, dass sich die Bewegungseinschränkungen einer rheumatischen Erkrankung sich binnen weniger Stunden komplett ändern können. Am Vortag war alles gut und plötzlich kam ich kaum noch die Treppen runter. Solche Einschränkungen hielten mich jedoch nie davon ab, dabei zu sein. Ich wollte am sozialen Leben teilhaben - auch mit Hilfsmitteln, die ich wahrlich nicht präferiere. Eine Sache sollte man sich zur Motivation immer im Hinterkopf behalten:

So schnell, wie Bewegungseinschränkungen kommen, können sie auch wieder gehen.

Auf der linken Seite stützte ich mich am Geländer ab, während Henrik mir auf der rechten Seite seinen Arm zur Hilfe reichte. Mit Henriks Hilfe humpelte ich zum Frühstück, wo wir fünf Minuten nach der vereinbarten Zeit ankamen.

Nachdem wir ausgiebig gefrühstückt hatten, ging es für unsere Stufe mit den öffentlichen Verkehrsmitteln erneut ins Regierungsviertel. Aufgrund meiner starken Bewegungseinschränkungen wurde ich an diesem Tag in meinem Rollstuhl durch die Großstadt geschoben. Die Anreise mit der Bahn ins Regierungsviertel und auch die Besichtigung der Regierungsgebäude gestaltete sich einfacher als gedacht. Vor allem in den Regierungsgebäuden traf ich auf eine enorme Hilfsbereitschaft des Personals, sodass ich über barrierefreie Wege an die Orte gebracht wurde, wo wir Vorträge anhören konnten.

Problematisch wurde es erst am Nachmittag, als wir uns wieder frei durch die Hauptstadt bewegen konnten. Henrik und ich landeten an U-Bahn-Stationen, an denen es teilweise keine funktionieren Aufzüge gab, weshalb wir mit dem Rollstuhl die Rolltreppen nutzten. Wir bekamen oftmals einen tierischen Anschiss durch das Sicherheitspersonal, da ich in dem Rollstuhl nicht nur eine Gefahr für Henrik und mich war, sondern auch für alle anderen Personen, die sich auf der Rolltreppe befanden. Nachdem wir die U-Bahn-Stationen verlassen hatten, wartete oft die nächste Barriere auf uns: Hohe Kantsteine, die mit dem Rollstuhl kaum zu überwinden waren.

Es war das erste Mal, dass ich in einem Rollstuhl durch eine Großstadt geschoben werden musste und ich war schockiert darüber, wie oft man als Rollstuhlfahrer aufgeschmissen war und ohne Hilfe nicht weiterkam.

Zum Ende des Tages hatten wir uns oft genug mit dem Sicherheitspersonal der verschiedenen U-Bahn-Stationen auseinandergesetzt, weshalb ich versuchte mich für die Fahrt mit der Rolltreppe aufzurichten und mich erst draußen wieder in den Rollstuhl zu setzen.

Hierbei hatten wir eine Begegnung, welche mir im Nachhinein äußerst positiv in Erinnerung geblieben ist: Ich wollte meine Beine etwas bewegen, weshalb ich versuchte ein Stück zu gehen, während ich mich am Rollstuhl abstützte und diesen als Ablage für mein Gepäck verwendete. Nach wenigen Augenblicken sprachen uns zwei junge Erwachsene an, welche besorgt waren, dass wir den Rollstuhl einem beeinträchtigten Menschen geklaut hätten, damit wir eine Ablage haben. Die beiden Personen drohten uns mit der Polizei und ließen erst von uns ab, als wir ihnen durch Vorlage meines Behindertenausweises nachwiesen, dass bei mir eine Gehbehinderung vorliegt, welche eben den Rollstuhl rechtfertigte.

Während des Gespräches in Berlin fühlte ich mich von diesen beiden Personen schon fast belästigt, da sie nicht von uns abließen und uns direkt mit der Polizei drohten. Aus heutiger Sicht empfinde ich ihr Handeln als richtig, da es - vor allem in Großstädten - sicherlich mal vorkommt, dass behinderten Personen der Rollstuhl geklaut wird.

Am darauffolgenden Tag stand für unsere Gruppe der Besuch der Gedenkstätte Berlin-Hohenschönhausen an. Die Einschränkungen in meinen Gelenken hatten sich gebessert, sodass ich zumindest die Treppen innerhalb der Gedenkstätte nutzen konnte, wobei auch hier mein bester Freund Henrik mich stützen musste. An diesem geschichtsträchtigen Ort traf ich jedoch auf sehr hilfsbereite Menschen, welchen mir anboten mich im Rollstuhl die Treppen hinaufzutragen.

Diese Reise änderte mein Urteil über die entgegenkommende Art von Mitmenschen. Während ich in meiner Heimatstadt oftmals vergeblich auf Hilfe gewartet hatte, strotzten die Menschen in Berlin förmlich vor Hilfsbereitschaft.

Nach einem informativen Vormittag in der Gedenkstätte bekamen wir erneut Zeit zur freien Gestaltung, welche ich zum wiederholten Male mit meinem besten Freund verbrachte. Wir schauten kurz im Hotel vorbei, um uns andere Klamotten für den Nachmittag zu holen.

Kurz bevor wir uns auf den Weg zur U-Bahn machten, drehte ich mich zu Henrik und sagte: «Wir lassen den Rollstuhl hier. Ich kann mich ja nicht ewig von dir herumkutschieren lassen.»

Um meine Gelenke nicht wieder mit dem kompletten Körpergewicht zu belasten, nahm ich meine Unterarm-Gehstützen zur Hand. Viele Stufenkollegen bekamen mit, dass ich plötzlich nicht mehr im Rollstuhl saß, doch niemand stempelte mich als Simulant ab, da ich ihnen in den zwei Tagen zuvor erörtert hatte, wie schubartig der Verlauf einer rheumatischen Erkrankung sein kann - scheinbar mit Erfolg.

Ich sagte an anderer Stelle in diesem Buch bereits, dass ich oftmals auf Personen traf, die nichts über die rheumatische Erkrankung wussten. Mit solchen Gesprächen versuchte ich zumindest eine grundlegende Aufklärung meines Umfeldes zu erreichen, was ich im Übrigen nur jedem Betroffenen raten kann: Versteckt Euch nicht hinter euer Erkrankung, geht offen mit ihr um und sorgt für Verständnis, indem ihr über eure Erlebnisse redet.

Während wir am kommenden Tag im Bus nachhause saßen, dachte ich daran, was meine Ärztin mir im Vorfeld der Studienfahrt gesagt hatte: «Nimm den Rollstuhl mit. Und wenn du ihn nicht brauchst, ist das auch in Ordnung.»

Ich war froh, dass ich auf meine Ärztin gehört hatte, da ich sonst viele Dinge dieser Studienfahrt verpasst hätte, weil es mir ohne den Rollstuhl an Mobilität gefehlt hätte. Außerdem lehrten mich diese wenigen

Tage im Rollstuhl, dass Barrierefreiheit ein Thema ist, welches in Deutschland in vielen Teilen noch deutlich ausbaufähig ist.

Mitte Februar 2018 traf ich mich mit meinem langjährigen Freund Philip zu einer Spritztour mit seinem neuen Auto. Während uns die Beschleunigung seines Autos ein Lächeln ins Gesicht zauberte, fragte er mich, ob ich schon Pläne für meinen 18. Geburtstag hätte.

«Ich wollte vielleicht mit ein paar Leuten in den Klub gehen. Da ist eine Party in der Nacht auf meinen Geburtstag - wir könnten reinfeiern. Der Großteil meiner Freunde bräuchte jedoch eine Begleitperson, weshalb ich meinen Plan noch nicht intensiviert habe», sagte ich.

«An den Aufsichtspersonen soll es nicht scheitern. Ich kenne genügend Volljährige, die auch auf die Party wollen», entgegnete Philip, während wir auf die Autobahn fuhren, um seinen Sportwagen auszufahren.

«Danke! Ich überlege es mir und werde bei Bedarf auf dich zurückkommen», sagte ich, bevor Philip auf das Gaspedal trat und die Beschleunigung uns in die Sitze drückte.

Nachdem Philip mich zuhause abgesetzt hatte, überlegte ich intensiv, ob ich meinen Geburtstag dort feiern sollte oder nicht. Ich ging zwar gerne auf Partys, trank jedoch wegen meiner Medikamente keinen Alkohol, was mich oftmals in Erklärungsnot brachte. Fast jeder trinkt im Teenie-Alter, weshalb meine Freunde es verständlicherweise nicht auf Anhieb verstehen konnten - nach einer Erläuterung akzeptieretn sie es jedoch ohne Widerworte und versuchten mich auch nie wieder zum Trinken zu überreden. Das Verständnis meiner Freunde und der Gedanke, dass der 18. Geburtstag etwas ganz Besonderes sein sollte, brachten mich letztlich dazu meinen Geburtstag mit meinen engsten Spezis im Klub zu feiern. Ich verschickte die Einladungen und freute mich auf einen schönen Abend gemeinsam mit meinen besten Kumpels.

Am Tag vor meinem Geburtstag traf ich mich mit dem Großteil der eingeladenen Gäste bereits am frühen Abend in einem Restaurant, wo wir gemeinsam aßen und uns ein paar schöne Stunden machten.

Kurz bevor die letzten Freunde dazukamen und wir in Richtung Klub ziehen wollten, kam Philip auf mich zu und sagte: «Du hast zwar noch nicht Geburtstag, aber eine erste Überraschung möchte ich dir jetzt schon bereiten: Der Besitzer des Klubs ist ein guter Bekannter von mir, weshalb ich die Empore für uns reservieren konnte. Wir haben also unseren komplett eigenen Bereich. Wenn wir vorm Klub sind, rufe ich den Besitzer an, sodass wir bei der Kälte nicht in der Schlange warten müssen.»

«Wow, das ist wirklich ein außergewöhnliches Geschenk. Dankeschön», versuche ich meine Freude zum Ausdruck zu bringen.

Gemeinsam zogen wir in Richtung Klub, welchen wir durch den Seiteneingang schnell betreten konnten. Ein Securitymann begleitete uns in Richtung der Empore und stellte sich dort in den Eingangsbereich dieser, sodass neben meinen Geburtstagsgästen niemand Zutritt zu diesem Bereich hatte.

Nachdem die letzten Freunde angekommen waren, gingen wir auf die Tanzfläche und tanzten zu der Musik, die aus den Boxen dröhnte. Auf der Tanzfläche traf ich auf viele Bekannte, welche ebenfalls zum Feiern in den Klub gekommen waren.

Einige Minuten vor Mitternacht zogen meine Freunde und ich uns auf die Empore zurück, wo wir auf meinem Geburtstag warteten. Wenige Sekunden bevor ich volljährig wurde, stimmte einer von meinen Freunden einen Countdown an: «15…,14…,13…,12…» Es dauerte nicht lang, da hörten auch die anderen Besucher des Klubs den Countdown, woraufhin sie ebenfalls mit runterzählten. Die Menge war so laut, dass ich die Musik der Boxen nicht mehr hören konnte. «5…4…3…2…1…»

0:00 Uhr. Meine Freunde und viele der anderen Gäste begannen Happy-Birthday zu singen, ehe auch der DJ das Lied anstimmte. Meine Spezis kamen auf mich zu, drückten mich und wünschten mir alles Gute, ehe auch Unbekannte den Weg zu der Empore fanden und mir ebenfalls gratulieren. Ich war überwältig von der Masse an Leuten, die mir gratulierte und dachte für einen kurzen Moment daran, dass ich eigentlich gar nicht hatte feiern wollen.

Nachdem ich alle Gratulationen entgegen genommen hatte, gingen wir zurück auf die Tanzfläche, wo die Party weiterging. Wir feierten ausgelassen und grölten zur Musik. Für mich endete die Party erst, als der DJ die Musik verstummen ließ und die Security die letzten Besucher nachhause schickte.

Die Party zeigte mir, dass ich auch als chronisch Kranker nicht auf das normale Leben von Jugendlichen bzw. jungen Erwachsenen verzichten brauche. Meine Partys waren nicht so exzessiv, wie die von anderen, aber meine Freunde und ich hatten trotzdem immer unseren Spaß. Sie hatten verstanden, dass ich einer von ihnen war - auch ohne den Alkohol. Sie versuchten auch gar nicht mehr, mir welchen anzudrehen. Verständnis und Akzeptanz: Eine Sache, die ich mir von viel mehr Menschen erhoffe.

Phil Oliver Ladehof

A m 12. Dezember 2018 war ich zu einer weiteren Untersuchung in der Uniklinik Kiel in dessen Folge ich an einer Vorlesung von Herrn Dr. von Bismarck teilnehmen durfte. Schwerpunkt dieser Vorlesung war die Wirkungsweise von bestimmten Medikamenten, welche in der Rheumatologie eingesetzt werden. Für mich, einen 18 jährigen Jungen, der bis zu seiner Diagnose immer davon geträumt hatte Medizin zu studieren, war diese Vorlesung besonders interessant. Dadurch dass ich Biologie als Profilfach in der Oberstufe hatte, konnte ich sogar im Ansatz verstehen, von welchen Wirkmechanismen der Doktor sprach.

Der Grund für meine Teilnahme an dieser Vorlesung war jedoch nicht mein Interesse an der Medizin, sondern meine Krankengeschichte und die körperliche Ausprägung der Erkrankung. Ich war quasi ein lebendiges Anschauungsobjekt für die Studierenden.

Nachdem der Doktor mich vorgestellt hatte, hatten die Studenten zunächst die Möglichkeit mir Fragen zu meiner Erkrankung zu stellen, wobei mich die verschiedensten Fragen erreichten. Die einen stellten mir eher medizinische Fragen: «Welche Medikamente nimmst du? In welcher Dosis nimmst du diese?» , «Gibt es weitere Befunde, die aus der Erkrankung hervorgegangen sind?» , «Wie verträgst du die Medikamente?»

Während andere Studierende mich allgemeinere bzw. persönliche Fragen hatten: «Wie hast du die Diagnose damals persönlich aufgenommen?», «Kennst du andere Jugendliche mit der gleichen Diagnose?», «Was hat sich seit deiner Diagnose an deinem Leben verändert?» oder «Hast du seit der Diagnose mit erhöhter psychischer Belastung zu kämpfen?»

Im Verlauf des Buches habe ich bereits erwähnt, wie wichtig mir ein Arzt ist, der die Gesamtheit eines Patienten betrachtet, weshalb ich vor allem die Fragen schätzte, die es nicht nur auf meine Krankheit abzielten, sondern auch das Drumherum mit einbezogen.

Nachdem ich auch die Fragen aus der hintersten Ecke des Hörsaals beantwortet hatte, durften die Studierenden einen Seitenvergleich an meinen betroffene Gelenken durchführen.

Der Seitenvergleich bezeichnet in der Medizin eine Untersuchungsmethode, bei welcher die Körperfunktion beider Seiten betrachtet wird. Sollte es auf einer Seite zu einer Abweichung kommen, kann dies auf eine krankhafte Veränderung hinweisen.

Durch diesen bekamen die Studenten selbst ein Gefühl dafür, in welcher Form sich die Bewegungseinschränkungen bei einer rheumatischen Erkrankung äußern können. Die körperliche Untersuchung wurde von weiteren Fragen begleitet, welche vorwiegend durch meinen Arzt beantwortet werden mussten. Zum Ende der Untersuchung bedankten sich die etwa 75 Studenten bei mir, ehe wir uns wieder auf die Sitze des Hörsaales setzten und dem Dozenten für den Rest der Vorlesung lauschten.

Für mich war die Vorlesung eine besondere Erfahrung, da ich sehen konnte, wie die angehenden Mediziner mich als Patienten behandelten und welche Ansätze sie verfolgten. Sie waren an einem frühen Zeitpunkt ihres Studiums, sodass ich die Gelegenheit nutzte und ihnen meine persönliche Ansicht mit auf den Weg gab: Ärzte sollten die Sorgen von Patienten verstehen und sie nicht aufgrund dieser verurteilen.

Auf dem Heimweg von der Vorlesung erreichte mich bereits die zweite erfreuliche Nachricht an diesem Tag. Der deutsche Fußballbund hatte mich für mein anhaltendes Engagement im Jugendfußball mit dem Förderpreis für junge Ehrenamtliche ausgezeichnet. Per E-Mail wurde mir meine Auszeichnung zum Fußballhelden bekanntgegeben.

Zum Ende des Jahres 2019 hatte ich ein prägendes Gespräch mit der Mutter einer vierjährigen Rheumatikerin. Nach der Diagnose stand die Familie vor einem riesigen Loch, weil sie nicht wussten, wie es weitergehen sollte.

Die Mutter hatte sich durch zahlreiche Foren und Ratgeber gelesen, aber bei all diesen Beiträgen nie eine Person vor Augen gehabt, die diesen Weg gegangen ist. «Heutzutage gibt es so viele Influencer, aber für Krankheiten ist in der Welt der sozialen Netzwerke kein Platz», sagte sie mit trauriger Stimme.

Ich konnte mir vorstellen, wie schwer es war, die Krankheit ihrer Tochter zu erfassen, wenn der Großteil an Informationen aus irgendwelchen Foren oder Ratgebern stammt.

Bei meiner Diagnose kannte ich bereits eine Person, die selber an Rheuma erkrankt war, sodass ich direkt jemanden hatte, mit dem ich mich im Eins-zu-Eins-Gespräch austauschen konnte. Die Person zeigte mir unmittelbar nach meiner Diagnose, wie sie mit der Erkrankung umging, weshalb ich jemanden hatte, an dem ich mich orientieren konnte.

Viele andere Erkrankte haben diese Möglichkeit nicht, sodass ich mich nachdem Gespräch mit der Mutter dazu entschloss einen Account in einem sozialen Netzwerk zu starten und der Krankheit dadurch ein weiteres Gesicht zu geben. @Rheuma_Phil war geboren.

Auf diesem Account nehme ich andere Betroffene, Angehörige oder Interessierte mit durch meinen Alltag als junger Rheumatiker - mit all den Hochs und Tiefs, die die rheumatische Erkrankung bereithält. Jede Person hat die Möglichkeit mir Fragen zu jeglichen Themen des Lebens zu stellen, sodass auf virtueller Ebene in einen Eins-zu-Eins-Austausch getreten werden kann.

In den ersten Tagen meines Projektes erkannte ich, dass es bereits eine Vielzahl an Accounts von Rheumatikern auf den sozialen Netzwerken gab. Der Großteil von ihnen beschäftigte sich jedoch mit Rheuma im Erwachsenen-Alter, sodass ich den Fokus meiner Beiträge auf Themen setzte, die für Kinder, Jugendliche, junge Erwachsene und Eltern interessant sein könnten.

Innerhalb der ersten Tage hatte ich bereits eine große Anzahl an Abonnenten erreicht, sodass mich eine Vielzahl an Fragen zur rheumatischen Erkrankung erreichten. Der Großteil der Fragen war auf medizinischer Ebene, weshalb ich diese nicht beantworten konnte, aber es kamen auch immer mehr Fragen zu meinem Umgang mit der Erkrankung.

Ich erinnere mich an die Nachricht einer 15-jährigen Schülerin, die von ihrem behandelnden Arzt eine Sportbefreiung erteilt bekommen hatte. Ihr Lehrer zwang sie jedoch zur Teilnahme am Sportunterricht, da sie auch mit dem Fahrrad zur Schule kommen würde. Mit ihren Freundinnen und Freunden konnte sie jedoch nicht über den Sachverhalt sprechen, da diese nicht wussten, dass sie an einer chronischen Krankheit erkrankt war. Sie hatte Angst vor Verurteilung und Ausgrenzung, wenn sie über ihre Krankheit reden würde, weshalb nur die engsten Familienangehörigen davon wussten. Aufgrund dieser Angst blieb sie sogar einigen Terminen bei ihrem Rheumatologen fern, da sie nicht wollte, dass in der Schule Gerüchte über sie entstanden. Dieser Sachverhalt ist zwar ein Extremfall, aber nicht der einzige, der mir seit dem Start meiner Social-Media-Präsenz zugesandt wurde.

Ich kann jedem Betroffenen nur dazu raten, offen mit seiner Erkrankung umzugehen. Anfänglich mag es schwer sein, aber ihr werdet schnell auf Verständnis stoßen. So war es bei mir und all den anderen, von denen ich weiß, dass sie ihre Erkrankung nach außen kommuniziert haben. Es ist wichtig zu seiner Krankheit zu stehen und diese als einen Teil von sich zu sehen. Früher oder später werden die anderen Menschen realisieren, dass die Krankheit auch einer der Gründe ist, warum ihr so seid, wie ihr seid - die Person, die sie mögen oder lieben.

Positiver Nebeneffekt, wenn ihr offen mit Eurer Krankheit umgeht: Es tut euch psychisch gut, da ihr kein Verstecken mehr spielen müsst.

Bei mir war es so, dass ich irgendwann keine andere Wahl mehr hatte, als mein Umfeld zu informieren. Die Spieler und Eltern meiner E-bzw. F-Jugend wussten es bereits einen Tag nach meiner Diagnosestellung, da ich mich somit bei kurzfristigen Ausfällen nicht mehr erklären musste - sie wussten dann, woran es lag. Meine Klasse erfuhr es einige Wochen später, nachdem ich bei meiner verspäteten Ankunft in der Schule mitbekam, dass auf dem Flur darüber getuschelt wurde, warum ich schon wieder fehlen würde. Ich erklärte ihnen meine Erkrankung und bekam zunächst eine Entschuldigung von denen, die getuschelt hatten. Anschließend traf ich auch hier auf vollstes Verständnis - es beschwerte sich auch niemand meiner Mitschüler, wenn ich in einer Gruppenarbeit einmal weniger machte, weil sie wussten, dass die Begründung dafür in meiner Krankheit lag. Lediglich meine Lehrer tätigten in unregelmäßigen Abständen Aussagen, bei denen ich mir bis heute unsicher bin, ob diese in direktem Zusammenhang mit meiner Erkrankung standen oder nicht. Insgesamt verhalf mir der offene Umgang mit meiner Erkrankung zu mehr Verständnis im Alltag, weshalb ich meinen Abonnenten bis heute dazu rate, dass sie offen mit ihrer Erkrankung umgehen sollten.

Nachdem mein Account ungefähr drei Wochen online war, bekam ich die ersten „Kooperationsanfragen", wobei es sich dabei um unentgeltliche Zusammenarbeit für einen gemeinnützigen Zweck handelte.

Die erste Anfrage kam von dem Netzwerk Autoimmunerkrankter e.V., welches als zentrale Anlaufstelle bei Autoimmunerkrankungen fungiert und Betroffenen Hilfestellungen anbietet oder sie an die medizinischen Experten weiterleitet. Dieses Netzwerk publiziert in regelmäßigen Abständen Mut-Mach-Geschichten, welche anderen Betroffenen - wie der Name schon sagt - Mut machen sollen. Mit einer solchen Mut-Mach-Geschichte begann die Zusammenarbeit zwischen Tanja Renner (Vorsitzende des Netzwerks) und mir, welche bis heute andauert und die Unterstützung von chronisch kranken Personen als Schwerpunkt hat.

Mit der Zeit bekam ich immer mehr unentgeltliche Kooperationsanfragen, sodass mir erstmals bewusst wurde, wie sehr die Gesellschaft sich für die rheumatischen Erkrankungen interessiert. In den vergangenen beiden Jahren arbeitete ich so mit Pharmaunternehmen, Zeitungen, Krankenkassen und Krankenhäusern zusammen.

Alle Institutionen engagierten mich unabhängig voneinander für einen Zweck: Die Aufklärung über rheumatische Erkrankungen.

Der Kanal, dessen Idee aus einem lockeren Gespräch mit einer Mutter entstanden war, hatte in weniger Zeit mehr Aufklärung erreicht, als ich es mir jemals erhofft hatte.

Grundsätzlich wollte ich die Erkrankung für neue Rheumatiker personifizieren, aber es zeigte sich ein massives Interesse aus allen Bereichen des persönlichen Lebens – es folgten mir auch Menschen, die mich nicht kannten und eigentlich keine Bezugspunkte zur rheumatischen Erkrankung hatten..

Im Frühjahr 2020 erreichte die Covid-19-Pandemie auch den deutschsprachigen Raum, sodass es nur ein Frage der Zeit war, ehe die Politik auf die dynamische Ausbreitung der Corona-Infektionen reagieren würde. Am Freitag, dem 13. März wurde bereits am frühen Vormittag bekannt, dass die Politik Schulschließungen plante. Während diese Nachrichten in sämtlichen Presseportalen kursierten, saßen wir im Biounterricht und gingen die letzten Fragen im Hinblick auf die bevorstehende Abiturprüfung durch - diese sollte am 26.03. stattfinden und der Startschuss in den Prüfungsmarathon sein. Kurz vor Ende der Doppelstunde kam unser Oberstufenleiter in unseren Unterricht, um uns mitzuteilen, dass die Abiturbelehrung aus Gründen des Infektionsgeschehen auf die kommende Stunde vorverlegt wurde.

In der Pausenhalle machten schnell einige Gerüchte die Runde. «Das Abitur wird abgesagt», «Wir werden schon früher schreiben müssen» oder «Die Prüfungen werden alle an einem Tag abgehalten» war den Gesprächen der anderen Schülerinnen und Schüler zu entnehmen.

Der Gong klingelte, woraufhin wir gespannt im Pädagogischen Zentrum (PZ) meiner Schule Platz nahmen. Unser Oberstufenleiter erläuterte uns zunächst die allgemeinen Hinweise für die Abiturprüfungen, ehe er uns die „brandaktuelle Neuigkeiten" aus den Nachrichteten mitteilte: «Die Schulen im Land Schleswig-Holstein werden ab dem kommenden Montag geschlossen sein. Wie es mit Ihren Abiturprüfungen weitergeht, kann ich Ihnen zum jetzigen Zeitpunkt nicht sagen.»

Im PZ brach eine lautstarke Diskussion aus, bei welcher jeder seine Meinung zu den Schulschließung darlegen wollte. Nach einer Weile bekam unser Stufenleiter wieder die ungeteilte Aufmerksamkeit, sodass er mit der Belehrung fürs Abitur beginnen konnte.

Im Anschluss an die Belehrung schrieben meine Mitschüler und ich eine Klausur im Fach Wirtschaft-Politik, in der es über die Bedeutung von Medien für ein demokratisches Land ging - ein Thema, dass ironischerweise ein bisschen zu unserer aktuellen Situation passten. Wir saßen in der Klausur und fühlten uns nicht wirklich in der Lage diese zu schreiben. Wenige Minuten zuvor hatten wir erfahren, dass der Ablauf unserer Abiturprüfung komplett über den Haufen geschmissen werden könnte und nun mussten wir eine Klausur über ein -in meinen Augen - ziemlich trockenes Thema schreiben.

Nachdem ich jede Frage der Klausur beantwortet hatte, packte ich meine Tasche und ging. Vor der Tür traf ich auf meinen besten Freund, mit welchem ich kurz über die Klausur sprach, ehe wir in Richtung des Ausgangs schlenderten. «Und das war unser letzter richtiger Schultag», sagte er, bevor wir uns brüderlich umarmten und anschließend in unsere Autos einstiegen.

Am 24.03.2020 erhielt die Stimme der Kultusministerin von Schleswig-Holstein für mich Gewicht, denn Frau Pries forderte die Absage der Abiturprüfungen.

Bis zu diesem Zeitpunkt hatte ich mir keinerlei Gedanken über die Absage der Prüfungen gemacht, da das Ablegen dieser für mich ein unerlässlicher Bestandteil für den Erhalt der Hochschulzulassung war. Dennoch begrüßte ich ihre Forderung, da ich als Person mit einer geschwächten Immunabwehr - nach damaligen Erkenntnissen - zur Höchstrisikogruppe gehörte und ich mich somit keiner Infektionsgefahr bei den Prüfungen aussetzen musste.

Bereits einen Tag später wurde die Forderung von Frau Prien - im Rahmen der Kultusministerkonferenz - dem Erdboden gleichgemacht. Ich war enttäuscht über dieses Vorgehen - vor allem, weil es für uns alle trotzdem den Anschein hatte, als würden die Prüfungen ausfallen. Sogar unsere Lehrer gingen zu Teilen davon aus und kommunizierten uns dies entsprechend, was unsere Verunsicherung noch verstärkte.

Als ich am Abend der Kultusministerkonferenz in den sozialen Medien unterwegs war, traf ich auf den Beitrag eines jungen Mannes, der sich ebenfalls enttäuscht von dem Vorgehen der Kultusminister zeigte. In den Kommentaren seines Beitrages waren diverse Anmerkungen, in denen andere Abiturienten die gleichen Bedenken äußerten, wie ich sie hatte. Ich interagierte mit einigen Kommentaren, woraufhin ich von anderen Betroffenen kontaktiert wurde. Sie informierten mich, dass sie einen offenen Brief an die Kultusminister schreiben wollten.

Nach kurzer Überlegung schrieb ich ihnen, dass ich mich gerne beteiligen würde. Bereits am Abend trafen wir uns mittels einer Videokonferenz und begannen mit der Formulierung unseres Briefes, welchen wir am nächsten Morgen an sämtliche Politiker verschickten.

Es dauerte nicht lange, da bekamen wir die ersten Rückmeldungen. Viele Politiker hatten vollstes Verständnis für unsere Sorgen, während andere uns pampige Antworten zukommen ließen. Die verständnisvollen Politiker waren leider allesamt nicht in der Kultusministerkonferenz involviert, aber sie unterstützten uns bei unserem weiteren Vorgehen und gaben uns wertvolle Tipps.

Unsere Bemühungen änderten nichts an dem Ablauf der Prüfungen, aber wir hatten eine Menge Personen und Politiker mit unserer Sorge erreicht und mehr über das politische System in Deutschland gelernt, als in den ganzen Schuljahren zuvor.

Mit einem knappen Monat Verspätung begannen am 21. April die Abiturprüfungen in Schleswig-Holstein.

Bereits im Vorfeld wurde uns kommuniziert, dass die Schüler der verschiedenen Klassen verschiedene Eingänge der Schule nutzen sollten, um große Ansammlungen vor den Eingängen zu vermeiden. Die Risikopatienten wurden von der Schulleitung zeitversetzt in die Schule gebeten, sodass diese garnicht erst auf ihre - möglicherweise infektiösen - Mitschüler treffen konnten. Dennoch ging ich an besagtem Morgen mit einem mulmigen Gefühl in die Schule, da die Schule nun einmal ein Ort ist, der in aller Regel nicht sonderlich hygienisch ist. An Klopapier, Seife, Handtüchern oder warmen Wasser mangelte es des Öfteren, sodass ich mir nicht vorstellen konnte, wie die Schule inmitten einer Pandemie zu einem sicheren Ort werden sollte.

Nachdem ich in der Schule angekommen war, merkte ich jedoch, dass meine Schule ihr Bestes gab, um meinen Mitschülern und mir den größtmöglichen Infektionsschutz zu bieten. Auf dem gesamten Schulgelänfer herrschte Maskenpflicht und an jeder Ecke hingen Desinfektionsmittel-Spender. Jeder Risikopatient hatte seinen eigenen Klassenraum, in welchem der Lehrer einige Meter entfernt auf einem Stuhl saß und ebenfalls eine Maske trug. Die zu schreibenden Abiturklausuren befanden sich in einem braunen Umschlag auf dem Tisch des Schülers. Nachdem ich die Klausur entnommen hatte, begann meine Prüfungszeit.

Nach 330 Minuten war die erste Abiturklausur geschafft und ich war froh, als ich den Mund-Nasen-Schutz endlich abnehmen konnte. Zunächst war ich nach der ersten Klausur gut gestimmt, da ich alle Fragen beantworten hatte - bis ich mitten in der Nacht wach wurde und mir dachte, dass ich bei zwei Aufgaben viel zu oberflächlich geblieben war und bei einer weiteren Aufgabe einen biologischen Prozess komplett falsch beschrieben hatte.

Eine knappe Woche später stand in Deutsch die nächste Abiturprüfung bevor. Deutsch war die Prüfung, vor der ich am meisten Sorgen hatte. In meiner gesamten Schullaufbahn stand ich im Fach Deutsch auf einer Zwei. Mit der Versetzung in die Oberstufe und dem damit verbundenen Lehrerwechsel, wurde auch meine Deutschnote zunehmend schlechter. Im Probeabitur sollten wir mit einem Kommentar einen relativen freien Text schreiben. Der Text gefiel meiner Lehrerin nicht, weshalb diese Klausur mit einer 4- benotet wurde. Andere Deutschlehrer, denen ich diese Arbeit vorlegte, sagten mir, dass die Benotung sehr streng sei und die Kommentare, die von meiner Lehrerin an den Rand geschrieben worden waren, meist subjektive Wertungen waren. Genau diese subjektive Wertung ist die Problematik am Fach Deutsch. Man kann die besten Texte schreiben, doch wenn deine Texte nicht dem entsprechen, was dein Lehrer sich unter der Aufgabenstellung vorstellt, dann wirst du eben schlecht benotet.

In der Woche vor dem Deutschabitur nahm ich mir meine Deutschklausuren der Vergangenheit zur Brust, sodass ich sehen konnte, was die Lehrerin zu kritisieren hatte und diese Fehler im Abitur gezielt vermied.

Nach Beendigung der Deutschklausur hieß es nochmal Vollgas geben für die dritte und letzte Abiturklausur: Mathematik. Mathematik war während meiner gesamten Schulzeit mein absolutes Lieblingsfach und bis zur 10. Klasse hatte ich ständig Einsen im Zeugnis. Zu Beginn der Oberstufe bin ich dann auch in Mathe abgesackt, da ich die Mathematik bis zu diesem Zeitpunkt als logisches Fach angesehen hatte. Bei den Kurvendiskussionen fehlte es mir jedoch an jeglicher Logik, sodass ich zunächst starke Probleme hatte - bis zu dem Zeitpunkt, an dem ich nicht mehr nach der Logik der einzelnen Aufgaben fragte. Meine Noten gingen daraufhin wieder in den guten-Bereich.

Vor der Abiturprüfung rechnete ich die Abiturklausuren der vergangenen drei Jahre immer wieder aufs Neue durch, sodass ich wieder Sicherheit in der Anwendung bekam. Ich fühlte mich verdammt gut vorbereitet und ging am nächsten Tag mit einem guten Gefühl in meine letzte Abi-Klausur.

Im hilfsmittelfreien Teil ließ ich einige Aufgaben unbearbeitet und somit auch Punkte liegen, doch dies hatte ich mir schon im Vorfeld so vorgestellt. Der HMF-Teil war stets der Teil der Klausur gewesen, indem ich Punkte verschenkt hatte.

Nach Beendigung des ersten Aufgabenteils, öffnete ich die Analysis-Aufgaben. Beim ersten Blick auf die Aufgaben fiel mir direkt auf, dass die Aufgaben - im Vergleich zu denen der Vorjahre – sehr viele E-Funktionen enthielten. Nach einiger Zeit kam ich in die Aufgaben rein, sodass ich mir relativ sicher war, dass das Mathe-Abi besser ausfallen würde, als das Probeabitur, in welchem ich lediglich 5 Punkte bekommen hatte.

Im dritten und letzten Teil des Matheabiturs musste ich Aufgaben aus dem Teilgebiet der Analytischen Geometrie bearbeiten. Dieses Themengebiet war während der Oberstufe stets mein Lieblingsaufgabenbereich gewesen, doch in der Abiturprüfung hatte ich einen Totalausfall. Sei es das Bilden von Richtungsvektoren oder Ebenengleichung - ich stand komplett auf dem Schlauch. Bei den aufgestellten Gleichungen spuckte der Taschenrechner ständig „keine Lösung" aus, sodass ich echt am Verzweifeln war. In der letzten halben Stunde der Klausur bekam ich zum Glück nochmal die Kurve, sodass ich wenigstens einige Fehler ausbessern konnte.

Nachdem ich meine Arbeitsbögen beschriftet hatte, war die letzte schriftliche Abiturklausur beendet und es hieß warten - wie für all die anderen Abiturienten die Jahre zuvor. Doch in diesem Jahr konnten wir nicht gemeinsam an den Strand, feiern oder in den Urlaub fahren. Die anhaltenden Kontaktbeschränkungen und die Untersagung von Großveranstaltungen sorgten dafür, dass wir letztlich auch unsere Entlass-Feier und den Abiball absagen mussten.

Durch die Absage des Abiballs entschied ich mich dazu ein weiteres Mal in die Kinder- und Jugendrheumatologie nach Garmisch-Partenkirchen aufzubrechen und mich der intensiven Komplexbehandlung zu unterziehen.

Bei meiner Aufnahmeuntersuchung durch die Physiotherapeuten wurde ein Streckdefizit von 12,5 Grad notiert. Das ist nicht viel, wenn man bedenkt, dass im hohen Alter einige Menschen ein Defizit von bis zu 10 Grad haben - ich bin jedoch noch jung, sodass diese 12,5 Grad mir mindestens 10 Grad zu viel waren.

«Was ist dein Ziel für diesen Klinikaufenthalt», fragte mich Mona einmal mehr bei meiner Aufnahmeuntersuchung.

«Die volle Streckung», antwortete ich - wie immer - ambitioniert.

Bereits bei der ersten Behandlung wurde ich in die Benutzung der medizinischen Fitnessgeräte eingewiesen   - wenngleich meine Erfahrungen mittlerweile ausreichen sollte, um selber die Einweisung für die Geräte zu übernehmen.

Im Gegensatz zu den vorherigen Aufenthalten konnte ich bei diesem Aufenthalt - aufgrund der Hygienemaßnahmen - nur noch einmal am Tag für 30 Minuten trainieren. Mein Trainingsplan umfasste jedoch über 40 Minuten, sodass ich jeden Tag bei den Übungen variieren musste und somit auch eine Abwechslung bei der Belastung der einzelnen Muskelgruppen bekam.

In der ersten Behandlungswoche gaben meine Therapeuten und ich alles, was möglich. Die Physiotherapeuten dehnten mein Knie zwischen 60 und 90 Minuten täglich, wobei eine gesunde Mischung aus passiver und aktiver Behandlung gefunden wurde. Der Masseur behandelte mich zwei- bis dreimal die Woche und wandte die verschiedensten Behandlungsmethoden an, die er über die langjährige Berufserfahrung gesammelt hatte. Jeden Abend nutzte ich, um meinen Trainingsplan zu absolvieren und mein Knie soweit zu dehnen, wie es mir möglich war.

Trotz dieser schweißbetreibenden Therapie stand nach der ersten Behandlungswoche immer noch ein Defizit von knapp 12 Grad auf dem Winkelmesser und wir stellten uns die Frage, ob die Einschränkung auf eine mechanische Problematik zurückzuführen war. Sowohl meine Therapeuten, als auch ich, hatten nicht den Eindruck, ließen jedoch trotzdem ein MRT anfertigen um Gewissheit zu erlangen, dass all diese Bemühungen nicht umsonst waren.

Am Abend der MRT-Untersuchung wurden die Bilder gemeinsam mit den Experten ausgewertet. Zur Auswertung der Untersuchungsergebnisse kam ein ganzes Team an Ärzten, Therapeuten und Schwestern in den Raum. Als Patient kam ich als letzter in den Untersuchungsraum und bekam eine Corona konforme Begrüßung von dem Rheumaorthopäden - mit dem Ellenbogen. Bevor der Doktor auf die Auswertung der Bilder zu sprechen kam, gratulierte der Arzt mir mit der Ghettofaust zum Abitur. Dem Großteil der Anwesenden - und auch mir - stand daraufhin ein Lächeln im Gesicht. Die Geste und das Erkundigen zeigte die Menschlichkeit des Arztes.

Im Anschluss an das lockere Gespräch folgte die schockierende Auswertung des Arztes: «Die Kapsel in deinem Knie ist sehr verklebt, sodass ich nicht daran denke, dass du dein Knie nochmal vollständig strecken können wirst.» Bevor meine Therapeuten oder ich die Möglichkeit hatten, etwas zu sagen, fügte er an: «Aber wie ich sehe, hast du sehr engagierte Therapeuten. Ein paar Grad werdet ihr sicherlich noch rausholen können.»

«Phil und wir geben unser Bestes!», antworteten meine Therapeuten voller Euphorie.

«Wenn ihr das Knie wieder in die vollkommene Streckung bekommt, könnt ihr mich anrufen und euch über eine Überraschung von mir freuen», sagte der Arzt, ehe er sich von mir verabschiedete.

Für einen Moment war ich enttäuscht und stellte mir die Frage, warum ich all die Wochen, Monate und Jahre an mein Limit gegangen bin, wenn eine nicht aufzuhebende Einschränkung vorlag. Ich fand meine Antwort auf diese Frage in einem einfachen Satz: «Weil du dich nicht mit weniger als dem Maximum zufrieden gibst.»

Der nächste Therapietag begann gewohnt früh. Bereits um 8:30 Uhr stand ich im Turnsaal und absolvierte mein Trainingsprogramm, sodass meine Muskulatur geschmeidig für die Krankengymnastik wurde, welche ich im direkten Anschluss bei Mona hatte. Sie erzählte mir, dass sie sich nach der Auswertung der Bilder noch mit Ann-Katrin zusammengesetzt hatte, um weitere Behandlungsmethoden für mich zu finden. Der Großteil dieser Methoden waren auch aktiv durch mich zu bewältigen, sodass wir mein selbstständiges Trainingsprogramm um einige Übungen erweiterten. Die Übungen dienten der Dehnung des rechten Knies, sowie dem Aufbau der oberen Oberschenkelmuskulatur. Bei der Durchführung der Übungen spürte ich die maximale Dehnung, sowie einen einsetzenden Krampf der Muskulatur - ich ging an mein absolutes Limit.

Während des Aufenthaltes richtete ich mein Leben auf dieses eine Ziel aus: Volle Streckung. Die Übungen, die ich eigenständig absolvieren konnte, führte ich zwei- bis dreimal täglich aus. Meine Lagerungsschiene zur Dehnung in „Ruhephasen" nutzte ich zwischen 6 und 8 Stunden am Tag. Vor jeder Therapiestunde wärmte ich meine Muskulatur zur Lockerung auf - mit Erfolg. Am Tag vor meiner Entlassung maßen wir mein Knie ein weiteres Mal. Ein Streckdefizit von 5 Grad war verblieben. Keine vollständige Streckung, aber das Defizit der Aufnahme mehr als halbiert.

Zur Feier des Tages saßen meine Therapeuten, einige Patienten und ich am Abend im Klinikgarten und sprachen über die vergangenen Behandlungsjahre. An dieser Stelle geht nochmal ein riesiger Dank an Mona und Ann-Kathrin, die ihre Freizeit opferten, um uns einen schönen Abend zu bereiten.

Am nächsten Morgen ging es für mich voller Wehmut nachhause. Es sollte mein letzter Aufenthalt in dieser Klinik sein und ich erinnerte mich während der Heimfahrt an die prägendsten Momente, die ich in dieser Klinik erlebt hatte. Hass, Liebe, Freude und Enttäuschung - all diese Emotionen hatte ich in der Klinik erfahren. In dieser Klinik änderte ich meine Ansichten und bemerkte, dass viel mehr erreicht werden kann, wenn die Gedanken erstmal an etwas glauben. Das Fachpersonal unterstützte mich, wann immer sie es konnten. Dabei spielte es keine Rolle, ob es sich um rheumatische Probleme oder Selbstzweifel handelte

- sie waren für mich da. Ein einfaches Danke drückt meine Dankbarkeit für all die durchlebten Momente und die Hilfe in keiner Weise aus.

Ein Tag nach meiner Heimkehr bekam ich mein Abiturzeugnis durch die Oberstufen-Leitung meiner Schule überreicht. Mein Abitur war nicht das Beste, aber ich hatte es geschafft - mit mehr als 150 Fehlstunden pro Halbjahr und gegen die Erwartung meines damaligen Klassenlehrers.

Mit der Übergabe meines Abiturzeugnisses endet nicht nur der bisher größte Abschnitt meines Lebens, sondern auch mein Buch. Auf den vergangenen 250 Seiten habe ich euch mitgenommen auf die Reise durch mein Leben als junger Rheumatiker.

Ich bin oftmals mit Rückschlägen konfrontiert worden und mir wurde häufig nahegelegt, dass ich auf viele wichtige Dinge in meinem Leben verzichten sollte. Lehrer haben mir gesagt, dass ich mein Abitur nicht schaffen würde, Ärzte haben mir gesagt, dass ich nie wieder Ski fahren könnte. Heute schreiben wir den 01.05.2022 und ich kann euch sagen, dass ich all das geschafft habe, was Ärzte und Lehrer für ausgeschlossen hielten. Ich habe das nicht geschafft, weil ich irgendwelche Wundertherapien erhalten habe, sondern weil ich mich auf meine Ziele fokussiert habe und bereit war die nötigen Opfer zu bringen.

Der Umgang mit Rückschlägen ist hart, aber das Schlimmste, was passieren kann ist, das man sich den Umständen geschlagen gibt - ohne den Kampf wirklich auf sich zu genommen zu haben.

Bleibt gesund und vergesst nie Euren inneren Antrieb,

Euer Phil :)

Es gibt viele Leute, die mich auf dem Weg, welchen ich auf den vergangenen Seiten beschrieben habe, begleitet haben. Diese Personen waren der Grund, warum ich auch an meinen schwärzesten Tagen nicht aufgegeben habe. Sie haben ein offenes Ohr für mich gehabt, mit mir gemeinsam meine Ziele verfolgt, mir rund um die Uhr zur Verfügung gestanden, mir geholfen in der Schule auf den aktuellen Stand zu kommen und meine Launen ausgehalten - auch wenn letzteres nicht immer einfach gewesen mag.

Meine Dankbarkeit für Ihre/Eure Hilfe lässt sich nicht in Worte fassen, aber ich hoffe, dass sie im Laufe meines Buches zum Vorschein kam. Ich hoffe, dass Sie/Ihr mich noch lange in meinem Leben begleitet und wir noch viele Erinnerungen schreiben, die eine Erwähnung in diesem Buch ebenfalls verdient hätten.

Dres. med. Bengta und Ernst Magnusson (Hausärzte)
Dr. med Susanne Knaut (Hausärztin)
PD Dr. med. Philip von Bismarck (Universitätsklinikum Kiel)
Henrik Molck (bester Freund)
Lina Pankratz (langjährige beste Freundin)
Anouschka Mohr (Mutter)
Thorsten Ladehof (Vater)
Prof. Dr. med. Johannes-Peter Haas (Chefarzt, Garmisch-Partenkirchen)
Dr. med. Manuela Krumrey-Langkammerer (Oberärztin, Garmisch-Partekirchen)
Dr. med. Ludwig Zeller (Stationsarzt, Garmisch-Partenkirchen)
Dr. med. Martin Arbogast
Julia Walch (Krankenschwester, Garmisch-Partenkirchen)
Susanne Forster (Krankenschwester, Garmisch-Partenkirchen)
Mona Klein (Physiotherapie, Garmisch-Partenkirchen)
Ann-Kathrin Wiggers (Physiotherapie, Garmisch-Partenkirchen)
Christian Ernst (Physiotherapie, Garmisch-Partenkirchen)
Matthias Georgi (Physiotherapie, Garmisch-Partenkirchen)
Karsten Bielitz (Bademeister, Garmisch-Partenkirchen)

Anna Maria Alber (Praktikantin Physiotherapie, Garmisch-Partenkirchen)
Petra Gerth (Klinikschule, Garmisch-Partenkirchen)
Bernd Sommerfeld (Physiotherapie)
Tanja Renner (Vorstandsvorsitzende Netzwerk Autoimmunerkrankter)
Dr. med. Frank Pries (Ärztlicher Direktor Mare-Klinikum)
13N (Abitur-Klasse)